Stephan Balling

Sozialphilosophie und Geldpolitik

Marktwirtschaftliche

REFORMPOLITIK

Schriftenreihe der Aktionsgemeinschaft
Soziale Marktwirtschaft N. F.

Herausgegeben von

Rolf Hasse und Joachim Starbatty

Bd. 15: Sozialphilosophie
und Geldpolitik

Sozialphilosophie und Geldpolitik

bei Friedrich August von Hayek, Walter Eucken, Joseph Alois Schumpeter, Milton Friedman und John Maynard Keynes

von Stephan Balling

Lucius & Lucius · Stuttgart

Email-Adresse des Autors:
stephan.balling@googlemail.com

Die vorliegende Dissertationsschrift wurde von der Kulturwissenschaftlichen Fakultät der Universität Bayreuth am 7. November 2012 angenommen. Mein besonderer Dank gilt meinem Doktorvater, Herrn Prof. Dr. Michael Zöller, für seine wissenschaftliche Begleitung. Außerdem danke ich Herrn Prof. Dr. Martin Leschke, dass er für die vorliegende Arbeit das Zweitgutachten erstellt hat. Herrn Prof. Dr. Hermann Hiery und Herrn Prof. Dr. Georg Kamphausen danke ich für ihre Bereitschaft, am Wissenschaftlichen Kolloquium mitzuwirken.

Bibliographische Information der Deutschen Nationalbibliothek

Die Deutsche Nationalbibliothek verzeichnet diese Publikation in der Deutschen Nationalbibliographie; detaillierte bibliographische Daten sind im Internet über http://dnb.ddb.de abrufbar

ISBN 978-3-8282-0589-5

Layout: Claudia Rupp, Stuttgart
Druck und Einband: CPI buchbücher.de, Birkach

Inhaltsverzeichnis

1 Einleitung

Nach der Barbarei der Nationalsozialisten war für die westdeutsche Politik das oberste Ziel der Aufbau einer freiheitlichen Demokratie und eines an der Würde des Menschen orientierten Rechtsstaates. Dies kommt nicht erst im Grundrechtekatalog des Grundgesetzes von 1949 zum Ausdruck, sondern schon früher, etwa in der Präambel der Verfassung des Freistaates Bayern vom 1. Dezember 1946:

> *„Angesichts des Trümmerfeldes, zu dem eine Staats- und Gesellschaftsordnung ohne Gott, ohne Gewissen und ohne Achtung vor der Würde des Menschen die Überlebenden des zweiten Weltkrieges geführt hat, in dem festen Entschluß, den kommenden deutschen Geschlechtern die Segnungen des Friedens, der Menschlichkeit und des Rechts dauernd zu sichern, gibt sich das Bayerische Volk, eingedenk seiner mehr als tausendjährigen Geschichte, nachstehende demokratische Verfassung.“*[1]

Bayerischer Wirtschaftsminister war damals Ludwig Erhard. Ihn hatten die Alliierten im Oktober 1945 in das Amt berufen.[2] Ab 1947 leitete Erhard die Sonderstelle Geld und Kredit.[3] Im Jahr 1948 wurde er vom Wirtschaftsrat zum Direktor der Verwaltung für Wirtschaft des Vereinigten Wirtschaftsgebiets gewählt, ehe er 1949 Bundeswirtschaftsminister wurde.[4]

In Ergänzung zum Grundgesetz (Artikel 1 bis 19) stritt Erhard für „eine Erweiterung des Katalogs der traditionellen menschlichen Grundfreiheiten“[5]. Er fordere das „demokratische Grundrecht auf Konsumfreiheit“[6] und die „Freiheit des Unternehmers“[7] in der Produktion:

> *„Konsumfreiheit und die Freiheit der wirtschaftlichen Betätigung müssen in dem Bewußtsein jedes Staatsbürgers als unantastbare Grundrechte empfunden werden. Gegen sie zu verstoßen, sollte als ein Attentat auf unsere Gesellschaftsordnung geahndet werden. Demokratie und freie Wirtschaft gehören logisch ebenso zusammen wie Diktatur und Staatswirtschaft.“*[8]

---

1 Verfassung des Freistaates Bayern. Grundgesetz für die Bundesrepublik Deutschland, nach: Bayerische Landeszentrale für politische Bildungsarbeit, Stand: 1. Oktober 1989, S. 19.
2 Vgl. http://www.ludwig-erhard-stiftung.de/?seite=ludwig (Stand 6. Juni 2009).
3 Vgl. http://www.ludwig-erhard-stiftung.de/?seite=ludwig (Stand 6. Juni 2009).
4 Vgl. http://www.ludwig-erhard-stiftung.de/?seite=ludwig (Stand 6. Juni 2009).
5 Erhard, L.: Wohlstand für Alle, 8. Auflage von 1964, nach: Ludwig-Erhard-Stiftung e. V., S. 14.
6 Erhard, L.: Wohlstand für Alle, 8. Auflage von 1964, nach: Ludwig-Erhard-Stiftung e. V., S. 14.
7 Erhard, L.: Wohlstand für Alle, 8. Auflage von 1964, nach: Ludwig-Erhard-Stiftung e. V., S. 14.
8 Erhard, L.: Wohlstand für Alle, 8. Auflage von 1964, nach: Ludwig-Erhard-Stiftung e. V., S. 14 f.

Erhard verknüpfte die wirtschaftlichen Grundrechte Konsumfreiheit und unternehmerische Freiheit unmittelbar mit der Bedeutung einer stabilen Währung. „Die soziale Marktwirtschaft ist ohne eine konsequente Politik der Preisstabilität nicht denkbar“[9], so Erhard. Er sah den Verlust wirtschaftlicher Freiheit, wie ihn beispielsweise Inflation hervorrufen kann, dabei nicht nur als ökonomisch ineffizient an:

> *„[...] die Stabilität der Wirtschaft, die innere Stabilität von Wirtschaft und Finanzen, die wirtschaftliche Stabilität der Währung, ist die wichtigste, ja ich möchte fast sagen die einzige Voraussetzung nicht nur zu einer fruchtbaren Gestaltung des Kapitalmarkts, sondern zur Erhaltung unserer Freiheit überhaupt.“*[10]

Individuelle Freiheit und eine stabile Währung standen für den Vater der Sozialen Marktwirtschaft also von Anfang an in untrennbarem Zusammenhang, Währungsstabilität war für Erhard gar ein Grundrecht:

> *„Solche Gedanken konsequent zu Ende gedacht, sollten uns veranlassen, die Währungsstabilität in die Reihe der menschlichen Grundrechte aufzunehmen, auf deren Wahrung durch den Staat jeder Staatsbürger Anspruch hat.“*[11]

Der Grund für Inflation lag für Erhard darin, dass bestimmte gesellschaftliche Gruppen – er nannte vor allem Gewerkschaften und Unternehmer – Inflation zwar nicht aktiv förderten, aber doch in Kauf nahmen, um ihre Ziele zu erreichen; Inflation ist demnach also das Problem gesellschaftlicher Machtballung und Machtausübung zu Lasten schwächerer Gruppen.[12]

Logische Konsequenz der staatstragenden Rolle einer stabilen Währung im Sinne Erhards war die Unabhängigkeit der Bundesbank, die in erster Linie für stabile Preise sorgen sollte. Erhard sah sich in seinem Denken eng verbunden mit der Freiburger Schule der Ordnungsökonomik, war also ein Liberaler. Besonders in den Jahren nach dem Krieg hat er wie kaum ein anderer die deutsche Wirtschaftspolitik geprägt. Trotzdem beschränkte sich sein Einfluss auf die Bundesrepublik. International spielten seine politischen Vorstellungen kaum eine Rolle.

International jedoch übte ein anderer deutschsprachiger Ökonom und Sozialphilosoph entscheidenden Einfluss aus: Friedrich August von Hayek. Die spätere britische Premierministerin Margaret Thatcher soll auf einem Parteitag zum Pro-

---

9 Erhard, L.: Wohlstand für Alle, 8. Auflage von 1964, nach: Ludwig-Erhard-Stiftung e. V., S. 15.

10 Erhard, L.: Rede anlässlich der Eröffnung des großen Börsensaals der Frankfurter Wertpapierbörse am 9. Februar 1957 in Frankfurt am Main, Audio-file des Hessischen Rundfunks.

11 Erhard, L.: Wohlstand für Alle, 8. Auflage von 1964, nach: Ludwig-Erhard-Stiftung e. V., S. 15.

12 Vgl.: Erhard, L.: Wohlstand für Alle, 8. Auflage von 1964, nach: Ludwig-Erhard-Stiftung e. V., S. 16.

gramm ihrer Tories einmal gerufen haben: „This is what we believe in"[13]; gleichzeitig knallte sie Hayeks Werk „Die Verfassung der Freiheit" auf den Tisch.[14]

Auch Hayek forderte die gnadenlose Bekämpfung der Inflation und kämpfte gleichzeitig für individuelle Freiheit. Dieser Dualismus scheint vor dem Hintergrund der aktuellen Finanzkrise höchst aktuell. Doch gerade auch Liberale loben heute eine expansive Geldpolitik. Es stellt sich die Frage, ob sie damit Kollektivisten sind. Bei der Suche nach einer Antwort auf dieses Problem geht es letztendlich um den Aspekt, ob ein System, das ausschließlich auf individuelle Freiheit baut, auf Krisen reagieren kann, oder ob nicht kollektivistische Elemente – etwa in der Geldpolitik – nötig sind bzw. ob diese Elemente als kollektivistisch zu bezeichnen sind.

Es stellt sich also grundsätzlich die Frage, ob bei Ökonomen und Sozialphilosophen zwischen den generellen gesellschafts- und wirtschaftspolitischen Vorstellungen einerseits und den geldpolitischen Vorstellungen andererseits ein Zusammenhang besteht. Diese Frage soll in dieser Arbeit durch einen Vergleich verschiedener Staats- und Geldtheoretiker geklärt werden, die – bei allen Unterschieden im Detail – für sich das Attribut „liberal" reklamieren.

Die Finanzkrise, die im Jahr 2007 begann und sich im September 2008 durch den Zusammenbruch der Investmentbank Lehman Brothers massiv verstärkte, sorgte im Jahr 2009 für einen Rückgang des globalen Bruttoinlandsproduktes von 1,9 Prozent (zu Marktpreisen).[15] In Deutschland brach dieses Maß für die Wirtschaftsleistung gar um 4,9 Prozent ein.[16]

Zwei Erklärungsmuster für die Wirtschaftskrise sind derzeit gängig: Die keynesianisch inspirierte Analyse sieht die Ursache der Krise in den deregulierten Finanzmärkten; eine Mitschuld der Notenbanken lehnt sie ab. Hauptgrund ist also wegbrechender Konsum aufgrund eines exogenen Schocks. Heiner Flassbeck, ein bekennender Keynesianer, hat auf die Frage, ob nicht die lockere Geldpolitik der vergangenen Jahre und Jahrzehnte die verschiedenen Blasen ausgelöst habe, geantwortet: „Nein, verantwortlich für diese Exzesse ist die Deregulierung. [...] Die Krise ist [...] nicht Folge der lockeren Geldpolitik."[17] Viele Ökonomen freilich sehen das anders und geben der expansiven Geldpolitik besonders der Federal Reserve zumindest eine Mitschuld an den Blasen und deren Platzen.[18]

---

13 http://www.hayekcenter.org/friedrichhayek/qs-20th.htm (Stand 7. Juni 2009).

14 Vgl. Ebd.

15 Quelle: Weltbank (http://data.worldbank.org/indicator/NY.GDP.MKTP.KD.ZG), Stand: 27. November 2010.

16 Quelle: Weltbank (http://data.worldbank.org/indicator/NY.GDP.MKTP.KD.ZG), Stand: 27. November 2010.

17 Flassbeck, Heiner, in: Der Spiegel Nr. 17 vom 17.04.09, S. 78.

18 Vgl. Wieland, Volker, in: Rheinischer Merkur Nr. 18 vom 30.04.2009, S. 12.

Die Erklärungen für Wirtschaftseinbrüche geben bereits erste Hinweise auf das Verhältnis der beiden Sichtweisen zu den Polen individueller Freiheit und kollektiven Wachstums. Um diese Punkte weiter zu analysieren, sollen in dieser Arbeit die Werke von fünf großen Wirtschafts- und Sozialphilosophen vergleichend analysiert werden, nämlich von Friedrich August von Hayek als Repräsentant der Österreichischen Schule, Walter Eucken als Vertreter der Freiburger Schule der Ordnungsökonomik, Joseph A. Schumpeter als Vertreter einer Unternehmertheorie, Milton Friedman als Begründer des Monetarismus und John Maynard Keynes als Vertreter einer expansiven Geld- und Fiskalpolitik.

Friedman war neben Hayek, Keynes und Schumpeter wohl der bedeutendste Ökonom des 20. Jahrhunderts. Eucken begründete die für Deutschland so wichtige ordnungspolitische Schule mit. Alle genannten Protagonisten haben gemeinsam, dass sie sich in ihren Schriften nicht nur auf die Wirtschaft und die Ökonomik beschränken, sondern diese in einen breiten gesellschaftlichen und politischen Kontext einbinden und aus einer gewissen ideologischen Geisteshaltung heraus argumentieren oder zumindest einer Schule angehören, die ein klares gesellschaftspolitisches Programm verfolgt.

Zunächst sollen nun die Freiburger Schule und die Österreichische Schule verglichen werden, wobei nach einer grundsätzlichen Einführung in die beiden Denktraditionen die beiden Protagonisten Walter Eucken und Friedrich August von Hayek gegenübergestellt werden. Ausgehend von diesem Vergleich, der bereits einen ersten Hinweis auf die Beantwortung der in dieser Arbeit behandelten Frage geben wird, sollen im Anschluss Joseph A. Schumpeter, Milton Friedman und John Maynard Keynes mit den Erkenntnissen dieses Kapitels verglichen werden.

2 Ein Vergleich von Freiburger und Österreichischer Schule

2.1 Die Freiburger Schule

2.1.1 Die Gründungsväter der Freiburger Schule

Zunächst wird ein Überblick über die handelnden Personen gegeben. Goldschmidt und Wohlgemuth führen in ihrem Sammelband „Grundtexte zur Freiburger Tradition der Ordnungsökonomik" 26 unterschiedliche Autoren an, darunter auch Friedrich August von Hayek.[19] Als Kerngruppe der Freiburger Schule bezeichnen Goldschmidt und Wohlgemuth Walter Eucken, Franz Böhm und Hans Großmann-Doerth, die bald um einen Kreis meist junger Kollegen erweitert worden sei, darunter insbesondere K. Paul Hensel, Hans Otto Lenel, Friedrich A. Lutz, Karl Friedrich Maier, Fritz W. Meyer, Leonhard Miksch und Bernhard Pfister.[20]

Über die Berufung des „Österreichers" Hayek nach Freiburg schreiben Godschmidt und Wohlgemuth:

> *„Das ordoliberale Forschungsprogramm erhält mit der Berufung von Friedrich August von Hayek 1962 nach Freiburg entscheidende neue Impulse. Zwar standen Eucken und andere Ordoliberale schon seit den späten 1920er Jahren mit Hayek in Kontakt, der sich nach dem Krieg auch durch die Zusammenarbeit mit der Mont Pelerin Society intensivierte; jedoch entwickelte Hayek in London und später in den USA betont eigenständige ordnungspolitische und ordnungstheoretische Ideen. Seine Ankunft in Freiburg hat so zu einer kreativen Herausforderung der Freiburger Tradition beigetragen, wie sich beispielsweise an Hayeks Konzept der ‚spontanen Ordnung' und seiner Betonung des Wissensproblems ablesen läßt. Die Freiburger Tradition und die evolutionäre Sozialphilosophie Hayeks erweisen sich aber in den meisten Fällen als durchaus komplementär, und konnten, gerade auch von Hayeks Nachfolgern in der Freiburger Lehrstuhltradition, in kreativen Symbiosen weiterentwickelt werden. So können Erich Hoppmann, Manfred E. Streit und Viktor J. Vanberg wohl mit guten Gründen als ‚Hayekianer' bezeichnet werden. Gleichzeitig aber haben sie jeweils bedeutende Weiterentwicklungen Hayekscher Ideen hervorgebracht, die zur älteren ‚Freiburger Tradition' vielfältige Bezüge aufweisen".*[21]

---

19 Vgl. Goldschmidt, N. u. Wohlgemuth, M. in: Godschmidt und Wohlgemuth (Hg): Grundtexte zur Freiburger Tradition der Ordnungsökonomik, Tübingen: 2008, S. V.

20 Vgl. Goldschmidt und Wohlgemuth, S. 5.

21 Goldschmidt u. Wohlgemuth, S. 8.

Um die parallele Entwicklung von Freiburger und Österreichischer Schule darzustellen, werden im Folgenden zunächst die frühen Schriften der Freiburger Kerngruppe analysiert, deren gemeinsame Wirkungszeit allerdings zeitlich befristet war: Hans Großmann-Doerth fiel bereits 1944, Franz Böhm wechselte 1945 nach Frankfurt a. M.[22] Walter Eucken wurde am 17. Januar 1891 in Jena geboren, er starb am 20. März 1950 und war von 1927 bis 1950 Professor für Nationalökonomie an der Universität Freiburg.[23]

Franz Böhm kam am 16. Februar 1895 in Konstanz zur Welt, seine Promotion und Habilitation im Fach Rechtswissenschaft erfolgten an der Universität Freiburg. Seine erste Professur an der Universität Jena wurde ihm im Jahr 1940 entzogen, nachdem er die nationalsozialistische Rassenpolitik kritisiert hatte. Im Jahr 1945 erhielt er einen Ruf nach Freiburg, wechselte aber ein Jahr später bereits nach Frankfurt. Nach dem Krieg betätigte sich Böhm politisch als Minister in Hessen, Verhandlungsleiter für die Aushandlung des Wiedergutmachungsabkommens mit Israel und in den Jahren 1953 bis 1965 als Mitglied des Deutschen Bundestages. Böhm war maßgeblich an der Ausarbeitung des 1957 verabschiedeten Gesetzes gegen Wettbewerbsbeschränkungen beteiligt. Am 26. September 1977 starb er.[24]

Hans Großmann-Doerth wurde am 9. September 1894 geboren. Auf seine Studien in München und Hamburg und seine Promotion im Fach Rechtswissenschaften im Jahr 1923 folgten eine Anstellung als Richter sowie im Jahr 1928 die Habilitation. Im Jahr 1930 wurde Großmann-Doerth Professor für Bürgerliches Recht und Handelsrecht an der Universität Prag, 1933 wechselte er an die Universität Freiburg.[25]

2.1.2 Gründungstext der Freiburger Tradition der Ordnungsökonomik: „Unsere Aufgabe“

Den Text „Unsere Aufgabe“ der drei genannten Freiburger Protagonisten aus dem Jahr 1936 bezeichnen Goldschmidt und Wohlgemuth als das „Gründungsdokument“ der Freiburger Schule.[26] Böhm, Eucken und Großmann-Doerth beklagen darin, dass Rechtswissenschaft und Nationalökonomie in Deutschland die

---

22 Vgl. Goldschmidt u. Wohlgemuth, S. 8.

23 Vgl. http://www.walter-eucken-institut.de/freiburger-tradition/franz-boehm.html.

24 Vgl. für diesen Absatz: http://www.walter-eucken-institut.de/freiburger-tradition/franz-boehm.html.

25 Vgl. für diesen Absatz: http://www.walter-eucken-institut.de/freiburger-tradition/hans-grossmann-doerth.html.

26 Vgl. Goldschmidt u. Wohlgemuth, S. 21.

grundsätzlichen rechts- und wirtschaftspolitischen Entscheidungen nicht mehr beeinflussen.[27] Sie schreiben:

> *„Verzichtet die Wissenschaft auf diese Rolle oder wird sie ihr aberkannt, dann treten andere, weniger berufene Ratgeber an ihre Stelle – die Interessenten. Sie sind sicherlich sachverständig für die technischen Details ihres Berufszweiges, aber sie sind ebenso sicher nicht sachverständig und können es nicht sein in der Beurteilung der gesamtwirtschaftlichen Zusammenhänge; und sie sind außerdem durch ihre wirtschaftliche Interessenlage gebunden, was in aller Regel unbewußt dazu führt, daß sie das Wohlergehen ihres Berufszweiges mit der Gesamtwirtschaft verwechseln. Hört der Staat auf sie, dann treten an Stelle von wirtschaftspolitischen und rechtlichen Entscheidungen, die auf einer genauen Kenntnis der großen ordnenden Prinzipien des Wirtschaftslebens beruhen, sich in diese Gesamtordnung einfügen und von ihr aus ihren Sinn erhalten, Entscheidungen, die dem Systemgedanken der gegebenen Wirtschaft entgegenlaufen und aus einer geregelten Ordnung ein Chaos zu machen tendieren – ein Prozeß, der in den einzelnen Schriften dieser Reihe von verschiedenen Seiten beleuchtet wird."*[28]

Die Autoren warnen also im Kern vor Lobbyismus. Darüber hinaus prangern sie die Mainstream-Ökonomik des 19. Jahrhunderts in Deutschland an, den Historismus:

> *„Romantik und historische Schule haben in beiden Wissenschaften den Glauben an ein natürliches System des Rechts und der Wissenschaft zerstört".*[29]

Als konkretes Beispiel kritisieren die Autoren von „Unsere Aufgabe", dass Rechts- und Wirtschaftswissenschaft sich nicht gegen die Bildung von Kartellen gewehrt hatten:

> *„Die Bildung von Kartellen z. B. wurde vom Reichsgericht seit der richtungsgebenden und verhängnisvollen Entscheidung vom 4.2.1897 als eine unabänderliche Tatsache hingenommen und gar nicht der Versuch gemacht, durch eine entschiedene Kartell-Rechtsprechung die Ordnungsgedanken der Gewerbeordnung zur Geltung zu bringen."*[30]

Aus dem Ansatz der historischen Schule der Nationalökonomie hat sich demnach ein „historischer Fatalismus" entwickelt, wie die Autoren schreiben:

---

27 Vgl. Böhm, F., Eucken, W. u. Großmann-Doerth, H.: Unsere Aufgabe, 1936, in: Goldschmidt u. Wohlgemuth (Hg): Grundtexte zur Freiburger Tradition der Ordnungsökonomik, Tübingen: 2008, S. 27.

28 Böhm, Eucken, Großmann-Doerth, S. 28.

29 Böhm, Eucken, Großmann-Doerth, S. 28.

30 Böhm, Eucken, Großmann-Doerth, S. 30.

„Wir sind Historiker genug, um den historischen Fatalismus als das zu nehmen, was er ist: Das Schwächezeichen gewisser Intellektueller. Weil ihr Geist sich unsicher fühlt, bringen sie nicht mehr die Kraft auf, an die Gestaltung der Dinge heranzugehen und ziehen sich deshalb in die Rolle des Beobachters zurück. Zur Begründung ihrer Haltung arbeiten sie regelmäßig mit historischen Konstruktionen und Doktrinen, die in höchstem Maße unrealistisch sind. Verkannt wird vor allem die ungeheure Vielheit der geschichtsbildenden Kräfte, und so ist es kein Zufall, daß sich die Prognosen der Fatalisten, auf die sie ihr ganzes Denken und Wollen richten, fast immer als unrichtig erweisen.“[31]

Doch auch den anderen Zweig, der sich aus der historischen Schule der Nationalökonomie entwickelt habe – von den Autoren „relativistisch“ genannt – und dessen Hauptvertreter Gustav Schmoller war, kritisieren die Autoren von „Unsere Aufgabe“:

„Schmoller ist wesentlich daran mitschuldig, daß in Deutschland die Nationalökonomie ihre frühere Kraft verlor, wahrhaft gestaltend zu wirken.“[32]

Als Gründe für diesen Niedergang führen sie zum ersten an, dass Schmoller sich grundsätzlichen Aussagen verweigert und statt dessen nur zu Einzelfragen geäußert habe.[33] Zweitens wird kritisiert, dass *„Schmoller nichts mit dem abstrakten Denkapparat der nationalökonomischen Theorie anzufangen“*[34] gewusst habe.[35]

Böhm, Eucken und Großmann-Doerth folgern aus ihrer Analyse drei Aufgaben für die Rechts- und Wirtschaftswissenschaft. Erstens müsse die wissenschaftliche Vernunft wieder stärker genutzt werden als in der Historischen Schule.[36] Zweitens fordern sie den Primat des grundsätzlichen Denkens:[37]

„Es besteht darin, die Einzelfragen der Wirtschaft als Teilerscheinung einer höheren Einheit zu sehen. Da sämtliche Gebiete der Wirtschaft aufs engste miteinander verknüpft sind, ist diese grundsätzliche Betrachtung die einzige, die der Sache gerecht wird. Die Behandlung aller konkreten rechts- und wirtschaftspolitischen Fragen muß an der Idee einer Wirtschaftsverfassung ausgerichtet sein. Dadurch wird die relativistische Haltlosigkeit und das fatalistische Hinnehmen der Fakten überwunden“.[38]

---

31 Böhm, Eucken, Großmann-Doerth, S. 31.
32 Böhm, Eucken, Großmann-Doerth, S. 32.
33 Vgl. Böhm, Eucken, Großmann-Doerth, S. 32 f.
34 Böhm, Eucken, Großmann-Doerth, S. 33.
35 Vgl. Böhm, Eucken, Großmann-Doerth, S. 33.
36 Vgl. Böhm, Eucken, Großmann-Doerth, S. 35.
37 Vgl. Böhm, Eucken, Großmann-Doerth, S. 35.
38 Böhm, Eucken, Großmann-Doerth, S. 35.

Drittens legen die Autoren von „Unsere Aufgabe“ aber auch Wert darauf, dass der historische Kontext Ausgangspunkt der Analysen sein müsse, im Gegensatz zum Historismus müsse man aber mit grundsätzlichen Fragen an die Analyse der Geschichte herantreten.[39] Ihr Credo:

> *„Wirklichkeitsnah – und grundsätzlich zugleich; nur aus dieser Spannung heraus können die Probleme der Wirtschaftsverfassung erfaßt und einer Lösung zugeführt werden“.*[40]

Viertens gelte: *„Die Wirtschaftsverfassung ist als eine politische Gesamtentscheidung über die Ordnung des nationalen Wirtschaftslebens zu verstehen“.*[41] Der Jurist müsse, um die Rechtsordnung als Wirtschaftsverfassung zu begreifen und zu formen, die Ergebnisse der wirtschaftswissenschaftlichen Forschung nutzen.[42] Es gelte:

> *„Wenn es z. B. der praktische oder wissenschaftliche Jurist mit einer Frage des unlauteren Wettbewerbs zu tun haben, genügt es keineswegs, daß er den ethischen Auffassungen des Kaufmannsstandes nachspürt und ausgehend von dem ‚Anstandsgefühl aller billig und recht Denkenden‘ die eine Gruppe von Wirtschaftskampfmitteln für gerade noch erlaubt, die andere für eben noch rechtswidrig erklärt. Vielmehr ist gerade hier das wirtschaftsverfassungsrechtliche Durchdenken des Problems dringend nötig, denn der freie Wettbewerb ist ein wesentliches Ordnungsprinzip der heutigen deutschen Wirtschaft. Der freie Wettbewerb darf nicht etwa unter fälschlicher Berufung auf angebliche Unlauterkeit unterbunden werden, er darf andererseits aber auch nicht in wirklich unlauteren Wettbewerb entarten. Wie die Grenze zwischen unlauterem und erlaubtem Wettbewerb zu ziehen ist, wo freier Wettbewerb vorliegt, wo nicht, wo beschränkter Wettbewerb, wann Leistungswettbewerb, wann Behinderungswettbewerb gegeben ist, wann Preisunterbietungen dem Ordnungsprinzip widersprechen, wann nicht – kann nur auf Grund der Untersuchungen der verschiedenen Marktverfassungen entschieden werden, welche die Wirtschaftswissenschaft durchführt. Das Zusammenspiel beider Wissenschaften, das in dieser Hinsicht noch sehr viel zu wünschen übrig lässt, ist schlechthin notwendig“.*[43]

---

39 Vgl. Böhm, Eucken, Großmann-Doerth, S. 35.
40 Böhm, Eucken, Großmann-Doerth, S. 36.
41 Böhm, Eucken, Großmann-Doerth, S. 36.
42 Vgl. Böhm, Eucken, Großmann-Doerth, S. 36.
43 Böhm, Eucken, Großmann-Doerth, S. 36f.

Böhm, Eucken und Großmann-Doerth fordern zudem, dass die eng spezialisierten einzelnen Wissenschaften sich wieder enger miteinander verbinden, wenn es um die Lösung von Problemen geht; das gelte insbesondere für die Nationalökonomie und die Jurisprudenz.[44]

Zusammenfassend lassen sich aus dieser Analyse von „Unsere Aufgabe" folgende Leitgedanken der Freiburger Gründungsväter heraus kristallisieren:

- Rechts- und Wirtschaftswissenschaft müssen sich in den politischen Prozess einmischen.
- Sie dürfen das Feld nicht den Lobbyisten überlassen.
- Grundsätzliches Denken muss den Primat haben vor einem subjektiven fallbezogenen Rechtsempfinden, weshalb alle rechts- und wirtschaftspolitischen Entscheidungen an die Idee einer Wirtschaftsverfassung gekoppelt sein sollten.
- Die unterschiedlichen Zweige der Wissenschaft, besonders Jurisprudenz und Nationalökonomie, müssen sachbezogen eng zusammenarbeiten.

Damit sind in „Unsere Aufgabe" die wesentlichen Ansätze der Freiburger Schule umrissen. Im Folgenden sollen diese Denkanstöße weiter vertieft werden.

2.1.3 Grundideen des Ordoliberalismus

Abelshauser beschreibt die neue Doktrin des deutschen Wirtschaftsliberalismus nach 1945:

> *„Sie nahm Abschied von der Vorstellung des liberalen Staates und orientierte sich kritisch an der Realität des ‚interventionistischen Wirtschaftsstaates', der nach dem Urteil Walter Euckens nur noch ‚selten imstande' war, ‚das reine Staatsinteresse zur Geltung zu bringen'. Nicht die Ablehnung des Interventionismus an sich, sondern die Entwicklung eines ‚liberalen Interventionismus' sollte den Ausweg aus der von Eucken beklagten ‚Versumpfung des Kapitalismus' weisen. Darunter verstanden er und andere Reformer, wie Alexander Rüstow, ‚ein Eingreifen in genau der entgegengesetzten Richtung, als in der bisher eingegriffen worden ist, nämlich nicht entgegen den Marktgesetzen, sondern in Richtung der Marktgesetze, nicht zur Aufrechterhaltung des alten, sondern zur Herbeiführung des neuen Zustandes, nicht zur Verzögerung, sondern zur Beschleunigung des natürlichen Ablaufs. Also sozusagen ein liberaler Interventionismus (...)'. Rüstows Plädoyer gipfelte 1932 in der Aussage: ‚Der neue Liberalismus jedenfalls, der heute vertretbar ist, fordert einen starken Staat, einen Staat oberhalb der Wirtschaft, oberhalb der Interessenten, da wo er hingehört'."*[45]

---

[44] Vgl. Böhm, Eucken, Großmann-Doerth, S. 37.

[45] Abelshauser, W.: Deutsche Wirtschaftsgeschichte seit 1945, München: 2004, S. 95.

Vanberg weist auf Böhms spätere Aussage hin, dass das gemeinsame Anliegen der Gründer der Freiburger Schule darin bestanden habe, der Frage nachzugehen, wie die verfassungsmäßige Grundlage einer freien Wirtschaft und Gesellschaft aussehen solle.[46] Eucken wollte in mehreren Aufsätzen eine Alternative zur Historischen Schule und zu prinzipienlosen diskretionären Ansätzen in der Wirtschaftspolitik bieten: Im Jahr 1932, also vier Jahre vor „Unsere Aufgabe", hatte Eucken den Aufsatz „Staatliche Strukturwandlungen und die Krise des Kapitalismus" veröffentlicht, später folgten mit „Die Grundlagen der Nationalökonomie" aus dem Jahr 1939 und „Die Grundsätze der Wirtschaftspolitik" im Jahr 1952 zwei weitere größere Arbeiten zu diesem Thema.[47] Das letztere Werk wird in den Kapiteln 2.3 und 2.4 noch ausführlicher analysiert werden.

Oft wird die ordoliberale Freiburger Schule mit den Gründungsvätern der Sozialen Marktwirtschaft gleichgesetzt. Das ist aber nicht richtig. Sally schreibt:

> *„It is useful, from the start, to distinguish between at least two different groups of thinkers: the ‚ordoliberal' economists and lawyers of the Freiburg School, centred around Walter Eucken and Franz Böhm; and the more sociologically inclined Alfred Müller-Armack, Wilhelm Röpke and Alexander Rüstow. All the above, and Ludwig Erhard, were associated with what was called ‚social market economy'. Despite many unifying aspects, it is advisable to keep the terms ‚ordoliberalism' and ‚social market economy' conceptually apart, for there are substantial differences of emphasis, and some differences in content, between the Freiburg School and the ‚sociological neoliberalism' of the others."*[48]

Vanberg verweist auf den Unterschied zwischen dem Ansatz von Böhm, Eucken und Großmann-Doerth einerseits und etwa Alfred Müller-Armack andererseits. So seien Müller-Armack und die Vertreter der Sozialen Marktwirtschaft, um wie Müller-Armack das große „S" in der Schreibweise zu verwenden, eher am Ergebnis orientiert, also „outcome-oriented"[49], gewesen, während für die Freiburger Schule die Marktwirtschaft an sich eine ethische Ordnung gewesen sei, wenn sie einen Wettbewerb frei von Privilegien – wie die Gewährung staatlicher Monopole – und Diskriminierung sicherstelle. Dagegen habe Müller-Armack in der Marktwirtschaft keine angeborene Ethik gesehen, sondern lediglich eine effiziente Ordnung. Die Marktwirtschaft bei Müller-Armack sei ein technisches Instrument,

---

[46] Vgl. Vanberg, V.: The Freiburg School: Walter Eucken and Ordoliberalism, in: Freiburg discussion papers on constitutional economics 04,11, Freiburg: 2004, S. 1.

[47] Vgl. Vanberg (2004), S. 5 f.

[48] Sally, R.: Ordoliberalism and the Social Market: Classical Political Economy from Germany, in: New Political Economy, Oxford: 1996, S. 233–257, S. 234.

[49] Vanberg (2004), S. 2.

um Reichtum zu produzieren. Erst durch Sozialpolitik habe die Marktwirtschaft für Müller-Armack „ethisch“ werden können. Anders als die Freiburger Ordoliberalen sei Müller-Armack nicht der Meinung gewesen, dass die sozialen Regelungen keinesfalls in Konflikt geraten dürften mit der Abwesenheit von Privilegien, wenn es um die Spielregeln des Marktes gehe.[50]

Während also in der Freiburger Denktradition eine Regulierung des Marktes nur dann erlaubt sein soll, wenn sie nicht dazu führt, dass einzelne Gruppen dadurch bestimmte Privilegien erhalten, sah Müller-Armack hierin kein gravierendes Problem. Für ihn war es durchaus vertretbar, das Gebot einer Marktwirtschaft ohne Privilegien für einzelne zu verletzen, wenn dadurch die Gesamteffizienz des Systems gesteigert wird. Müller-Armack war durchaus ein Anhänger einer stark durch den Staat gelenkten Marktwirtschaft und befürwortete die Verbindung einer aktiven Sozialpolitik sowie einer sozialistischen Wirtschaftspolitik mit einer Marktwirtschaft.[51]

Wie Vanberg erläutert, standen die Freiburger Ordoliberalen in der Tradition der schottischen Ökonomen und betonten, dass die Interessen der Konsumenten das einzige legitime ökonomische Interesse seien und die Kernaufgabe von Wettbewerb darin bestehe, das Ziel des Unternehmers, Gewinne zu erzielen, in den direkten Dienst des Konsumenten zu stellen.[52] Böhm habe den Wettbewerb außerdem vor allem als ein „Entmachtungsinstrument“ gesehen.[53] Entsprechend habe das Kernpostulat der Freiburger „Leistungswettbewerb“ gelautet, auch anstelle eines „Behinderungswettbewerbs“.[54] Derjenige Unternehmer sollte erfolgreich sein, der für den Konsumenten das beste Produkt erzeugt, und nicht derjenige, dem es gelingt, durch andere Maßnahmen – wie die Bildung von Kartellen – die Konkurrenz zu reduzieren.

Deshalb seien zum Beispiel Kartelle oder Monopole aus Freiburger Sicht unvereinbar mit einer wettbewerblichen Wirtschaftsverfassung, so Vanberg.[55] Allerdings habe Eucken darauf hingewiesen, dass der Staat selbst Monopole fördere, zum Beispiel durch seine Patent-, Handels- und Steuerpolitik; so fördere er die Formierung von privater Macht, von der er dann abhängig werde.[56] In anderen Worten: Die Freiburger Ordoliberalen erkannten ebenso wie die moderne Konstitutionenökonomik an, dass das Problem von „Rent Seeking“[57] letztlich durch die politische

50 Vgl. Vanberg (2004), S. 1 f.
51 Vgl. Abelshauser, S. 93.
52 Vgl. Vanberg (2004), S. 12.
53 Vgl. Vanberg (2004), S. 12.
54 Vgl. Vanberg (2004), S. 13.
55 Vgl. Vanberg (2004), S. 11.
56 Vgl. Vanberg, S. 14.
57 Der Begriff geht auf Gordon Tullock zurück. Er umfasst zum Beispiel die Bildung von Kartellen, aber auch Lobbyismus, mit dem Ziel, der Regierung Subventionen oder Steuererleich-

Verfassung gelöst werden müsse, allerdings ohne die Details zu diskutieren, jedoch mit dem klaren Hinweis, dass die Macht für Eingriffe in das Wirtschaftsleben nicht bei der Regierung und der Legislativen liegen dürfe.[58] Nicht der Willkür von Regierung und Parlament wollten die Freiburger Ordoliberalen also den Kampf gegen Lobbyismus, Kartelle und Monopole überlassen, sondern dem Recht.

Auch Sally weist darauf hin, dass das ordoliberale Leitbild einer funktionierenden Marktwirtschaft nicht nur Nutzen- oder Effizienzüberlegungen entspringe, sondern der Markt vielmehr als Mittel zur Dezentralisierung der sozialen, politischen und ökonomischen Lebensbereiche diene.[59] Ordoliberalismus steht also für ein Gesellschaftskonzept, nicht nur für eine Wirtschaftsordnung, wenngleich ökonomische Fragen im Vordergrund stehen. Dabei wird laut Sally eine Politik des Laissez-faire kritisiert, eine Politik also abgelehnt, welche die Entwicklung der wirtschaftlichen Ordnung unkontrollierten und spontanen Entwicklungen überlässt, und die im Ergebnis zum Wachstum von Monopolen und Oligopolen führt, die zunehmend sowohl den Markt als auch den rechtlichen Rahmen der Gesellschaft zerstören.[60] Auch hier wieder: Es geht um die Frage der Macht.[61] Bei Eucken hat Sally zufolge die Ordnung der Wirtschaft dazu beizutragen, die Unabhängigkeit und die Freiheit der Bürger gegenüber anderen Bürgern sowie gegenüber dem Staat zu sichern.[62] Freiheit bedeutet bei Eucken also die Abwesenheit von Zwang. Er verwendet nicht den sozialistischen Freiheitsbegriff, der sich auch auf die materiellen Möglichkeiten des Einzelnen bezieht, die erst zur Freiheit ermächtigen, also von der „Freiheit zu" ausgeht. Die Ordnung hat für Eucken ausschließlich die „Freiheit von" sicherzustellen.

Dass das Problem der Macht eine so große Bedeutung hatte, ist auf die Erfahrungen der Protagonisten im Deutschen Reich zurückzuführen, wo der Staat eben nicht oberhalb der Wirtschaft stand. In der Weimarer Republik etwa galt:

> *„Die Verantwortung für den Wirtschaftsprozess und seine Resultate blieb damit in letzter Instanz bei der Wirtschaft, die den Kurs bestimmte, ihre Handlungsspielräume in konfliktreicher Kooperation mit Gewerkschaften und staatlichen Instanzen absteckte und darüber hinaus durch ihre Verbände an der Formulierung der Wirtschaftspolitik mitwirkte. So wichtig staatliche Wirtschaftspolitik*

terungen für die eigene Branche / den eigenen Betrieb zu entlocken. Unabhängig davon, ob die Rent-Seeking-Aktivitäten legal oder illegal sind, haben sie gemeinsam, dass sie gesamtwirtschaftlich hohe Kosten verursachen und keinen Wert schaffen. Sie dienen nur dem Wohl weniger (vgl. http://www.economist.com/research/economics/alphabetic.cfm?letter=R)

58 Vgl. Vanberg (2004), S. 16f.

59 Vgl. Sally, S. 234.

60 Vgl. Sally, S. 237.

61 Vgl. Sally, S. 238.

62 Vgl. Sally, S. 238.

über ihren Einfluss auf die Rahmenbedingungen auch für den wirtschaftlichen Erfolg gewesen sein mochte, ließ sie doch bis zur Katastrophe der Weltwirtschaftskrise den Primat der Wirtschaft unangetastet."[63]

Dagegen bezeichnet Sally als Essenz der Ordnungspolitik:

„*In other words, it is incumbent on the state to set up and maintain the institutional framework of the free economic order, but it should not intervene in the price-signalling and resource allocation mechanisms of the competitive process.*"[64]

Acht konsekutive Merkmale kennzeichnen demnach laut Sally die Politik der Ordnung:[65] Erstens ein funktionierendes Preissystem ohne antizyklische Politik, ohne die Formung von Monopolen oder Devisenbeschränkungen; zweitens eine stabile Währung, weil etwa offene Inflation nicht nur das Preisniveau zum Schaden vor allem unterer Einkommensschichten erhöht, sondern auch die Preisrelationen der einzelnen Güter verzerrt, während versteckte Inflation – etwa durch Preisfestsetzungen wie unter den Nazis ab dem Jahr 1936 – den gesamten Preismechanismus zerstört, weshalb Eucken eine an Rohstoffe gebundene Währungsordnung forderte und mit dem System von Bretton Woods nicht einverstanden war; die weiteren sechs konsekutiven Merkmale einer Politik der Ordnung sind offene Märkte, Privateigentum, Vertragsfreiheit, Haftung, Konstanz der Wirtschaftspolitik sowie die Unabhängigkeit dieser Prinzipien.[66]

Sally verweist zudem auf die regulativen Prinzipien der Freiburger Ordnungsökonomik. Wichtigstes regulatives Prinzip der Freiburger Ordnungsökonomik sei dabei die Wettbewerbspolitik, man könnte sicher auch sagen: Anti-Trust-Politik. Eucken geht damit von der Grundidee perfekten Wettbewerbs aus. Sally verweist auf Euckens Formulierung der vollständigen Konkurrenz. Wie im neoklassischen Grundmodell gehe Eucken dabei von einem Gleichgewichtspunkt aus, bei dem sich Angebots- und Nachfragekurve schnitten und bei dem der Preis den Grenzkosten entspreche. Eine Abweichung von diesem Gleichgewicht, wenn also der Preis zum Beispiel oberhalb der Grenzkosten liege, interpretiere Eucken als Monopolsituation, in der ein oder mehrere Marktakteure über Markmacht verfügten. Die Aufgabe der Regierung bestehe aus ordoliberaler Sicht nun darin, dass die Regierung in den Markt interveniere und dafür sorge, dass sich ein Marktgleichgewicht einstelle.[67] Eucken ist damit in voller Übereinstimmung mit der neoklassi-

63 Abelshauser, S. 53 f.
64 Sally, S. 239.
65 Vgl. Sally, S. 239.
66 Vgl. Sally, S. 239 f.
67 Vgl. Sally, S. 240.

schen Lehre, die in einem solchen Fall in der Regel den „wohlwollenden Diktator" ins Spiel bringt. Auch Euckens Freiburger Kollegen Franz Böhm und Leonhard Miksch stimmen Sally zufolge mit dieser Sicht Euckens überein.[68]

Wettbewerbsbeschränkende Praktiken wie Boykotte, Preisdiskriminierung und Kartellverträge sollten nach Euckens Vorstellung nicht nur verboten werden, sondern die Wettbewerbsbehörden sollten auch die Macht haben, Preise für bestehende Monopole festzusetzen und sie dazu zu bringen, so zu handeln, als bestehe vollständiger Wettbewerb.[69]

Eucken sprach sich auch für eine progressive Einkommenssteuer aus sowie für ein soziales Basisnetz.[70] Auf rechtlicher Ebene formulierte der Jurist Hans Böhm die Rolle des Privatrechts als ein generelles, abstraktes und negatives Recht, das also den Bürgern bestimmte Dinge verbietet, ihnen aber ansonsten freie Wahlmöglichkeiten überlässt und es ihnen erlaubt, ihre eigenen Interesse zu verfolgen; nur in dieser Weise sei das System für die künftige Evolution der Gesellschaft offen, hebt Sally hervor.[71]

Ganz ähnliche Denkansätze werden sich im folgenden Abschnitt finden, vor allem bei Hayek. Die Parallele zwischen Böhm und Hayek zieht auch Sally.[72]

2.2 Die Österreichische Schule der Nationalökonomie

2.2.1 Die Gründungsväter der Österreichischen Schule

Als Gründervater der Österreichischen Schule gilt Carl Menger.[73] Salerno schreibt: *„Thus in its method and core theory, Austrian economics always was and will forever remain Mengerian economics.“*[74] De Soto widmet in seinem Lehrbuch zur Österreichischen Schule darüber hinaus Eugen von Böhm-Bawerk, Ludwig von Mises und Friedrich August von Hayek eigene Kapitel. Die geistigen Wurzeln für Mengers Beiträge verortet er dabei in der Schule von Salamanca.[75] Hank zählt auch Friedrich Wiesers Werk „Über den Ursprung und die Hauptgesetze des Wirt-

68 Vgl. Sally, S. 240.
69 Vgl. Sally, S. 240.
70 Vgl. Sally, S. 241.
71 Vgl. Sally, S. 243.
72 Vgl. Sally, S. 243.
73 Vgl. de Soto, J.: Die Österreichische Schule der Nationalökonomie – Markt und unternehmerische Kreativität, Wien: 2007, S. 8.
74 http://mises.org/about/3239.
75 Vgl. de Soto (2007), S. 11.

schaftlichen Wandels" aus dem Jahr 1894 zur einem bedeutenden Werk der ersten Generation der Österreicher.[76]

Der österreichische Ökonom Joseph A. Schumpeter gehört nicht zur Österreichischen Schule, obwohl er ein Zeitgenosse wichtiger Protagonisten war. Hank schreibt:

> *„Der Österreicher Joseph Schumpeter, der mit Mises zusammen als Student im Seminar saß, zählt nicht wirklich zur österreichischen Schule im engeren Sinn. Jedenfalls haben die Hardcore-Österreicher ihn als unzuverlässigen Häretiker behandelt. Hayek attestierte ihm zwar, er sei ein „brillanter Intellektueller", doch stets den ‚neuesten intellektuellen Methoden' verfallen; Mises meint, er vertrete keine Theorie des Handelns, sondern sei der alten Gleichgewichtstheorie verhaftet geblieben. Schumpeter selbst hätte wohl auch keinen gesteigerten Wert darauf gelegt, von den dogmatischen Österreichern in den Club aufgenommen zu werden."*[77]

Schumpeter soll deshalb im Rahmen dieser Dissertation ein eigenes Oberkapitel gewidmet werden.

2.2.1.1 Carl Menger

Carl Menger wurde im Jahr 1840 in der südpolnischen Stadt Neu-Sandez (Nowy Sacz) geboren und 1867 zum Dr. iur. an der Universität Krakau promoviert.[78] Mengers Hauptwerk war das Buch „Grundsätze der Volkswirtschaftslehre" aus dem Jahr 1871.[79] Bedeutend waren darüber hinaus sein 1883 erschienenes Werk „Untersuchungen über die Methode der Socialwissenschaften" und das 1892 veröffentlichte Buch „Geld".[80] In den Jahren 1873 bis 1903 lehrte Menger als Professor für Politische Ökonomie an der Universität Wien.[81]

2.2.1.2 Eugen von Böhm-Bawerk

Eugen von Böhm-Bawerk lebte von 1851 bis 1914; er wirkte als Professor für politische Ökonomie an den Universitäten Innsbruck und Wien und war mehrmals

---

76 Vgl. Hank, R.: Die Tea Party begann im Kaffeehaus, in: FAZ.NET vom 17.10.2010 (http://www.faz.net/s/RubB8DFB31915A443D98590B0D538FC0BEC/Doc~EC72B1D0E4EB84F5EB5C762B260B9F670~ATpl~Ecommon~Scontent.html).
77 Hank:, in: FAZ.NET vom 17. 10. 2010.
78 Vgl. Zöller, M.: Wie entstehen Ordnungen? Arbeitsunterlagen zum Seminar: Einführung in die Geschichte der sozialen, politischen und ökonomischen Ordnungsideen, Juni 2005, S. 177.
79 Vgl. Hank: FAZ.NET vom 17.10.2010.
80 Vgl. Zöller: Ordnungen, 2005, S. 177.
81 Vgl. Zöller: Ordnungen, 2005, S. 177.

Minister der österreich-ungarischen Regierung innerhalb der Donaumonarchie.[82] Sein Hauptwerk hatte den Titel „Kapital und Kapitalzins" und wurde im Jahr 1902 veröffentlicht.[83]

2.2.1.3 Ludwig von Mises

Ludwig von Mises wurde 1881 in Lemberg geboren. Nach seinem Studium und der Promotion an der Universität Wien folgte ebenfalls in Wien im Jahr 1913 die Habilitation. Kurz zuvor hatte er die „Theorie des Geldes und der Umlaufsmittel" veröffentlicht. Von 1918 an war Mises Professor in Wien. Es folgte im Jahr 1922 das Werk „Die Gemeinwirtschaft"; im Jahr 1940 emigrierte Mises in die Vereinigten Staaten, wo er ab 1945 an der New York University lehrte. Mises starb 1973 in New York. Als bedeutendes Werk Mises' gilt „Human Action".[84]

2.2.1.4 Friedrich August von Hayek

Friedrich August von Hayek wurde 1899 in Wien geboren. Nach seiner Promotion war er von 1921 bis 1931 Direktor des Österreichischen Instituts für Konjunkturforschung und habilitierte sich im Jahr 1929 ebenfalls in Wien. Von 1931 bis 1950 war er Professor an der London School of Economics, in den Jahren 1950 bis 1962 lehrte er an der University of Chicago, bevor er 1962 an die Universität Freiburg wechselte. Im Jahr 1974 erhielt Hayek den Nobelpreis für Ökonomie (Preis für Wirtschaftswissenschaften der schwedischen Reichsbank in Gedenken an Alfred Nobel). Seine wichtigsten Werke sind „Der Weg zur Knechtschaft" aus dem Jahr 1944, die „Verfassung der Freiheit" aus dem Jahr 1960 und „Recht, Gesetz und Freiheit", das in mehreren Teilen in den Jahren 1973, 1976 und 1979 erschien.[85]

2.2.2 Die geistig-philosophischen Ursprünge der Österreichischen Schule der Nationalökonomie

Wie bereits erwähnt, sieht De Soto die Hauptleistung Österreichischen Denkens in der Wiederentdeckung der katholischen kontinental-europäischen Denktradition. Andere Autoren verweisen allerdings eher auf die Besinnung der Österreicher auf den klassischen Liberalismus, vor allem die Philosophie der Schottischen Aufklärung. Im Folgenden werden diese beiden Interpretationen dargestellt.

---

82 Vgl. de Soto (2007), S. 43.
83 Vgl. de Soto (2007), S. 43.
84 Vgl. für diesen Absatz: Zöller: Ordnungen, 2005, S. 185.
85 Vgl. für diesen Absatz: Zöller: Ordnungen, 2005, S. 200.

2.2.2.1 Die geistigen Wurzeln der Österreichischen Schule in der Katholischen Denktradition

De Soto sieht vor allem katholische Philosophen als Wegbereiter der Österreichischen Schule: Obwohl ein breiter Konsens darüber bestehe, dass die Geburtsstunde der Österreichischen Schule im Jahr 1871 liege – also dem Jahr, in dem die Grundsätze der Volkswirtschaftslehre von Carl Menger erschienen sind – bestehe der größte Verdienst dieses Autors allerdings darin, eine Denktradition katholischen und kontinental-europäischen Ursprungs wieder aufgenommen und vorangetrieben zu haben, die sich bis zu den Anfängen des philosophischen Denkens in Griechenland und – noch deutlicher – bis zur Tradition des juristischen, philosophischen und politischen Denkens des alten Roms zurückverfolgen lasse.[86]

De Soto verweist unter anderem darauf, dass man bereits im antiken Rom erkannt habe, dass das Recht vor allem Gewohnheitsrecht sei, und dass die juristischen Institutionen ebenso wie die Sprache und das Wirtschaftssystem das Ergebnis eines langen evolutionären Prozesses gewesen seien.[87] Er betont, dass die spanischen Scholastiker diese antike Denktradition wiederaufnahmen. Als ersten wichtigen Vorläufer der Österreichischen Schule sieht De Soto den spanischen Geistlichen Diego de Covarrubias, der im 16. Jahrhundert Bischof von Segovia war und dem spanischen König Philipp II mehrere Jahre als Minister diente. Im Jahr 1555 habe Covarrubias die Grundlagen der subjektiven Werttheorie, auf der die Österreichische Schule beruhe, gelegt, indem er als Beispiel genannt habe, dass in Indien Weizen höher bewertet werde als in Spanien, obwohl der Weizen an beiden Orten natürlich objektiv gesehen gleich sei.[88]

Ein anderer Beitrag Covarrubias habe in einer Studie über die geschichtliche Entwicklung der Kaufkraftminderung des Maravedi, einer in Spanien und Portugal über mehrere Jahrhunderte gebräuchlichen Münze, bestanden; Covarrubias habe damit viele der theoretischen Schlussfolgerungen von Martin de Azpilcueta und Juan de Mariana über die Quantitätstheorie des Geldes vorweggenommen. Diese Denkgebäude seien für die Österreichische Schule sehr bedeutend, weil sie später auch von Carl Menger in seinem Werk „Gundsätze der Volkswirtschaftslehre“ zitiert worden seien. Der bedeutende Scholastiker Luis Saravia de la Calle habe die von Covarrubias begonnene subjektivistische Tradition fortgesetzt und als erster eine Erklärung der Beziehung zwischen Kosten und Preisen geliefert, wonach tendenziell die Kosten den Preisen folgten, und nicht umgekehrt. Damit widerlegte er laut de Soto bereits zu einem frühen Zeitpunkt *„die Fehler der klassischen Schule Englands, die später als Fundament der Ausbeutungstheorie von Karl*

86 Vgl. de Soto (2007), S. 43.
87 Vgl. de Soto (2007), S. 43.
88 Vgl. de Soto (2007), S. 43 ff.

Marx und seinen sozialistischen Nachfolgern diente"[89]. Außerdem habe de la Calle besonders die Funktion des Unternehmers, den er Händler nenne, hervorgehoben. Ein weiterer bedeutender Beitrag der spanischen Scholastiker sei die Einführung des dynamischen Konzepts der Konkurrenz gewesen, die als unternehmerischer Prozess der Rivalität, der den Markt bewege und die Entwicklung der Gesellschaft vorantreibe, verstanden worden sei.[90]

> *„Diese Idee, die das Herzstück der Markttheorie der Österreichischen Schule sein wird, steht im schroffen Gegensatz zu den Gleichgewichts-Modellen der vollkommenen, monopolistischen Konkurrenz und der Monopoltheorie der Neoklassiker. Bereits die Scholastiker kamen zu dem Schluss, dass die Preise der Gleichgewichts-Modelle (die von ihnen ‚mathematische Preise' genannt wurden) und welche die sozialistischen Theoretiker der neoklassischen Schule für die Rechtfertigung ihres Interventionismus gebrauchen, niemals bekannt sein können."*[91]

Die jesuitischen Kardinäle Juan de Lugo und Juan de Salas argumentierten de Soto zufolge im 17. Jahrhundert gegen Eingriffe in den Markt durch den Staat, um einen Gleichgewichtspreis zu setzen, da es aus menschlicher Sicht aufgrund der komplexen Preisfindungsprozesse unmöglich sei, diesen Gleichgewichtspreis zu kennen. Damit hätten sie die wichtigsten Beiträge der namhaftesten Denker der Österreichischen Schule, besonders von Mises und von Hayeks, mehr als 300 Jahre vorweggenommen. Bereits im Jahr 1285 habe Giles des Lessines, ein Schüler von Thomas von Aquin, die Zeitpräferenzrate erklärt, nach der unter sonst gleichen Umständen gegenwärtige Güter immer höher bewertet würden als spätere; damit sei also im Mittelalter bereits ein weiterer bedeutender Baustein des Österreichischen Theoriegebäudes vorhanden gewesen.[92]

Auch auf dem Gebiet der Banktheorie legten die spanischen Scholastiker laut de Soto einige Grundlagen für die moderne Sicht der Österreichischen Schule: De la Calle etwa habe den Reserve-Kassenkoeffizienten der Banken kritisiert. Die Geldschöpfung der Banken durch die Vergabe von Krediten sei bereits im 16. Jahrhundert kritisiert worden, ein wesentlicher Kritikpunkt der Österreichischen Schule der Nationalökonomie. Zusammenfassend haben die spanischen Scholastiker laut de Soto bereits zehn grundsätzliche Prinzipien dessen formuliert, was Jahrhunderte später die Grundüberzeugungen der Österreichischen Schule der Nationalökonomie wurden:[93]

---

89 De Soto (2007), S. 45.
90 Vgl. für diesen Absatz: de Soto (2007), S. 45.
91 De Soto (2007), S. 45.
92 Vgl. für diesen Absatz: de Soto (2007), S. 46f.
93 Vgl. für diesen und den folgenden Absatz: de Soto (2007), S. 46 bis 49.

- Die subjektive Werttheorie (Diego de Covarrubias y Leya).
- Die Entdeckung der tatsächlichen Beziehung zwischen Preis und Kosten (Luis Saravia de la Calle).
- Die dynamische Natur des Marktes und die Unmöglichkeit, ein Gleichgewichts-Modell zu formulieren (Juan de Lugo und Juan de Salas).
- Das dynamische Konzept der Konkurrenz als ein Prozess der Rivalität zwischen Verkäufern (Castillo de Bovadilla und Luis de Moline).
- Die Entdeckung des Prinzips der Zeitpräferenzrate (Martin de Azpilcueta).
- Der stark verzerrende Charakter von Inflation in Bezug auf den realen Sektor einer Volkswirtschaft (Juan de Mariana, Diego de Covarrubias und Martin de Azpilcueta).
- Die kritische Analyse der Banken mit Teilkassenkoeffizienten (Luis Saravia de la Calle und Martin de Azpilcueta).
- Die Entdeckung, dass Bankdepositen Bestandteil des Geldangebots sind (Luis de Molina und Juan de Lugo).
- Die Unmöglichkeit, eine Gesellschaft mithilfe von Zwangsmandaten zu organisieren, weil notwendige Informationen für eine wirkungsvolle Koordinierung nicht vorhanden sind (Juan de Mariana).
- Die liberale Tradition, der zu Folge jede ungerechtfertigte Marktintervention das Naturrecht verletzt (Juan de Mariana).

De Soto verweist auch darauf, dass die enge Beziehung im Habsburger Reich des 16. Jahrhunderts zwischen Österreich und Spanien mit Italien als intellektueller Brücke die Basis für eine enge kulturelle Beziehung über mehrere Jahrhunderte gelegt habe, was über die inhaltliche Analyse hinaus ein schlagkräftiges Argument dafür sei, dass die Österreichische Schule der Nationalökonomie in ihren Ursprüngen letztlich eine Schule spanischer Tradition sei. Insofern habe das Verdienst Mengers darin bestanden, diese katholisch-kontinentale Tradition, die in Folge des Triumphs der protestantischen Reformen im Niedergang gewesen sei, wiederzuentdecken und voranzutreiben. Stärker noch als die Erfolge des Protestantismus aber habe der Einfluss des schottischen Moralphilosophen Adam Smith, der häufig als Begründer der modernen Nationalökonomie bezeichnet werde, gewirkt, so de Soto:[94]

> *„Murray N. Rothbard hat darauf hingewiesen, dass Adam Smith das Gebiet der vor ihm entwickelten Beiträge, in deren Mittelpunkt die subjektive Werttheorie, der Unternehmer und der Zins stand und mit deren Hilfe Preise in realen Märkten erklärt wurden, verließ. Stattdessen ersetzte Adam Smith diesen Ansatz durch seine Arbeitswerttheorie, auf deren Fundament und als natürliche Folge, Marx später seine sozialistische Ausbeutungstheorie aufbauen sollte. Außerdem*

94 Vgl. für diesen Absatz: de Soto (2007), S. 49f.

konzentrierte sich Adam Smith ausschließlich auf die Erklärung des langfristigen ‚natürlichen Gleichgewichtspreises', ein Gleichgewichts-Modell, in dem die Funktion des Unternehmers durch Abwesenheit glänzt und in welchem man davon ausgeht, dass sämtliche notwendigen Informationen schon gegeben sind. Dieses Gleichgewichts-Modell sollte später von den Gleichgewichts-Theorien der neoklassischen Schule benutzt werden, um das angebliche ‚Marktversagen' zu kritisieren und den Sozialismus und die Intervention des Staates in Ökonomie und Zivilgesellschaft zu rechtfertigen."[95]

De Soto zufolge verschärfte sich der negative Einfluss der klassischen englischen Schule auf die Wirtschaftswissenschaft durch Smiths Nachfolger, besonders durch Jeremy Bentham und dessen eng verstandenen Utilitarismus.[96]

2.2.2.2 Die geistigen Wurzeln der Österreichischen Schule in der Schottischen Philosophie der Aufklärung

De Soto verweist darauf, dass auch für Hayek in seinem in den Jahren 1973 bis 1979 in drei Bänden in englischer Sprache erschienen Werk „Recht, Gesetz und Freiheit" die theoretischen Prinzipien der Marktwirtschaft nicht von Calvinisten und schottischen Protestanten geschaffen worden seien, sondern das Ergebnis der intellektuellen Anstrengungen von Dominikanern und Jesuiten seien, die beide Mitglieder der Schule von Salamanca gewesen seien.[97] Tatsächlich lehnte Hayek die Arbeitswerttheorie der klassischen Schule ab.[98] Allerdings bezog sich Hayek in seinen früheren Werken überaus stark auf die schottischen Denker. Für ihn stand im Vordergrund der Konflikt zwischen der schottischen und der französischen Aufklärung. In seinem zunächst 1960 in englischer Sprache erschienen Werk „Die Verfassung der Freiheit" hebt Hayek die Entwicklung des Freiheitsgedankens im 18. Jahrhundert hervor und unterscheidet dabei vor allem zwischen einer empirischen und unsystematischen Theorie der Freiheit einerseits und einer spekulativ-rationalistischen andererseits, wobei er letztere vor allem der französischen Aufklärung zuordnet und erstere die britische Überlieferung nennt:[99]

„*Es ist dieses Sich-fügen in nicht bewußt geschaffene Regeln und Konventionen, deren Sinn und Wichtigkeit wir zum Großteil nicht verstehen, es ist diese Ehrfurcht vor dem Traditionellen, die die rationalistische Denkungsart so fremd fin-*

---

95 De Soto (2007), S. 50.
96 Vgl. de Soto (2007), S. 50.
97 Vgl. de Soto (2007), S. 44.
98 Vgl. Hayek, F.: Dankadresse, in: Hoppmann, E. (Hg): Vorträge und Ansparachen auf d. Festveranst. d. Freiburger Wirtschaftswiss. Fak. zum 80. Geb. von. F. A. v. Hayek, Baden-Baden: 1980, S. 38, zitiert nach: Zöller: Ordnungen 2005, S. 205.
99 Vgl. Hayek (2005), S. 68–71.

det, obwohl sie für das Funktionieren einer freien Gesellschaft unentbehrlich ist. Sie hat ihre Begründung in der Einsicht, die David Hume betont, und die von entscheidender Bedeutung für die antirationalistische, evolutionäre Tradition ist, daß nämlich ‚die Moralregeln nicht Schlüsse der Vernunft sind'.[100]“[101]

Hayek kam zu dieser Erkenntnis als ein großer Kenner der antiken Denker. Er selbst führte den Widerspruch zwischen französischen Aufklärern und den Schotten auf die Antike zurück, genauer auf den Widerspruch zwischen Athen oder Rom einerseits und Sparta andererseits:

„In der Antike wurden die Bedingungen der Freiheit besser verstanden. Cicero erzählt, daß Cato die römische Verfassung besser nannte als die anderer Staaten, weil sie ‚aus dem Verstand nicht nur eines, sondern vieler Männer hervorging, nicht in einem Menschenleben begründet wurde, sondern in mehreren Jahrhunderten und Menschenaltern'. Denn, sagte er, es hat niemals einen Mann von solchem Geist gegeben, daß ihm nichts hätte entgehen können, und auch die vereinten Kräfte aller Menschen einer Zeit könnten unmöglich alle notwendige Vorsorge für die Zukunft treffen ohne die Hilfe der Erfahrung und der Erprobung durch die Zeit. Weder das republikanische Rom noch Athen – die zwei freien Staaten der Antike – konnten daher den Rationalisten als Vorbild dienen. Für Descartes, den Urheber der rationalistischen Tradition, war hauptsächlich Sparta das Beispiel; denn seine Größe ‚{war} nicht die Folge der Güte jedes einzelnen seiner Gesetze …, sondern {davon}, daß sie, alle von einem Einzigen erfunden, auch alle demselben Ziele zustrebten'. Und es war Sparta, das das Freiheitsideal sowohl für Rousseau als auch für Robespierre und Saint-Just und für die meisten der späteren Vertreter einer ‚sozialen' oder totalitären Demokratie wurde.“[102]

De Soto schreibt, dass Hayek später tatsächlich überzeugt worden sei, dass die Wurzeln der dynamischen und subjektiven Konzeption der Ökonomie in Kontinentaleuropa lägen und deshalb weniger in der Tradition der schottischen Philosophen des 18. Jahrhunderts und mehr im mediterranen Europa und in der Tradition des antiken Griechenlands, Roms und Thomas von Aquins zu suchen seien.[103] Ob de Sotos Kritik an den Engländern (besser: Schotten) tatsächlich gerechtfertigt ist, muss allerdings vor dem Hintergrund der starken Sympathie Hayeks für die schottischen Liberalen bezweifelt werden. So schreibt Hayek selbst:

---

[100] Hume, D.: Treatise, Band II, Buch III, Teil I, Abschnitt I, S. 235, zitiert nach: Hayek, F. A.: Die Verfassung der Freiheit, 4. Auflage, Tübingen: 2005, S. 84.

[101] Hayek (2005), S. 84.

[102] Hayek (2005), S. 74 f.

[103] Vgl. de Soto (2007), S. 44.

„Es waren die Ideale der englischen Whigs, die die später in ganz Europa als liberale Bewegung bekannte Strömung angeregt haben und die Vorstellungen schufen, die von den amerikanischen Kolonisten mitgenommen wurden und sie in ihrem Kampf um die Unabhängigkeit und bei der Aufstellung ihrer Verfassung leiteten. Bis zu der Zeit, da der Charakter dieser Tradition durch die auf die Französische Revolution mit ihrer totalitären Demokratie und ihren sozialistischen Neigungen zurückgehenden Zusätze verändert wurde, war ‚Whig' der Name, unter dem die Partei der Freiheit allgemein bekannt war.

[...]

Die Whig-Parteien des neunzehnten Jahrhunderts brachten schließlich den Namen sowohl in Großbritannien als auch in den Vereinigten Staaten bei den Radikalen in Mißkredit. Aber da der Liberalismus erst an die Stelle des Whiggismus trat, nachdem die Freiheitsbewegung den groben und militanten Rationalismus der Französischen Revolution in sich aufgenommen hatte, und da es unsere Aufgabe sein muß, jene Tradition von den in sie eingedrungenen allzu rationalistischen, nationalistischen und sozialistischen Einflüssen zu befreien, gilt es immer noch, daß ‚Whig' der historisch richtige Name für die Ideen ist, die ich vertrete. Je mehr ich über die Ideengeschichte lerne, desto bewußter wird mir, daß ich einfach ein unverbesserlicher Old Whig bin – mit der Betonung auf ‚old'."[104]

Auch andere Autoren sehen die Österreichische Schule eindeutig in der Tradition des klassischen Liberalismus. So schreibt Hank:

„Für die dominierende Schule, den Historismus, hatten Mises und Hayek nur Verachtung übrig. Gegen den herrschenden Trend keimte bei den jungen österreichischen Ökonomen (auch Joseph Schumpeter zählte von Ferne dazu) eine Liebe zum als altmodisch geltenden klassischen Liberalismus wie er von Adam Smith bis John Stuart Mill im 18. und 19. Jahrhundert in Schottland und England erdacht wurde: Alle Wirtschaftswissenschaft muss beginnen beim Einzelnen und seinen in Freiheit getroffenen persönlichen und unvorhersagbaren Entscheidungen."[105]

Anders als De Soto nennt Recktenwald Anhaltspunkte dafür, dass die schottische Aufklärung sich durchaus der kontinentaleuropäischen Denktradition bewusst war. Recktenwald schreibt über Adam Smith, einen der bedeutendsten Schotten:

„Über die geistigen Wurzeln von Smiths Ideen ist viel geschrieben und auch viel gestritten worden. Als umfassend gebildeter und kultivierter Mann mit humanistischer Ausbildung wurde er von der Klassik der Antike und der nachfolgenden

---

[104] Hayek (2005), S. 530f.

[105] Hank, in: FAZ.NET vom 17.10.2010.

Scholastik wesentlich geprägt; das spürt man bei der Lektüre seines Werkes beinahe auf jeder Seite. [...]

Von seinem philosophischen Weltbild her ist die Verwandtschaft zu Aristoteles und zu Thomas von Aquin, vermittelt durch Hutcheson, wohl die engste. So wie Thomas gleichsam die Kirche im Dorf läßt, indem er die falschen Gegensätze aufzuheben und den Menschen in seiner Gesamtheit zu begreifen sucht, so steht auch hinter Smiths Idee des Ausgleiches im Menschen selbst und in seinem sozialen Verhalten, also hinter der inneren und äußeren Selbststeuerung zu einem neuen Gleichgewicht hin, letztlich die Vorsehung, seine ‚Unsichtbare Hand'."[106]

2.2.2.3 Exkurs: Adam Smith und die kontinentaleuropäische Denktradition

Für den Untersuchungsgegenstand dieser Arbeit ist nicht entscheidend, wo im Einzelnen die geistigen Wurzeln der Österreichischen Schule liegen. Die Ausführungen an dieser Stelle sollen lediglich dem Verständnis der Österreichischen Denktradition dienen. Das wird auch nötig sein, um später die Schule mit der Freiburger Schule zu vergleichen.

Trotzdem soll an dieser Stelle auch eine kurze Einordnung Adam Smiths stattfinden. Recktenwald ist zuzustimmen: Bei der Lektüre von Smiths „Theorie der ethischen Gefühle" spürt man tatsächlich beinahe auf jeder Seite die umfassende humanistische Bildung Smiths. Doch in Smiths Werk finden sich auch eindeutig christliche Traditionen wieder. Beispiel 5. Gebot: Während es im biblischen Dekalog heißt: „Du sollst Vater und Mutter ehren", schreibt Smith:

„Die Gesetze aller zivilisierten Nationen verpflichten die Eltern, ihre Kinder zu erhalten, und die Kinder, für den Unterhalt der Eltern zu sorgen, und legen den Menschen noch viele andere Pflichten der Wohltätigkeit auf."[107]

Doch Smith geht noch einen Schritt weiter und stellt die „Weisheit von Menschen"[108] unter die „Weisheit Gottes"[109]. Auch Smiths Konzept des „unparteiischen Zuschauers"[110] steht in Einklang mit dem christlichen Glauben. Die Moral der Menschen führt Smith auf den Schöpfungsakt eines höheren Wesens zurück:

„Der allweise Schöpfer der Natur hat auf diese Weise den Menschen gelehrt, die Gefühle und Urteile seiner Brüder zu achten; sich mehr oder weniger zu freuen, wenn sie sein Betragen gutheißen, und sich mehr oder weniger verletzt

106 Recktenwald, H.: Adam Smith, in: Starbatty, J. (Hg): Klassiker ökonomischen Denkens. Von Platon bis John Maynard Keynes, Hamburg: 2008, S. 134–155, S. 138.

107 Smith, A.: Theorie der ethischene Gefühle, Auf der Grundlage der Übersetzung von Walther Eckstein neu herausgegeben von Horst D. Brandt, Hamburg: 2010, S. 129.

108 Smith, Theorie, S.140.

109 Smith, Theorie, S.140.

110 Smith, Theorie, S.186.

zu fühlen, wenn sie es mißbilligen. Er hat den Menschen, wenn ich so sagen darf, zum unmittelbaren Richter der Menschen gemacht und hat ihn auch in dieser wie in mancher anderen Beziehung nach seinem Bilde geschaffen und ihn zu seinem Statthalter auf Erden bestellt, damit er das Verhalten seiner Brüder beaufsichtige."[111]

Damit stimmt Smith auch der christlich-jüdischen Denktradition zu, nach der der Mensch die Krone der Schöpfung ist, wie es in der Bibel dargestellt wird.[112] Smith formuliert in seinem Werk im Grunde ein eigenes kleines Glaubensbekenntnis. Dabei übt er allerdings auch Kritik an den Vertretern der Kirche:

„*Daß es eine künftige Welt gibt, in der jedermann volle Gerechtigkeit zuteil werden wird, in der jeder mit allen denen in eine Reihe gestellt werden wird, die ihm nach ihren sittlichen und geistigen Eigenschaften wahrhaft ebenbürtig sind, wo der Besitzer jener bescheidenen Talente und Tugenden, die in diesem Leben durch das Schicksal niedergedrückt worden waren und keine Gelegenheit hatten, sich zu erfüllen, die nicht nur der Öffentlichkeit unbekannt waren, sondern die zu besitzen auch er selbst kaum sicher sein konnte, und für die sogar der Mensch in seiner Brust kaum ein klares und deutliches Zeugnis abzulegen wagen konnte, wo dieses bescheidene, stille und unbekannte Verdienst in eine Linie, ja mitunter sogar höher gestellt werden wird, wie diejenigen, die in dieser Welt das höchste Ansehen genossen haben, und die durch die Vorteile ihrer Lage befähigt waren, die glänzendsten und blendendsten Handlungen zu vollbringen, das ist eine Lehre, so verehrungswürdig in jeder Hinsicht und so trostreich für die Schwäche, so schmeichelhaft für die Größe der menschlichen Natur, daß der tugendhafte Mensch, der das Unglück hat, an ihr zu zweifeln, doch unmöglich umhin kann, den höchst ernsthaften und eifrigen Versuch zu hegen, an sie zu glauben.*"[113]

Binswanger bezweifelt jedoch, dass Smith tatsächlich Christ war. Er verweist darauf, dass Smith in seiner „Theorie der ethischen Gefühle" den Begriff der „unsichtbaren Hand" eingeführt habe, um deutlich zu machen, dass eine gerechte, also gleichmäßige Aufteilung des Bodens nicht notwendig ist, schließlich seien die Armen, die also kein Eigentum an Boden haben, als Konsumenten beinahe genauso gut gestellt wie die Reichen, also die Grundeigentümer.[114] Tatsächlich hat Smith argumentiert, dass reiche Menschen letztlich nicht mehr essen könnten als arme:

---

111 Smith, Theorie, S. 205.
112 Vgl. Psalm 8, Verse 6 bis 9.
113 Smith, Theorie, S. 208.
114 Vgl. Binswanger, H.: Die Glaubensgemeinschaft der Ökonomen. Essays zur Kultur der Wirtschaft, München: 1998, S. 52.

„Von einer unsichtbaren Hand werden sie dahin geführt, beinahe die gleiche Verteilung der zum Leben notwendigen Güter zu verwirklichen, die zustandegekommen wäre, wenn die Erde zu gleichen Teilen unter alle ihre Bewohner verteilt worden wäre; und so fördern sie, ohne es zu beabsichtigen, ja ohne es zu wissen, das Interesse der Gesellschaft und gewähren die Mittel zur Vermehrung der Gattung.“[115]

Binswanger hebt hervor, dass Smith zwar den Eigennutz als böse qualifiziert, von „Selbstsucht und Raubgier“ spricht, also letztlich von der in der scholastischen Philosophie als Todsünde klassifizierten Habgier.[116] Damit entstehe ein Widerspruch zur christlichen Religion, zumal die Realität im 18. Jahrhundert eine andere gewesen sei, nämlich eine Unterversorgung mit Nahrungsmitteln. Vor diesem Hintergrund bezeichnet Binswanger Smith als Zyniker. Da Smith aber offenkundig ein reines Gewissen gehabt habe, müsse er eine andere Quelle für seine ethischen Überzeugungen gehabt haben. Für Binswanger ist klar:

„Diese Quelle ist die Philosophie der Stoa, welche die Bedeutung von Gut und Böse durch den Glauben an eine Welt- oder All-Vernunft relativiert und damit die eigentliche Alternative zum Christentum war und ist.“[117]

Binswanger verweist darauf, dass die stoische Philosophie ein halbes Jahrtausend die Weltanschauung der gebildeten Römer war. Sie sei eine grundsätzlich optimistische Philosophie gewesen und habe Vorstellungen entwickelt, die sehr gut zu Smiths „unsichtbarer Hand“ passten.

Erst durch das Christentum und die Lehre der Erbsünde, die allein durch Christus überwunden werden könne, durch den Kirchenvater Augustinus habe sich dies geändert. Binswanger schreibt:

„Das Christentum hatte zwar im Kampf mit der Stoa Teile der stoischen Lehre übernommen. Diese hat sich aber seit dem 17. Jahrhundert wieder selbständig gemacht unter dem Titel Deismus, der Aufklärung und des Fortschrittsglaubens, im Zusammenhang mit einem Wiederaufleben des Optimismus. Die ‚unsichtbare Hand‘ von Adam Smith auf der Basis des ‚homo oeconomicus‘ bzw. der Eigenliebe ist nichts anderes als die ökonomische Formulierung dieses Optimismus.“[118]

Binswanger weist darauf hin, dass Smith in der sechsten – der ersten überarbeiteten Auflage – der „Theorie der ethischen Gefühle“ alle Hinweise auf das Christentum gestrichen habe. Außerdem sei er der Bitte seines todkranken Freundes

115 Smith, Theorie, S. 297.
116 Vgl. Binswanger, S. 53.
117 Binswanger, S. 54.
118 Binswanger, S. 54.

David Hume nicht nachgekommen, dessen letztes Werk zu publizieren, in dem Hume einen atheistischen Standpunkt vertrat. Binswanger schreibt:

> *„Adam Smith war gläubig, allerdings nicht im Sinne des Christentums, sondern eben im Sinne der Stoa!"*[119]

Die Konsequenz aus dieser Feststellung sei, dass die ökonomische Wissenschaft letztlich auf der Stoa gründe, zumindest insoweit, wie sie auf den Homo Oeconomicus und die Idee der „unsichtbaren Hand" aufbaue. Binswanger:

> *„Alle Ökonomen, die ihre Wissenschaft in diesem Sinne verstehen, bilden daher eine stoische Glaubensgemeinschaft und sind somit auch eine Werturteilsgemeinschaft par exellence."*[120]

Es gibt sicher eine Reihe von Belegen in Smiths Werk, die für Binswangers These sprechen. Allerdings wurden auch bereits Aspekte in der „Theorie der ethischen Gefühle" aufgezeigt, die sehr starke Bezüge zum Christentum aufzeigen, und möglicherweise nicht allein mit stoischen Überzeugungen zu rechtfertigen sind. Es gibt sogar Hinweise in Smiths Werk, die ihn in einer katholischen Tradition erscheinen lassen.

In jedem Fall wurde gezeigt, dass Smith eindeutig in jener Denktradition stand, in der die Philosophie auf dem Axiom der Existenz eines personalisierten Gottes aufbaut. Unterstellt man, dass er dabei auch in der Tradition der christlich-jüdischen Theologie stand, stellt sich die weitere Frage, ob Smith eher der protestantischen Lehre oder der katholischen näher stand. Dies ist vor allem bedeutend, um die unterschiedlichen Ansichten von De Soto und Recktenwald aus dem vorangegangenen Kapitel zu analysieren.

Smith steht dabei zum ganz überwiegenden Teil in der katholischen Denktradition. Luthers Lehre, dass es für die „Gerechtigkeit Gottes" allein auf den Glauben ankomme und nicht auf die Taten der Menschen, teilt Smith nicht. Stattdessen schreibt Smith:

> *„Indem wir aber den Geboten unseres moralischen Vermögens gemäß handeln, gebrauchen wir gerade das wirksamste Mittel, um die Glückseligkeit der Menschen zu befördern, und man kann also in gewissem Sinne von uns sagen, daß wir Mitarbeiter der Gottheit sind, und daß wir, soweit es in unserer Macht steht, die Pläne der Vorsehung ihrer Verwirklichung näher bringen. Wenn wir anders handeln, dann scheinen wir dagegen den Plan gewissermaßen zu durchkreuzen, den der Schöpfer der Natur zur Herbeiführung der Glückseligkeit und Vollkommenheit der Welt entworfen hat, und scheinen uns, wenn ich so sagen darf,*

[119] Binswanger, S. 56.
[120] Binswanger, S. 56.

> *gewissermaßen als Feinde Gottes zu erklären. Darum gibt uns unser Verhalten im ersten Fall den Mut, auf seine außergewöhnliche Gunst und seinen Lohn zu hoffen, während wir in dem zweiten Fall seine Rache und Strafe fürchten müssen.*"[121]

Anders als Luther spricht Smith also in der katholischen Denktradition von Lohn und Strafe Gottes. Es gibt auch wenig Gemeinsamkeiten mit dem Calvinismus. Die Prädestinationslehre wird sogar explizit zurückgewiesen. Smith zufolge bringen Fleiß und Klugheit sowie Wahrhaftigkeit, Gerechtigkeit und Menschenliebe zwar einen Lohn – erstere „Erfolg in jeder Art von Geschäften"[122] und letztere „Das Vertrauen, die Achtung und die Liebe derjenigen, mit denen wir umgehen"[123]. Dieser ist aber nicht vorherbestimmt.

Smith ist also nicht dem Protestantismus zuzuordnen. Aber auch gegenüber der katholischen Kirche zeigt er sich skeptisch. So kritisiert er es, wenn „wertlose Kirchengebräuche"[124] unreflektiert und ohne Sinn gepflegt werden.[125]

Ob Smiths eigene Überzeugungen eher katholischer oder protestantischer Natur waren, ist für diese Arbeit nicht entscheidend. Gezeigt werden sollte mit diesem Exkurs aber, dass Smith sehr tief in den verschiedenen Lehren der christlichen Kirchen sowie in der gesamten abendländischen Philosophie verankert war. De Sotos Kritik, nach der es einen Widerspruch zwischen schottischer Aufklärung und kontinentaleuropäischer Denktradition gibt, erscheint vor diesem Hintergrund verfehlt. Nicht angebracht erscheint es deshalb auch, einen generellen Widerspruch zwischen Österreichischer Schule und schottischer Aufklärung auszumachen.

Im Folgenden sollen nun ausgehend von Carl Menger die Grundprinzipien österreichischen Denkens dargestellt werden.

2.2.3 Grundprinzipien österreichischen Denkens

Wie bereits erwähnt wurde, gilt das von Carl Menger im Jahr 1871 veröffentlichte Werk „Grundsätze der Volkswirtschaftslehre" als Geburtsstunde der Österreichischen Schule. Sein Denkgebäude soll nun zunächst erörtert werden.

---

[121] Smith, Theorie, S. 265.
[122] Smith, Theorie, S. 265.
[123] Smith, Theorie, S. 265.
[124] Smith, Theorie, S. 273.
[125] Vgl. Smith, Theorie, S. 273.

2.2.3.1 Kritik am Historismus

Butler weist darauf hin, dass der Ausgangspunkt österreichischen Denkens in der Kritik an der damals im deutschen Sprachraum vorherrschenden ökonomischen Schule des Historismus liege.[126] Hier findet sich also ein wesentlicher gemeinsamer Ausgangspunkt zur Freiburger Schule (siehe Kapitel 1.1.2). Die Anhänger der Historischen Schule waren wie Butler betont der Ansicht, dass es in der Volkswirtschaftslehre keine allgemein gültigen Gesetze geben könne, weil die Ökonomik sich nun mal mit einzigartigen geschichtlichen Ereignisse beschäftige, die sich nie in exakt der selben Art und Weise wiederholten. Die frühen Österreicher hätten diese Sicht abgelehnt. Butler verweist darauf, dass sie die Überzeugung mit der Klassischen Schule Englands teilten, dass es allgemein gültige Gesetze in der Ökonomik gibt, die wie die Gesetze der Physik unabhängig von Zeit und Raum gelten.

2.2.3.2 Die Grundlagen von Carl Menger

Butler zufolge ging auch Carl Menger davon aus, dass es Prinzipien gibt, die zu jeder Zeit und an jedem Ort gelten. Allerdings habe Menger ein anderes Verständnis als die britischen Klassiker in der Frage gehabt, wie diese Gesetze zu verstehen seien. Die Engländer hätten unter anderem versucht, in Handelsstatistiken ökonomische Gesetzmäßigkeiten zu erkennen. Menger sei jedoch überzeugt gewesen, dass Statistiken die tatsächlichen Geschehnisse verschleierten, nämlich dass Millionen von Individuen ständig Entscheidungen fällten. Während moderne Ökonomen heute zum Beispiel Verbindungen zwischen ökonomischen Aggregaten wie Nationaleinkommen, Sparrate, Investitionen, Konsum, Importe und Exporte, Steuern, Staatsausgaben oder Beschäftigung suchten, lehnten Ökonomen österreichischer Prägung diese Herangehensweise bis heute ab, weil ihrer Ansicht nach keine allgemein gültigen Gesetze zwischen diesen Statistiken existieren könnten.[127]

De Soto betont, dass Mengers Denkgebäude auf dem Menschen als kreativem Akteur und Vorreiter der sozialen Prozesse und Geschehnisse fuße, Menger sehe also den individuellen Menschen als bestimmendes Subjekt an, welches den Gütern und Ereignissen erst ihren Wert zuweise und vertrete somit einen Subjektivismus.[128] Den Gütern ist eben nach Menger – anders als bei Karl Marx und der Arbeitswerttheorie – kein objektiver Wert beizumessen, sondern lediglich ein subjektiver.

---

126 Vgl. Butler, E.: Austrian Economics. A Primer, veröffentlicht von: Adam Smith Research Trust 2010, S. 6.

127 Vgl. für diese Seite bis hierher: Butler, E.: Austrian Economics. A Primer, veröffentlicht von: Adam Smith Research Trust 2010, S. 6 sowie S. 20 f.

128 Vgl. de Soto (2007), S. 53.

Butler weist ferner darauf hin, dass die Entscheidungen der Individuen für Menger die Basis der ökonomischen Phänomene wie Nachfrage, Angebot, Preise und Märkte seien; sie müssten demnach auch die Basis der ökonomischen Wissenschaft sein: Die Volkswirtschaftslehre müsse also auf der Ebene des Individuums beginnen und verstehen, wie dort Wahlentscheidungen zustande kämen.[129] Schumpeter habe diesen Ansatz später als „Methodologischen Individualismus" bezeichnet.[130]

Für Menger hingen die Entscheidungen der Menschen laut Butler von ihren besonderen Werten und Präferenzen ab, die sie für die unterschiedlichen Dinge hätten.[131] Menger schreibt:

> „*Weder die zur Produktion eines Gutes verwendete, noch die zur Reproduktion eines Gutes erforderliche Quantität von Arbeit oder sonstigen Gütern ist demnach das maßgebende Moment des Güterwertes, sondern vielmehr die Größe der Bedeutung jener Bedürfnisbefriedigungen, rücksichtlich welcher wir von der Verfügung über ein Gut abhängig zu sein uns bewußt sind, denn dieses Prinzip der Wertbestimmung gilt für alle Fälle der Werterscheinung und ist (sic) keine Ausnahme hiervon im Bereiche der menschlichen Wirtschaft vorhanden.*"[132]

Insofern unterscheidet sich Menger nicht vom neoklassischen Paradigma der Nutzenfunktion,[133] lehnt aber wie bereits erwähnt die Arbeitswerttheorie entschieden ab. Butler zufolge betonte Menger allerdings, dass die Präferenzen der Individuen nicht messbar seien – Freude, Trauer oder Liebe ließen sich nun mal nicht zählen, wiegen oder messen – und sich deshalb die Ökonomik etwa von der Physik unterscheide.[134]

Menger entwickelte laut de Soto unabhängig von Jevons und Walras das Konzept des Grenznutzens, das bis heute für zahlreiche ökonomische Modelle die Basis bildet.[135] De Soto weist jedoch darauf hin, dass Mengers Theorie des Grenznutzens von den Gesetzen des Grenznutzens gemäß Jevons und Walras

---

129 Vgl. Butler (2010), S. 6.

130 Vgl. Butler (2010), S. 22.

131 Vgl. Butler (2010), S. 6.

132 Menger, C.: Die Lehre vom Wert, aus: Grundsätze der Volkswirtschaftslehre, abgedruckt in: Leube, K. (Hg): Die Österreichische Schule der Nationalökonomie, Texte – Band 1 von Menger bis Mises, S. 45–82, S. 73.

133 Die neoklassische Nutzenfunktion unterstellt für normale Güter, dass der zusätzliche Nutzen eines Gutes für ein Individuum abnimmt, wenn die zur insgemsamt Verfügung stehende Menge steigt. Der zusätzliche Nutzen jeder zusätzlich zur Verfügung stehenden Einheit eines Gutes nimmt also ab, das bedeutet, der Grenznutzen sinkt.

134 Vgl. Butler (2010), S. 6 f.

135 Vgl. de Soto (2007), S. 55.

strikt zu unterscheiden sei.[136] Butler dagegen macht keinen Unterschied zwischen den Grenznutzenkonzepten der Neoklassiker und dem Grenznutzenkonzept von Menger.[137]
Auf Basis seines Subjektivismus, der auf dem Menschen als Akteur basiert, erarbeitete Menger laut de Soto zum ersten Mal in der Geschichte des ökonomischen Denkens eine vollständige subjektiv-evolutorische Theorie darüber, wie die sozialen Institutionen – ökonomische, rechtliche und sprachliche – entstanden sind.[138] Demnach ermögliche ein evolutorischer Prozess, in dem unzählige Menschen in ihrem eigenen unmittelbaren Umfeld agierten, das allmähliche Aufkommen von Verhaltensmustern, also sozialen Institutionen, die in den rechtlichen, ökonomischen und sprachlichen Bereichen das Leben in einer Gesellschaft ermöglichten.[139] Menger steht damit in der Tradition des schottischen Philosophen David Hume, der sich von der Idee distanzierte, die gesellschaftliche Ordnung beruhe auf einem explizit geschlossenen Vertrag bzw. auf explizit ausgesprochenen gegenseitigen vertraglichen Versprechen der Mitglieder dieser Gesellschaft.[140] Hume schreibt:

> „*Auch wenn zwei Männer gemeinsam die Ruder eines Bootes bewegen, so tun sie dies auf Grund eines Einverständnisses oder einer Übereinkunft, obgleich sie sich gegenseitig keine Versprechungen gemacht haben.*"[141]

Auf der Erfahrung, dass andere unser Eigentum respektieren, gründet sich also unsere Bereitschaft, das Eigentum anderer zu respektieren, da davon am Ende alle profitieren, so Hume.[142] Explizite verbale oder gar schriftliche Verträge seien dafür nicht nötig. Das gelte auch für andere soziale Institutionen, wie Hume festhält:

> „*Die Ordnung, welche die Sicherheit des Besitzes gewährleistet, entspringt auch nicht etwa darum weniger aus menschlicher Übereinkunft, weil sie allmählich entsteht, und in langsamem Fortschritt und vermöge wiederholter Erfahrungen von den Unzuträglichkeiten ihrer Übertretung Kraft gewinnt. Im Gegenteil, solche Erfahrungen vergewissern uns nur desto mehr, daß das Bewußtsein des gemeinsamen Interesses allen unseren Mitmenschen aufgegangen ist, und sie wecken in uns das Zutrauen, daß sie auch in Zukunft ihr Verhalten entsprechend regeln werden. Nur auf solche Erwartung gründet sich unsere Mäßigung und*

136 Vgl. de Soto (2007), S. 55.
137 Vgl.: Butler 2010, S. 7.
138 Vgl. de Soto (2007), S. 53.
139 Vgl. de Soto (2007), S. 56.
140 Vgl. Hume, D.: Ein Traktat über die menschliche Natur, Bd. 2. Über die Affekte. Über Moral, hrsg. von Brandt, R., Hamburg: 1978, S. 233.
141 Hume, Traktat, S. 233.
142 Vgl. Hume, Traktat, S. 233f.

Enthaltung. In ähnlicher Weise entstehen auch allmählich durch menschliche Übereinkunft, ohne Versprechungen, die Sprachen. In gleicher Weise endlich werden Gold und Silber zum allgemeinen Wertmaß, und gelten als geeignete Bezahlung für Dinge, die hundertmal mehr wert sind."[143]

Über diese Analyse Humes geht Menger hinaus. De Soto verweist darauf, dass Menger seine Theorie anhand der Entwicklung des Geldes entwickelt habe und dasselbe theoretische Schema wie Hume auf die Entstehung von Sprache und rechtlichen Institutionen anwende.[144] Menger fragt:

„*Wieso vermögen dem Gemeinwohl dienende und für dessen Entwicklung höchst bedeutsame Institutionen ohne einen auf ihre Begründung gerichteten Gemeinwillen zu entstehen?*"[145]

Soziale Institutionen sind laut de Soto demnach unbeabsichtigte Konsequenzen menschlichen Handelns und nicht gezielt und bewusst von Menschenhand erschaffen, weil es dem Menschen an den nötigen intellektuellen Fähigkeiten mangelt, um die gewaltige Menge an verstreuter und dynamischer Information, welche die Institutionen in sich zusammenführen, zu verarbeiten und zu nutzen.[146] Hayek formulierte das wie folgt:

„*Man könnte sagen, daß die Zivilisation beginnt, wenn der Einzelne in der Verfolgung seiner Ziele mehr Wissen verwerten kann, als er selbst erworben hat, und wenn er die Grenzen seines Wissens überschreiten kann, indem er aus Wissen Nutzen zieht, das er nicht selbst besitzt.*"[147]

De Soto betont, dass die Institutionen statt dessen aus einem spontanen und evolutionären Prozess durch menschliche Interaktionen entstanden seien; dieser soziale Prozess menschlichen Handelns stelle für Menger und die Österreichische Schule der Nationalökonomie das wichtigste Forschungsfeld der Wirtschaftswissenschaften dar.[148]

2.2.3.3 Drei Wellen der Österreichischen Schule

In der ersten Welle der Österreichischen Schule entwickelte Böhm-Bawerk Butler zufolge Mengers subjektivistischen Ansatz fort und wendete ihn auf die Gebiete des Zinses und des Kapitals an. Böhm-Bawerk habe demnach das Konzept

---

143 Hume, Traktat, in: Zöller, S. 68.
144 De Soto (2007), S. 57.
145 Menger, C.: Untersuchungen über die Methode der Socialwissenschaften und der Politischen Ökonomie insbesondere, Tübingen: 1969, S. 163, zitiert nach: De Soto (2007), S. 57.
146 Vgl. de Soto (2007), S. 57.
147 Hayek, F.: Die Verfassung der Freiheit, 4. Auflage, Tübingen: 2005, S. 31.
148 Vgl. de Soto (2007), S. 57.

der Zeitpräferenz entwickelt: Menschen bevorzugen es, Güter heute zu besitzen anstatt morgen, deshalb verlangen sie eine Gebühr, wenn sie Dinge verleihen. Von dieser Analyse habe Böhm-Bawerk einen Großteil seiner Theorie über Investitionen, Produktion und den Einsatz von Kapital abgeleitet. Wie Butler schreibt, übertrug Wieser wiederum diesen subjektivistischen Ansatz auf die Analyse der Kosten und zeigte, dass Kosten kein objektives Maß sind, sondern ebenfalls von subjektiven Werten und Präferenzen abhängen. Dabei habe er im Prinzip das moderne Konzept der Opportunitätskosten formuliert.

Nach dieser ersten Welle habe mit Ludwig von Mises und Friedrich August von Hayek die zweite Welle der Österreichischen Schule gefolgt; Hayek und Mises hätten dabei bereits in den 1930er Jahren zusammengearbeitet, um eine Theorie zu entwickeln, die Konjunkturzyklen erklären könne. Die Bedrohung durch den Nationalsozialismus habe beide veranlasst, Österreich zu verlassen: Mises sei in die USA emigriert, wo er sich auf die Wissenschaft von Entscheidungen und Handlungen konzentriert habe, und Hayek sei zunächst nach Großbritannien, später ebenfalls nach Amerika gegangen, und habe sich der Bedeutung der Verarbeitung von Informationen gewidmet. Die dritte Welle der Österreicher entwickle sich bis heute vor allem in Amerika.[149]

Sie soll in dieser ideengeschichtlichen Arbeit allerdings nicht analysiert werden.

2.2.3.4 Die Interpretation von Kapital und Zins bei den Österreichern

Bleiben wir aber zunächst bei der ersten Österreichischen Welle. Nach Mengers Entdeckung des Grenznutzens bildet Böhm-Bawerks Kapitaltheorie de Soto zufolge einen weiteren bedeutenden Schritt der Österreichischen Schule der Nationalökonomie. Denn mit seiner Kapitaltheorie habe Böhm-Bawerk eine vernichtende Kritik der bereits vorhandenen Theorien geübt. De Soto bezeichnet als besonders treffend die Analyse der marxistischen Ausbeutungstheorie und jener Theorien, die den Ursprung des Zinses in der Grenzproduktivität des Kapitals sähen. Böhm-Bawerk habe den Zins als Zeitpräferenzrate interpretiert und dabei die erwähnte Idee des Anhängers von Thomas von Aquin, Giles des Lessines, aus dem Jahr 1285 aufgenommen. Mises habe dieses Konzept später perfektioniert. Demnach strebe der Mensch immer danach, unter sonst gleichen Bedingungen, seine Ziele so früh wie möglich zu erreichen; er sei nur dann bereit, die Erreichung seines Ziels zeitlich zu verschieben, wenn er glaube, dadurch höherwertige Ziele zu erreichen. Kurz: Unter sonst identischen Bedingungen würden gegenwärtige Güter künftigen Gütern bevorzugt. Die Zeitpräferenzrate sei dabei keine Kategorie der

149 Vgl. für dieses Unterkapitel bis hierher: Butler, S. 7 ff.

Psychologie, sondern ein Postulat der logischen Struktur jeder Handlung und damit im Denken jedes Menschen verankert.[150]

Verzichte der Mensch also heute auf Konsum, etwa um zu sparen, dann stelle die Zeitpräferenzrate die (Opportunitäts-)Kosten dieses Konsumverzichts dar. Für die Herstellung von Kapitalgütern, also im Mengerschen Sinn Gütern höherer Ordnung, die nötig seien, um bestimmte Bedürfnisse zu befriedigen, sei Sparen eine conditio sine qua non. Um diesen Vorgang zu erklären, griff Böhm-Bawerk laut de Soto auf das Modell einer Robinson-Crusoe-Wirtschaft zurück: Crusoe, allein gefangen auf einer einsamen Insel, ernährt sich demnach von Beeren. Mithilfe eines Werkzeuges könnte er seine Ernte erhöhen. Um das Werkzeug herzustellen, muss er aber einige Tage auf die Ernte verzichten. Crusoe muss also für eine Zeit lang täglich mehr Beeren ernten, als er täglich isst, um dann einige Tage, während der er aufgrund der Anfertigung des Werkzeugs nicht ernten kann, von dem angehäuften Vorrat zu essen. Er spart, um mithilfe des Ersparten dann investieren zu können. Crusoe erzeugt durch Verzicht auf Konsum ein Kapitalgut (Beeren-Vorrat), mit dessen Hilfe er ein weiteres Kapitalgut erzeugen kann (Werkzeug), das es ihm dann wiederum erlaubt, seinen Konsum (mehr Beeren) zu steigern. De Soto weist darauf hin, dass dieses Beispiel zeige, dass der Unterschied zwischen reichen und armen Volkswirtschaften in erster Linie im angesparten Kapitalstock liege. Die Kapitalgüter verbänden dabei drei wesentliche Elemente: natürliche Ressourcen, Arbeit und Zeit. Je näher sie am Konsum lägen, desto schwieriger sei es, sie für eine andere Verwendung umzuwidmen: Änderten sich die Bedingungen oder bemerke der Entrepreneur, dass er einen Fehler begangen habe, könnten die bis zu diesem Zeitpunkt eingesetzten Kapitalgüter möglicherweise völlig unbrauchbar werden oder nur nach einer mit hohem Aufwand verbundenen Anpassung weiter verwendbar sein.[151]

Butler verweist darauf, dass selbst hohe Investitionen in Kapitalgüter nichts nutzten, wenn sie in die falschen Güter flössen und damit die gesamte Kapitalstruktur nutzlos werde, weil sie faktisch keinen Mehrwert für die Konsumenten produzierten.[152]

Konzeptionell zu unterscheiden sind nach De Soto die Begriffe Kapital und Kapitalgut: So könne das Konzept des Kapitals als der in Marktpreisen ausgedrückte Wert der Kapitalgüter definiert werden. Kapital sei deshalb ein abstraktes Konzept beziehungsweise ein Instrument zur Wirtschaftsrechnung, eine subjektive Wertschätzung der Unternehmer über den Marktwert. Weil über diese Werte unter den Unternehmern unterschiedliche Einschätzungen kursierten, komme es

150 Vgl. für diesen Absatz: de Soto (2007), S. 61 ff.
151 Vgl. für diesen Absatz: de Soto (2007), S. 64 bis 67.
152 Vgl. Butler, S. 61.

wie auf jedem Markt zum Handel und so zu einer Bepreisung des Kapitals. Wie die Österreichischen Theoretiker erkannt hätten, fehle dieser Mechanismus in sozialistischen Zentralverwaltungswirtschaften, weshalb dort keine Wirtschaftsrechnung möglich sei. Ohne Wirtschaftsrechnung sei aber eben auch die effiziente Allokation der knappen ökonomischen Ressourcen unmöglich. Es komme zu einem allgemein unkoordinierten Verhalten und zu Unordnung. Eine harmonische Entwicklung der Gesellschaft werde aus dieser Sicht verhindert.

Im unternehmerischen Prozess der intertemporalen Optimierung sei folglich der Marktpreis nicht wegzudenken, also der Preis für Gegenwartsgüter im Verhältnis zu künftigen Gütern, da nur dieser die Präferenzen der Marktakteure widerspiegele und eine an der Knappheit der Güte ausgerichtete Wirtschaftsrechnung ermögliche. Die Österreichische Schule habe diesen Marktpreis für die intertemporale Optimierung als den Zins oder Zinssatz, der die Beziehung zwischen Konsum, Sparen und Investition steuere, identifiziert.[153] Wesentlich neben den Erwartungen ist dabei die bereits dargestellte Zeitpräferenzrate:

> *„Personen mit einer niedrigen Zeitpräferenzrate sind bereit auf gegenwärtige Güter zu verzichten und stattdessen zukünftige Güter höheren Werts zu erlangen, indem sie Tauschhandlungen durchführen, bei denen sie gegenwärtige Güter mit jenen Akteuren tauschen, deren Zeitpräferenzrate größer ist, und die aus diesem Grunde die Gegenwart relativ höher bewerten als die Zukunft. […] Aus Sicht der Österreichischen Schule ist der Zins oder der Zinssatz der Marktpreis der gegenwärtigen Güter in Abhängigkeit der zukünftigen Güter. Der Zinssatz ist deshalb der auf dem Markt bestimmte Preis. Auf diesem Markt sind Anbieter bzw. Verkäufer gegenwärtiger Güter Sparer, […]. Die Käufer oder Nachfrager gegenwärtiger Güter sind diejenigen, die unmittelbar Güter und Dienstleistungen konsumieren.*“[154]

Butler versucht dies einfach auszudrücken: Der Zinssatz reflektiert die Zeitpräferenzrate der Individuen.[155] Für den Konjunkturzyklus spielt der Zinssatz nach Überzeugung der Österreicher eine wesentlich Rolle.[156] Friedrich August von Hayek erhielt für seine Arbeiten auf dem Gebiet der Konjunkturtheorie den Ökonomie-Nobelpreis (Preis für Wirtschaftswissenschaften der schwedischen Reichsbank in Gedenken an Alfred Nobel).[157]

---

[153] Vgl. bis hierher: de Soto (2007), S. 67 f.
[154] De Soto (2007), S. 68 f.
[155] Vgl. Butler, S. 59.
[156] Vgl. Butler, S. 62.
[157] Vgl. Butler, S. 62.

2.2.3.5 Der Konjunkturzyklus nach der Österreichischen Schule

Aus Österreichischer Sicht startet der Konjunkturzyklus typischerweise damit, dass die Zentralbank einen zu niedrigen Zins setzt.[158] Das setzt bei den Unternehmen Anreize, mehr zu investieren, weil zum Beispiel Kredite günstiger werden, was die Wirtschaftsleistung zunächst steigert. Doch gleichzeitig verringert der niedrige Zins die Anreize, zu sparen; die Banken müssen also irgendwann ihre Kreditvergabe reduzieren. Projekte, die angesichts der niedrigen Zinsen als profitabel erachtet wurden, stellen sich nun als überdimensioniert und überschätzt dar. Der Konjunkturzyklus ist also eigentlich ein Kreditzyklus. Kritisiert werden dabei vor allem die Zentralbanken: Sie haben einen Anreiz, die Zinsen zu niedrig zu setzen, um so das Wachstum zu steigern. Dabei wird angenommen, dass der Leitzins einen Einfluss auf den langfristigen Zins hat.

Lange Zeit kann es an der Oberfläche so aussehen, als sei alles in Ordnung, doch die künstlich niedrigen Zinsen destabilisieren die enge Verbindung zwischen der Investition in Kapitalgüter und der Zeitpräferenzrate der Menschen; so schafft die Zentralbank einen Boom auf Kredit, der die Unternehmer wiederum dazu treibt, in Anlagen zu investieren, die unter normalen Bedingungen unrentabel wären. Dieses Missverhältnis muss irgendwann enden, dann erweisen sich die Investitionen als verlustbringend, und Arbeitsplätze sowie Vermögen gehen verloren. Der künstlich niedrige Zins hat so zu einer Fehlallokation gesellschaftlicher Ressourcen geführt.

Wenn also zu viel Kapital in Häusern gebunden ist, wird irgendwann die Bauwirtschaft massiv leiden und wegen ihrer Größe die gesamte Volkswirtschaft in eine Rezession stürzen. Aus der Krise führt dann nur ein Weg: Ein düsterer Abschwung mit fallenden Preisen und Löhnen, mit Fabrikschließungen und Firmenpleiten. Versuche, diese Anpassung zu verzögern, sei es durch fiskalische Konjunkturstimuli oder eine noch expansivere Geldpolitik, verlängern schlichtweg die Zeit der Fehlinvestitionen.[159]

Entscheidend für diese Erklärung des Boom-and-Bust-Cycles ist die Fähigkeit der privaten Geschäftsbanken, Geld zu schöpfen. Die aktive Geldschaffung erfolgt dabei durch das aktive Handeln der privaten Geschäftsbanken, die durch die Einräumung von Krediten an Nichtbanken Sichtguthaben in Form von Giralgeld als neues Geld schaffen, was die gesamte Geldmenge erhöht.[160]

---

158 Vgl. für die folgende Ausführung: Butler, S. 62 bis 69.

159 Vgl. für dieses Unterkapitel: Butler, S. 62 bis 69.

160 Vgl. Anderegg, R.: Grundzüge der Geldtheorie und Geldpolitik, München: 2007, S. 71.

2.2.3.6 Kernaussagen der Österreichischen Schule

Butler nennt drei Kernerkenntnisse der Österreichischen Schule:[161]

- Alle ökonomischen Phänomene leiten sich von ökonomischen Entscheidungen ab und sind folglich von Natur aus persönlich und nicht vorhersagbar (jedoch lassen sich die menschlichen Entscheidungen, die auf Präferenzen, Werten und Absichten basieren, erklären, und diese Erklärungen lassen sich durch logische Überlegungen verbessern, etwa, indem wir besser erkennen, wie Märkte und der Austausch von Gütern funktionieren).
- Werte existieren nicht in Sachen, sondern in den Köpfen der Menschen, die diese bewerten. Handel und Preise entwickeln sich genau deshalb, weil Personen Sachen unterschiedlich bewerten. Der Markt lenkt die Güter dorthin, wo sie am meisten wertgeschätzt werden. Privateigentum ist essentiell, um das beste Resultat zu erreichen.
- Der Eingriff des Staates und politische Fehler wie Inflation stören diesen hoch komplexen Marktprozess und produzieren stets widernatürliche Ergebnisse.

Er führt darüber hinaus zehn methodische österreichische Grundprinzipien an:[162]

- Wirtschaftswissenschaft dreht sich rund um das Individuum.
- Wirtschaftswissenschaft ist etwas völlig anderes als Naturwissenschaft.
- Alles in der Wirtschaftswissenschaft dreht sich um den Wert, den Menschen den Gütern beimessen, es geht um subjektive Opportunitätskosten.
- Preise helfen dabei, den Nutzen zu maximieren und die Kosten zu minimieren, weil sie als Maßstab für den Tausch von Gütern dienen und so den Marktteilnehmern ein wichtiges Signal senden.
- Wettbewerb ist ein Entdeckungsverfahren; dabei werden Märkte anders als in der Neoklassik nicht als perfekt angenommen. Vielmehr sind es gerade die Unvollkommenheiten, die den Markt treiben und vor allem Unternehmern Handlungsmöglichkeiten eröffnen, etwa in Nischen vorzustoßen oder Innovationen voran zu bringen.
- Privateigentum ist sowohl für Konsumgüter als auch für Produktionsstätten essentiell, weil die Alternative, also Kollektiveigentum, den Preismechanismus aushebelt und mit dem Preis ein bedeutendes Knappheitssignal verschwindet.
- Die Produktion ist ein schwieriger Balanceakt und ein riskantes Geschäft, mit dem Risiko von Verlusten, vor allem, wenn Investitionsgüter nicht flexibel für die Produktion verschiedener Konsumgüter eingesetzt werden können.
- Geld ist ein Gut wie jedes andere: Es gibt ein Angebot und eine Nachfrage; allerdings kann die Regierung diesen Marktmechanismus stören, wenn sie durch Fehler in der Geldmengensteuerung für Inflation sorgt; das wiederum kann tie-

---

161 Vgl. Butler, S. 11 f.
162 Vgl. Butler, S. 12 bis 18.

fen Schaden mit sich bringen, weil nicht nur das Preisniveau, sondern auch die relativen Preise verzerrt werden und damit die Ressourcen falsch gelenkt werden, was wiederum die Entwicklung eines „Boom and Bust"-Zyklus fördert.

- Handlungen haben unbeabsichtigte Folgen, und zwar gute und böse, weshalb man Institutionen generell nicht als ineffizient bezeichnen sollte, nur weil sie nicht bewusst geplant wurden.
- Die Interventionen von Regierungen sind fast immer schädlich.

Der letzte Punkt ist heute sicherlich derjenige, der viele „Austrians" am stärksten drängt. Die Kernüberlegung ist dabei die bereits erwähnte Idee vom Wettbewerb als Entdeckungsverfahren. Der Staat kann nach österreichischer Lesart nicht wissen, wie die Präferenzen der Individuen aussehen. Ein Eingriff in den Preismechanismus führt deshalb unvermeidbar dazu, dass der Nutzen der Personen sich verringert. Butler zufolge können Regierungen vielleicht dazu beitragen, dass Märkte reibungsloser funktionieren, aber aus österreichischer Sicht ist es nicht ihre Aufgabe, in den Markt einzugreifen.[163]

Das trifft auch für die Geldpolitik zu. So tendieren etwa Zentralbanken dazu, die Zinsen zu niedrig zu halten, um Unternehmer zu ermutigen, Kredite aufzunehmen und so die Produktion zu erhöhen, aber wenn der Boom dann langsam von Sektor zu Sektor wandert und schließlich endet, sind produktive Ressourcen verschwendet und die Bevölkerung wird ärmer.[164] Diese Analyse zeigt bereits die grundlegende Ablehnung der Österreicher gegenüber volkswirtschaftlichen Aggregaten. Dazu gehört auch das heute für alle wichtigen Zentralbanken der Welt als wichtigste Messgröße dienende Preisniveau. Butler schreibt:

> *„Take a statistic like the consumer price index, which governments publish each month. It purports to show the level of prices, and how it changes. But Mises and other Austrians point out that there is no such thing as the ‚price level'. There are millions of specific prices, all fluctuating one against the other. (For an example, just look at the erratic daily movements of stock market prices.) Different people react to those prices in different ways – a rising price might convince some people it is time to buy, while others may think it is a good time to sell and cash in.*
>
> *So what is really going on is that millions of individuals are making choices – whether to buy or sell, whether to spend or save a pay rise, whether to invest in a new machine, whether to hire an extra employee, and all the rest. Their choices will depend on their views and their circumstances, and other people might decide quite differently. The economic aggregates simply conceal all that great vari-*

163 Vgl. Butler, S. 18.
164 Vgl. Butler, S. 18.

ety under a single statistical number. They tell us little, and mislead us a lot – and that is the shaky foundation of mainstream economic ‚science'."[165]

Die Aufgabe de Wirtschaftswissenschaft besteht also aus österreichischer Sicht nicht darin, aggregierte Daten zu analysieren, sondern zu erforschen, wie menschliche Entscheidungen zustande kommen.[166] Butler weist darauf hin, dass damit keineswegs die Bedeutung der Existenz einer Gesellschaft verneint werden solle, sondern lediglich einer wissenschaftlichen Methode der Vorzug gegeben werde gegenüber der Makroökonomik oder der mathematischen Techniken in Wirtschaftswissenschaft und Statistik.[167]

Die etwa von Karl Marx aufgestellte Hypothese, der Wettbewerb am Markt führe automatisch zu einem monopolistischen Kapitalismus, lehnen Österreicher ebenfalls ab. Marx argumentierte (und Ludwig Erhard nahm diese Argumentationsweise später auf), dass in einem wettbewerblichen System weniger erfolgreiche Unternehmer vom Markt verschwinden und so die übrig bleibenden Firmen immer größer werden, bis am Ende ein Anbieter übrig bleibt, der dann als Monopolist auftritt.[168] Aus österreichischer Sicht ist das völlig anders: Große Unternehmen verschwinden, neue Anbieter treten auf: Der Markt ist ein ständiger Prozess von Drängeln und Veränderung.[169] Deshalb sei auch die Gefahr gering, dass ein Monopolist am Ende den Preis dauerhaft diktieren kann, wenngleich die negativen Effekte von Monopolen gesehen werden. So schreibt etwa Ludwig von Mises:

„*Monopoly prices are an infringement of the sway of the consumers.*"[170]

Als Beleg für die Fähigkeit des Wettbewerbs, dieses Problem zu lösen, dient etwa das Beispiel der US-Eisenbahngesellschaft. Schon Ludwig von Mises betonte, dass die monopolistischen Strukturen der Eisenbahn eben nicht verhindert hätten, dass Autos oder Flugzeuge als Alternative entstanden.[171] Ohnehin entstehen die meisten Monopole und Kartelle aus Sicht der Austrians, weil sie vom Staat befördert werden.[172] Auch Mises weist darauf hin, dass es den Klassikern vor allem darum ging, staatliche Barrieren zu beseitigen, die neuen Wettbewerbern den Zutritt zum Markt erschweren oder unmöglich machen.[173]

---

165 Butler, S. 21.
166 Vgl. Butler, S. 21.
167 Vgl. Butler, S. 22.
168 Vgl. Butler, S. 44.
169 Vgl. Butler, S. 44.
170 Mises, L.: Human Action. A Treatise on Economics. Volume 2, Neuauflage, Indianapolis: 2007, S. 270.
171 Vgl. Mises, Human Action, S. 275.
172 Vgl. Butler, S. 45.
173 Vgl. Mises, Human Action, S. 270f.

Mises hebt hervor, dass letztendlich alle Bemühungen der Unternehmer dem Konsumenten dienen, wenn er schreibt: „*The captain is the consumer.*“[174] Allerdings hält er es nicht für nötig, dass der Staat gezielt versucht, den Nutzen des Konsumenten zu steigern, selbst im Fall eines natürlichen Monopols nicht.[175] Hierin unterscheidet sich Mises massiv von der Herangehensweise der Neoklassik. Die Unterschiede zwischen Österreichern und Neoklassik werden im Folgenden vertieft.

2.2.3.7 Abgrenzung zur Neoklassik

Österreicher lehnen auch das neoklassische Axiom des rationalen, seinen Nutzen maximierenden Homo Oeconomicus ab.[176] Zwar können Ökonomen nach österreichischer Sicht nicht den Nutzen einzelner Personen direkt beobachten, aber durch die Wahlhandlungen dieser Personen lässt sich ein Bild über die Präferenzen zeichnen.[177] Durch diesen Denkansatz konnte Menger das bis heute in der Ökonomik höchst bedeutsame Prinzip des Grenznutzens entdecken, so Butler.[178]

Mengers Konzept des Grenznutzens fußt dabei auf der Theorie der wirtschaftlichen Güter verschiedener Ordnung.[179] Unter wirtschaftlichen Gütern erster Ordnung versteht Menger Konsumgüter, also Güter, welche subjektiv die menschlichen Bedürfnisse direkt befriedigen und die deshalb im subjektiven und spezifischen Kontext jeder Handlung das letztendliche Ziel darstellen, das der Handelnde erreichen will.[180] Dieses Ziel ist jedoch nur auf Zwischenetappen erreichbar.[181] Menger spricht von wirtschaftlichen Gütern höherer Ordnung, wobei gilt: je höher die Ordnung, desto weiter entfernt von den Konsumgütern.[182]De Soto erklärt:

> *„Jeder Mensch, indem er handelt, versucht bestimmte Ziele zu erreichen, die er entdeckt hat und die aus irgendeinem Grund wichtig für ihn sind. Die subjektive Wertschätzung, psychologisch mehr oder weniger intensiv, die der Akteur einem Ziel verleiht, wird Wert genannt, Mittel ist alles, was der Akteur subjektiv für geeignet hält, um ein Ziel zu erreichen. Die subjektive Wertschätzung, die der Akteur dem Mittel in Abhängigkeit des Wertes des Ziels zuschreibt und mit deren Hilfe er glaubt sein Ziel zu erreichen, wird Nutzen genannt.“*[183]

---

174 Mises, Human Action, S. 269.
175 Vgl. Mises, Human Action, S. 278.
176 Vgl. Butler, S. 23.
177 Vgl. Butler, S. 27.
178 Vgl. Butler, S. 28.
179 Vgl. de Soto (2007), S. 54.
180 Vgl. de Soto (2007), S. 54.
181 Vgl. de Soto (2007), S. 54..
182 Vgl. de Soto (2007), S. 54
183 De Soto (2007), S. 54 f.

Im Unterschied zur Neoklassik betonen die Österreicher, dass der Nutzen immer höchst abhängig ist von den jeweiligen Umständen.[184] Eine Regenjacke zum Beispiel dürfte von den meisten Menschen eine höhere Wertschätzung erhalten, wenn es regnet, als wenn die Sonne scheint. Das heute in den Lehrbüchern verwendete Prinzip von Indifferenzkurven ist aus österreichischer Sicht deshalb irreführend.[185] Gegen diese Kritik kann man natürlich einwerfen, dass die neoklassische Sicht sich auf „Ceteris-Paribus-Aussagen" beschränkt und der Vorwurf der Österreicher deshalb nicht sticht.

Dass Vertreter der Österreichischen Schule ihre Kritik an der Neoklassik trotzdem aufrecht erhalten, liegt an der grundsätzlich unterschiedlichen Herangehensweise bei der Analyse volkswirtschaftlicher Zusammenhänge. So lehnen sie etwa die Idee des „perfekten Wettbewerbs", welche die Basis der modernen Lehrbücher der Mikroökonomie bildet, ab.[186] Wettbewerb funktioniere gerade deshalb, weil er nicht perfekt sei – weil Produzenten, Produkte und Konsumenten heterogen sind und eben nicht homogen.[187]

In der Regel geht die moderne Mikroökonomik wie folgt vor: Sie nimmt zunächst perfekten Wettbewerb als Basis an. Dann fragt sie, unter welchen Bedingungen dieser Wettbewerb gestört werden könnte. Als Beispiele dienen sogenannte externe Effekte, monopolistische Strukturen oder asymmetrische Informationen. Diese Hindernisse für den Wettbewerb dienen dann wiederum als Argumente für staatliche Eingriffe. Butler schreibt:

> *„It makes people imagine that markets in the real world are somehow ‚imperfect' and that steps must be taken to remove imperfections. It imagines that suppliers are identical, that there are no barriers to entry for new suppliers, and that profits will be whittled down by competition to some just-profitable level. So when people see that in the real world there are barriers to entry, that suppliers are not identical, and that some entrepreneurs enjoy large profits, they regard these as ‚market failures' that have to be corrected.“*[188]

So soll nach neoklassischer Auffassung der Staat als wohlwollender Diktator auftreten und etwa mithilfe einer so genannten Pigou-Steuer (benannt nach Arthur Cecil Pigou) externe Effekte wie Umweltverschmutzung internalisieren und auf diese Weise die Gesamtwohlfahrt erhöhen. Es kommt dabei nicht auf die Erzielung von Einnahmen für den Staat an, sondern auf die Lenkungswirkung der Steuer. Vor allem Ökosteuern, also Abgaben auf Benzin und Energie, können

---

184 Vgl. Butler, S. 29.
185 Vgl. Butler, S. 29.
186 Vgl. Butler, S. 39.
187 Vgl. Butler, S. 47.
188 Butler, S. 39.

aus neoklassischer Sicht mit der Pigou-Steuer gerechtfertigt werden. Der Staat als wohlwollender Diktator führt also eine Steuer ein. Erst diese Steuer sorgt in diesem neoklassischen Modell dafür, dass der Markt effizient wird.

Aus Österreichischer Sicht ist diese Denkart abzulehnen, denn der Markt gilt in dieser Denktradition gerade als höchst effektiv, weil er die Unterschiede der Marktteilnehmer koordiniert, und nicht von homogenen Produzenten und Nachfragern ausgeht.[189] Staatliche Eingriffe in dem Markt sind aus österreichischer Sicht deshalb abzulehnen.

Das unterschiedliche Verständnis des Preismechanismus beschreibt Butler wie folgt:

> *„In a market with millions of products traded, there will be price avalanches coming from various directions, through which producers and consumers each have to navigate across a busy station concourse, when thousands of other people are all rushing in different directions. It is a very complex process, a social process in which people's changing value judgements will be decisive – not a process that can be described and predicted mathematically.“*[190]

Noch deutlicher wird der Unterschied in der Frage der Information. Neoklassische Mikroökonomen beschäftigen sich in zahlreichen Modellen mit der Frage unvollständiger Informationen, und wo diese zu Marktversagen führen und deshalb staatliche Eingriffe gerechtfertigt sind. Der Ökonom Joseph Stiglitz erhielt für seine Arbeiten auf diesem Gebiet zusammen mit George Akerlof und Michael Spence im Jahr 2001 den Preis für Wirtschaftswissenschaften der schwedischen Reichsbank in Gedenken an Alfred Nobel („Wirtschaftsnobelpreis“). Anwendung finden diese Modelle zum Beispiel auf dem Markt für Versicherungen. Für Österreicher liegt gerade in der Tatsache, dass das Wissen verteilt ist, also bei niemandem vollständig vorhanden ist, das wesentliche Argument für den Markt als Koordinationsmechanismus. Noch einmal Butler:

> *„Much information is partial, fragmentary, inaccurate, conflicting, diffused, personal, costly to obtain and difficult to pass on. And it is because information is imperfect that markets work better than any other form of economic organisation.“*[191]

Vor allem bei Hayek spiegelt sich in dieser Sicht der Bezug zur Klassik wider. In seinem Werk „Der Weg zur Knechtschaft“ stellte er dem Kapitel „Planwirtschaft und Demokratie“ folgendes Zitat von Adam Smith voraus:

---

189 Vgl. Butler, S. 39.
190 Butler, S. 42.
191 Butler, S. 58.

„Ein Staatsmann, der es sich einfallen ließe, Privatleuten darüber Vorschriften zu machen auf welche Weise sie ihre Kapitalien verwenden sollen, würde sich nicht allein eine höchst unnötige Sorge aufladen, sondern sich auch eine Autorität anmaßen, die keinem Senat oder Staatsrate, geschweige denn einem einzelnen Manne, ruhig anvertraut werden könnte und die nirgends so gefährlich sein würde wie in der Hand eines Mannes, der töricht und dünkelhaft genug wäre, um sich für fähig zu halten, sie auszuüben."[192]

Während die neoklassische Mikroökonomie den Konsumenten statische und – im Basismodell – konvexe Präferenzen unterstellt, die der Konsument genau kennt, distanziert sich die Österreichische Schule von diesem Bild des Homo Oeconomicus: Die Präferenzen der Konsumenten sind bei Österreichern weder gegeben noch konvex. Nicht einmal der individuelle Verbraucher selbst mag sich dabei seiner eigenen Präferenzen völlig bewusst sein.[193] Wie schon dargestellt, wird der Wettbewerb deshalb als Entdeckungsverfahren verstanden, auch in Bezug auf die eigenen Präferenzen.

Folgerichtig besteht auch der Prozess der Investition von Kapital nicht darin, eine durch den Markt determinierte Rendite, einen „normalen Gewinn", zu generieren; vielmehr wird Investition als sehr komplexes, riskantes Verfahren verstanden, indem die Zeit zeigt, ob ein Entrepreneur mit seinen Entscheidungen richtig lag, schließlich liegt zwischen dem Zeitpunkt der Investition und dem Zeitpunkt, an dem die ersten Gewinne eingefahren werden können, in der Regel eine gewisse Spanne.[194] Für Nicht-Ökonomen mag es banal klingen, für Neoklassiker stellt es ihre Modellwelt in Frage: *„However, the key thing about production, according to the Austrians, is that it takes time."*[195]

In diesem Sinn ist jede Produktion immer Spekulation.[196] Es kann sogar noch einen Schritt weiter gegangen werden: Jede Handlung ist Spekulation.[197] Die gesellschaftliche Funktion des Gewinns liegt nach Österreichischer Lesart darin, Anreize zu geben für die Übernahme von Risiken.[198] Nur durch diese Übernahme von Risiken kann der Lebensstandard der Bevölkerung, der Konsumenten also, steigen.[199]

Ein weiterer fundamentaler Unterschied zwischen Österreichischer Schule und Neoklassik besteht in der Verwendung der komparativen Statik, wie sie in den

---

192 Smith, Adam, zitiert nach: Hayek: Der Weg zur Knechstschaft, Neuauflage München: 2009, S. 82.
193 Vgl. Butler, S. 49.
194 Vgl. Butler, S. 50 f.
195 Butler, S. 43.
196 Vgl. Butler, S. 51.
197 Vgl. Butler, S. 52.
198 Vgl. Butler, S. 51 f.
199 Vgl. Butler, S. 53.

grundlegenden neoklassischen Modellen angewandt wird. Hintergrund ist, dass es bei solchen Modellen keinen sequenziellen Ablauf von Entscheidungen gibt. In den grundlegenden mikroökonomischen Modellen wird in der Regel ein Gleichgewichtspunkt von Angebot und Nachfrage bestimmt. Für das Modell ist es aber völlig unerheblich, wie auf dem Markt dieser Punkt erreicht wird. Der sequenzielle Ablauf von Entscheidungen ist aber ein wesentliches Merkmal der Österreichischen Denkschule, die ja den Wettbewerb als Entdeckungsverfahren sieht und der zum Beispiel die Theorie eines Gleichgewichtspreises fremd ist.[200] Kein Wunder, dass das walrasianische Gleichgewichtsmodell etwa bei Böhm-Bawerk wenig Anklang fand.[201] Böhm-Bawerk lehnte auch die Zinstheorie eines John Bates Clark, die den Zins als Grenzprodukt des Kapitals versteht, entschieden ab, weil, wie de Soto schreibt, damit nicht erklärt werden kann, *„warum die Konkurrenz zwischen den verschiedenen Unternehmern nicht dazu führt, dass der Gegenwartswert der Kapitalgüter auf dem Markt dazu tendiert, identisch zu sein mit dem Wert des erwarteten Produkts, womit keine Wertdifferenz zwischen Kosten und Produkt im Verlaufe des Produktionsprozesses bestünde“*[202].

2.3 Gemeinsamkeiten von Österreichischer und Freiburger Schule jenseits der Geldpolitik

Zwischen den Anfängen der Österreichischen und der Freiburger Schule liegen 65 Jahre, nimmt man wie in Kapitel 2.2.1 erwähnt Carl Mengers Werk „Grundsätze der Volkswirtschaftslehre“ aus dem Jahr 1871 als Geburtsstunde der Österreichischen Schule. Der Aufsatz „Unsere Aufgabe“ aus dem Jahr 1936 markiert wie in Kapitel 2.1.2 dargestellt die Geburtsstunde der Freiburger Schule. Doch trotz dieser großen Differenz in der zeitlichen Entwicklung kann durchaus von einer parallelen Entwicklung gesprochen werden, in jedem Fall inhaltlich, aber teilweise auch zeitlich. So erschien Hayeks Werk „Der Weg zur Knechtschaft“ im Jahre 1944, also acht Jahre nach „Unsere Aufgabe“. Das Buch ist ein massiver Angriff auf sozialistische Tendenzen in England, die Hayek mit den Entwicklungen in Deutschland vergleicht, bis hin zur Machtübernahme der Nationalsozialisten:

> *„Wir meinen auch heute noch, daß wir uns bis vor ganz kurzer Zeit von Ideen leiten ließen, die man vage als Ideen des 19. Jahrhunderts oder als das Laissez-faire-Pinzip bezeichnet. Diese Meinung mag eine gewisse Berechtigung haben, wenn man einige andere Länder betrachtet und wenn man sich auf den Stand-*

200 Vgl. de Soto (2007), S. 74.
201 Vgl. de Soto (2007), S. 73 f.
202 De Soto (2007), S. 74.

punkt derjenigen stellt, die die Wandlung in ihrer Ungeduld beschleunigt sehen möchten. Aber obwohl England bis zum Jahre 1931 nur zögernd auf der Bahn gefolgt war, auf der andere geführt hatten, so hatten wir uns doch schon damals so weit von dem alten Weg entfernt, daß nur diejenigen, die sich noch an die Zeit vor 1914 erinnern können, wissen, wie eine liberale Welt ausgesehen hat
[...]
Nicht nur den Liberalismus des 18. und 19. Jahrhunderts geben wir Schritt für Schritt auf, sondern auch die Grundlagen der individualistischen Philosophie, die wir als Vermächtnis von Erasmus und Montaigne, von Cicero und Tacitus, von Perikles und Thukydides empfangen haben."[203]

Hayek stellt dabei die Parallelität zwischen Sozialismus und Nationalsozialismus heraus:

„*Mancher Universitätsdozent in England hat während der dreißiger jahre englische und amerikanische Studenten vom Kontinent zurückkehren sehen, die selber nicht wußten, ob sie Kommunisten oder Nationalsozialisten waren, die aber eines sicher wußten, nämlich daß sie die abendländische liberale Kultur haßten.*"[204]

Hayek verteidigt in „Der Weg zur Knechtschaft" den Liberalismus, die indivdualistische Philosophie des Abendlandes, in deren Tradition, wie in Kapitel 2.2.2.1 gezeigt wurde, die Österreichische Schule der Nationalökonomie steht. Der Liberalismus kann dabei als einziger wirklicher Gegenpol zum Nationalsozialismus gesehen werden:

„*Das Hitlersystem stellt sich sowohl als echte Demokratie wie auch als echten Sozialismus hin, und die schreckliche Wahrheit ist, daß ein Kern von Berechtigung in diesen Behauptungen steckt – zwar nur ein winziges Körnchen, aber jedenfalls groß genug, um als Grundlage für phantastische Entstehungen dienen zu können. Das Hitlersystem geht sogar so weit, sich zum Beschützer des Christentums aufzuwerfen, und das Grauenvolle ist, daß selbst diese grobe Verdrehung geeignet ist, einen gewissen Eindruck zu machen. Aber eines ist in all diesem Meer des Irrtums sonnenklar: Hitler hat nie den Anspruch erhoben, den echten Liberalismus zu vertreten. So genießt der Liberalismus die Auszeichnung, die von Hitler bestgehaßte Lehre zu sein.*"[205]

---

[203] Hayek, F. A.: Der Weg zur Knechtschaft, Neuauflage der Neuherausgabe 1971, München: 2009, S. 30 ff.
[204] Hayek, Knechtschaft, S. 30 ff.
[205] Heimann, E.: The Rediscovery of Liberalism, in Social Research (New York), Bd. VIII, Nr. 4, November 1941, zitiert nach: Hayek: Knechtschaft, S. 51.

Goldschmidt und Wohlgemuth weisen darauf hin, dass Euckens Vorlesung in Freiburg während der Zeit der Nazi-Herrschaft ein Treffpunkt von Regimekritikern war.[206] So stand auch „Unsere Aufgabe" im Widerspruch zur Nationalsozialismus. Goldschmidt und Wohlgemuth schreiben:

> *„Sicher kann ‚Unsere Aufgabe', abgefaßt drei Jahre nach Beginn der nationalsozialistischen Diktatur, zwar kaum als explizites politisches Memorandum im Geiste des Widerstands ‚Freiburger Kreise' gewertet werden. Dies hätte zum sofortigen Verbot der Schriftenreihe geführt, die man ja gerade erst starten wollte. Dennoch enthält das Vorwort von Böhm, Eucken und Großmann-Doerth deutliche Kritik an geistigen Strömungen, die in der Ideologie des Nationalsozialismus eine wichtige Rolle spielten. Insofern ist Helge Peukert zuzustimmen, der ‚Unsere Aufgabe' als ‚latente Kritik am System' wertet, wofür neben dem Eintreten der Autoren für einen offenen Leistungswettbewerb auch spricht, ‚daß sich ein gebildeter Nationalsozialist von den Ausführungen über Nietzsche, Savigny (das Recht wächst aus dem Volke), Spengler, Friedrich den Großen, den Tat-Kreis usw. deutlich negativ hätte angesprochen fühlen müssen'."*[207]

Sowohl die Protagonisten aus Freiburg als auch Vertreter der Österreichischen Schule, allen voran Hayek, haben die Jahre zwischen den Weltkriegen erlebt. Ihre Konsequenzen daraus waren ein Antikollektivismus. Vor allem Hayek sah eine enge Verbindung zwischen Marxismus und Nationalsozialismus, die sich seit dem ersten Weltkriegs in Deutschland entwickelt habe:

> *„Seit 1914 erstand aus den Reihen des marxistischen Sozialismus ein Verkünder nach dem anderen, der dem Nationalsozialismus zwar nicht die Konservativen und die Reaktionären zuführte, wohl aber die Werktätigen und die idealistische Jugend. [...] Die Kriegshysterie von 1914, die gerade infolge der Niederlage niemals ganz ausgeheilt war, bedeutet den Beginn der modernen Entwicklung, die zum Nationalsozialismus geführt hat, und sein Aufstieg während dieser Zeit vollzog sich weitgehend mit der Unterstützung alter Sozialisten."*[208]

Wenig später schreibt Hayek:

> *„Der Kampf gegen den Liberalismus in all seinen Formen, den Liberalismus, der Deutschland besiegt hatte, war die gemeinsame Idee, die Sozialisten und Konser-*

---

206 Vgl. Goldschmidt, N u. Wohlgemuht, M.: Entstehung und Vermächtnis der Freiburger Tradition der Ordnungsökonomik, in: Goldschmidt, N. u. Wohlgemuth, M. (Hg): Grundtexte zur Freiburger Tradition der Ordnungsökonomik, Tübingen: 2008, S. 5.

207 Goldschmidt, N u. Wohlgemuht, M.: Zur Einführung: Unsere Aufgabe, in: Goldschmidt, N. u. Wohlgemuth, M. (Hg): Grundtexte zur Freiburger Tradition der Ordnungsökonomik, Tübingen: 2008, S. 23.

208 Hayek: Knechtschaft, S. 212.

vative in einer einzigen Front vereinigte. Zuerst war es hauptsächlich die deutsche Jugendbewegung, die nach Herkunft und Einstellung fast völlig sozialistisch war, in der diese Ideen begierig aufgenommen wurden und die Verbindung von Sozialismus und Nationalismus vollendet wurde. Gegen Ende der zwanziger Jahre und bis zur Machtergreifung Hitlers wurde ein Kreis von jungen Leuten, die sich um die Zeitschrift ‚Die Tat' scharten und von Ferdinand Fried geführt wurden, der Hauptexponent dieser geistigen Tradition. Frieds ‚Ende des Kapitalismus' ist vielleicht das charakteristischste Erzeugnis dieser Gruppe von Edelnazis, wie sie in Deutschland genannt wurden, […]."[209]

Hayek schreibt über Walther Rathenau, der von 1914 bis 1915 die deutsche Kriegsrohstoffabteilung leitete, welche die Verteilung kriegswichtiger Rohstoffe organisieren und die deutsche Industrie durch Kriegswirtschaftsgesellschaften beaufsichtigen sollte, und der in der Weimarer Republik dann Reichsaußenminister wurde:

„*Wahrscheinlich hat er [Rathenau] durch seine Schriften mehr als irgendein anderer die Wirtschaftsanschauungen der Generation bestimmt, die in Deutschland während des letzten Krieges und unmittelbar danach heranwuchs, und einige seiner engsten Mitarbeiter sollten später den Stamm der Beamten bilden, die dann den Göringschen Vierjahresplan durchführten.*"[210]

Die klare Ablehnung des Nationalsozialismus ist eine erste Gemeinsamkeit von Freiburger und Österreichischer Schule. Auch das Verständnis des Freiheitsbegriffes eint Österreicher und Freiburger. Wie in Kapitel Kapitel 2.1.3 dargestellt, ist Freiheit für Eucken die Abwesenheit von Zwang. Genauso sieht es Hayek. Sein erster Satz in der „Verfassung der Freiheit" lautet:

„*Wir befassen uns in diesem Buch mit jenem Zustand der Menschen, in dem Zwang auf einige von seiten anderer Menschen so weit abgemildert ist, als dies im Gesellschaftsleben möglich ist. Diesen Zustand werden wir durchweg einen Zustand der Freiheit nennen.*"[211]

Eine weitere Parallelität ist die Ablehnung der Historischen Schule. Für die Freiburger wurde dies in Kapitel 2.1.2 dargestellt, für die Österreicher in Kapitel 2.2.3.1. Ein dritter gemeinsamer Punkt zwischen Freiburg und Österreich ist das Bekenntnis zu einem Liberalismus, der über eine reine Laissez-faire-Haltung hinausgeht. Das trifft zumindest dann zu, wenn Hayek als Vertreter der Österreicher herangezogen wird. Er schreibt:

---

[209] Hayek: Knechtschaft, S. 225.
[210] Hayek: Knechtschaft, S. 218.
[211] Hayek, Verfassung, S. 13.

„Nichts dürfte der Sache des Liberalismus so sehr geschadet haben wie das starre Festhalten einiger seiner Anhänger an gewissen groben Faustregeln, vor allem an dem Prinzip des Laisser-faire.“[212]

Hayek zufolge sollte es im Liberalismus keine starren Elemente geben; das Hauptprinzip des Liberalismus sieht er darin, dass sich seine Anhänger möglichst weit auf die spontanen Kräfte der Gesellschaft stützen und so wenig wie möglich zu Zwangsmaßnahmen greifen sollten.[213] Allerdings ist bei Hayek nicht ganz klar, wie stark der Staat zum Beispiel gegen Monopole vorgehen sollte. Hier besteht also ein Unterschied zur Freiburger Schule, der im folgenden Kapitel dargestellt wird. Trotz dieser potenziellen Differenz lässt sich der Widerstand gegen wirtschaftliche Vermachtung als gemeinsames Anliegen von Freiburgern und Österreichern darstellen. Hayek bezieht sich dabei abermals vor allem auf die Entwicklung in England, wo er in den 1940er Jahren an der London School of Economics lehrte:

„Abgesehen vom Einfluß der Intellektuellen, den wir an zwei Beispielen gezeigt haben, erhält die Entwicklung zum Totalitarismus den Hauptanstoß von den beiden großen kompakten Interessenblocks, dem organisierten Kapital und der organisierten Arbeiterschaft. Die allergrößte Gefahr liegt vermutlich darin, daß die Politik dieser beiden mächtigsten Gruppen sich auf derselben Linie bewegt.

Diese Parallelität ergibt sich aus ihrer gemeinsamen und oft vereinbarten Unterstützung der industriellen Monopolbildungen, und gerade in dieser Tendenz liegt die große unmittelbare Gefahr. Es besteht zwar kein Grund zu der Annahme, daß diese Bewegung zwangsläufig ist, aber wenn wir diesen einmal beschrittenen Weg weiter verfolgen, so ist kaum daran zu zweifeln, daß er uns zum Totalitarismus führen wird.

Diese Bewegung ist natürlich bewußt in der Hauptsache von den kapitalistischen Monopolunternehmen geplant, und sie sind auf diese Weise eine der Hauptquellen dieser Gefahr. An ihrer Verantwortung ändert auch die Tatsache nichts, daß ihr Ziel nicht in einem totalitären System besteht, sondern eher in einer Art von berufsständischem Staat, in dem die organisierten Industrien als unabhängige ‚Stände‘ mit Selbstverwaltung erscheinen.

[…]

Bis zu einem gewissen Grade haben die Monopolisten diese Unterstützung dadurch gewonnen, daß sie entweder andere Gruppen an ihrem Gewinn beteiligt haben, oder – vielleicht sogar noch häufiger – dadurch, daß sie ihnen eingeredet haben, die Bildung von Monopolen läge im Interesse der Allgemeinheit.“[214]

---

212 Hayek: Knechtschaft, S. 37.
213 Vgl. Hayek: Knechtschaft, S. 36f.
214 Hayek: Knechtschaft, S. 242ff.

Die Ablehnung einer Laissez-faire-Politik durch die Freiburger Protagonisten wurde bereits in Kapitel 2.1.3 dargestellt, ebenfalls die Orientierung auf den Konsumenten, der auch für die Österreichische Schule entscheidend ist, wie in Kapitel 2.2.3.6 gezeigt wurde. Jedoch schert Hayek in der Ablehnung des Laissez-faire etwas aus der Österreichischen Schule aus. So war Ludwig von Mises deutlich skeptischer, was staatliche Eingriffe zur Verhinderung oder Beseitigung von Monopolrenten anging, wie ebenfalls in Kapitel 2.2.3.6 gezeigt wurde. Aus Freiburger Sicht sind Eingriffe des Staates in den Markt nur dann zu dulden, wenn sie nicht willkürlich geschehen, sondern regelgebunden sind, wie in Kapitel 1.1.3 ausgeführt wurde. Dies ist ebenso entscheidend für Hayek:

> *„Das klassische Argument zugunsten der Freiheit in Wirtschaftsangelegenheiten beruht auf dem stillschweigenden Postulat, daß hier ebenso wie auf allen anderen Gebieten die Herrschaft des Gesetzes die Politik leiten soll. Wir können die Natur der Opposition von Männern wie Adam Smith oder John Stuart Mill gegen staatliche ‚Intervention' nicht verstehen, wenn wir sie nicht gegen diesen Hintergrund sehen. [...] Freiheit der Wirtschaftstätigkeit hatte Freiheit unter dem Gesetz bedeutet, nicht das Fehlen jeglicher staatlichen Tätigkeit.“*[215]

Zwar war Hayek sehr skeptisch gegenüber Eingriffen in die Wirtschaft zum Kampf gegen Monopole, anders als manch anderer Vertreter der Österreichischen Schule lehnte er diese aber nicht völlig ab:

> *„Es ist sehr zweifelhaft, ob selbst in jenen Fällen, in denen das Monopol zwangsläufig ist, die beste Art der Überwachung darin besteht, es zu verstaatlichen. Handelte es sich nur um eine einzige Industrie, so könnte dies wohl zutreffen. Aber wenn wir es mit vielen verschiedenen Industriemonopolen zu tun haben, so spricht mehr dafür, sie in den Händen verschiedener Privatleute zu lassen, als dafür, sie unter der alleinigen Kontrolle des Staates zu vereinigen. [...] Ein Privatmonopol ist kaum jemals vollständig und noch seltener von langer Lebensdauer oder in der Lage, die Möglichkeit einer Konkurrenz außer acht zu lassen. [...] Ein Staat, der nach allen Seiten in die Leitung monopolistischer Unternehmungen verstrickt wird, würde zwar überwältigende Macht über das Individuum haben, aber doch ein schwacher Staat sein, so weit es sich um seine wirtschaftspolitische Bewegungsfreiheit handelt.“*
>
> *[...]*
>
> *Wahrscheinlich bietet überall dort, wo Monopole wirklich unvermeidlich sind, die von den Amerikanern bevorzugte Methode der strengen Überwachung der Privatmonopole bei konsequenter Durchführung bessere Aussicht auf befrie-*

[215] Hayek, F. A.: Die Verfassung der Freiheit, Neuauflage Tübingen: 2005, S. 304.

digende Ergebnisse als der Betrieb eines Monopols durch den Staat. Dies dürfte wenigstens in allen Fällen zutreffen, in denen der Staat eine strenge Preiskontrolle ausübt, die keinen Spielraum für außergewöhnliche Gewinne läßt, von denen andere als die Monopolisten profitieren könnten.“[216]

Auch Eucken wollte von einer Verstaatlichung sogenannter Natürlicher Monopole, er nannte das in der Mikroökonomik typische Beispiel eines Kraftwerks, nichts wissen:[217]

„*Die Verstaatlichung löst das Monopolproblem nicht. Staatliche Monopole – z. B. der Eisenbahn oder Elektrizitätswerke – treiben regelmäßig ebenso monopolistische Politik wie private Monopole.*“[218]

Bereits in Kapitel 2.1.3 wurde darauf hingewiesen, dass die Freiburger Ordoliberalen den Kampf gegen Lobbyismus, Kartelle und Monopole nicht der Willkür von Regierung und Parlament überlassen wollten, sondern dem Recht, was ein sehr hayekianischer Gedanke ist. Eucken forderte ein unabhängiges Monopolaufsichtsamt.[219]

Ein weiterer gerade in der wirtschaftspolitischen Debatte des frühen 21. Jahrhunderts wichtiger Aspekt ist die gemeinsame Ablehnung von Konjunkturpolitik. Für Eucken ist diese stets zum Scheitern verurteilt; zwar könne eine Politik niedriger Zinsen und der Kreditexpansion die Investitionstätigkeit in Gang halten, doch das beeinträchtige die langfristige Lenkungsmechanik der Preise.[220] Eucken führt die Große Depression des 20. Jahrhunderts auf die vorangehende Konjunkturpolitik zurück:

„*Gerade dadurch, daß der soziale Gedanke die Konjunkturpolitik durchdrang, ist die Konjunkturpolitik in das Zentrum der Politik überhaupt gerückt.*

Aber diese fieberhaften Bemühungen haben zu einem negativen Ergebnis geführt. Entweder mißlang es, Krisen und Depressionen mit Massenarbeitslosigkeit zu vermeiden, oder es gelang nur mit übergroßen Opfern. – Im dritten Jahrzehnt unseres Jahrhunderts liefen die langen Serien konjunkturpolitischer Versuche in den Vereinigten Staaten, Deutschland, England usw. in die Krisenkatastrophe von 1929/32 aus. – Demgegenüber gelang es zwar den Experimenten der Vollbeschäftigungspolitik und der Politik der zentralverwaltungswirtschaftlichen Lenkung, Arbeitslosigkeit zu vermeiden oder vorhandene Arbeitslosigkeit zu beseitigen, aber mit dem Erfolg, daß der Teufel mit Beelzebub ausgetrieben wurde. Eine wirtschaftliche Not trat an die Stelle der anderen.“[221]

---

216 Hayek: Knechtschaft, S. 245 f.
217 Vgl. Eucken, W.: Grundsätze der Wirtschaftspolitik, 7. Auflage, Tübingen: 2004, S. 291.
218 Eucken, S. 293.
219 Vgl. Eucken, Wirtschaftspolitik, S. 294.
220 Vgl. Eucken, S. 311 f.
221 Eucken, S. 309.

Eucken übt damit eine sehr ähnliche Kritik an staatlicher Konjunkturpolitik, wie das die Österreicher und vor allem Hayek taten (vgl. Kapitel 2.2.3.4 und 2.2.3.5).

Zusammenfassend lassen sich also folgende Gemeinsamkeiten von Freiburger und Österreichischer Schule feststellen:

- Entwicklung in der Ablehnung des Nationalsozialismus,
- Ablehnung der Historischen Schule,
- Ablehnung von Konjunkturpolitik,
- Tradition des Klassischen Liberalismus,
- Freiheit ist Abwesenheit von Zwang,
- Kein Laissez-faire,
- Gegen Vermachtung in der Wirtschaft,
- Wirtschaft zum Nutzen des Konsumenten,
- Staatliche Eingriffe etwa im Kampf gegen Monopole sind vertretbar, zumindest wenn sie regelgebunden sind (bei Hayek, aber nicht bei allen Vertretern der Österreichischen Schule) und bei einer unabhängigen Monopolaufsicht liegen,
- Verstaatlichung von Monopolen ist keine Lösung,
- Geringe Einkommensumverteilung zur Vermeidung existenzieller Not (siehe Kapitel 2.4).

Abelshauser fasst die gemeinsamen liberalen wirtschaftspolitischen Vorstellungen der Nachkriegszeit wie folgt zusammen:

> „*Mit der sozialen Marktwirtschaft wollte die westdeutsche Wirtschaftspolitik nicht nur traditionelle liberale Ordnungsvorstellungen überwinden und die Funktionsfähigkeit des marktwirtschaftlichen Wettbewerbs wieder herstellen. Sie sah sich selbst auch als Alternative zur keynesianischen Globalsteuerung und wandte sich insbesondere gegen die im Schatten der Weltwirtschaftskrise schon früh entstandenen deutschen Erscheinungsformen des Keynesianismus. Die neue Epoche deutscher Wirtschaftsforschung, die – ungeachtet ihrer im Zeitablauf wechselnden Inhalte – unter dem Begriff der sozialen Marktwirtschaft zusammengefasst wird, sah sich zunächst aber auch ausdrücklich als Gegenmodell zur korporativen Marktwirtschaft der Bismarckzeit und als das Resultat einer bewussten, im institutionellen ‚Vakuum‘ der Nachkriegszeit erst möglich gewordenen Entscheidung.*
>
> *[...]*
>
> *Im Primat des Staates lag deshalb der gemeinsame Nenner, auf den die Katastrophenerfahrung der Weltwirtschaftskrise alle ordnungspolitischen Konzeptionen in Deutschland verengt hatte.*“[222]

[222] Abelshauser, S. 94.

2.4 Unterschiede von Eucken und Hayek jenseits der Geldpolitik

Während die Österreicher, wie in Kapitel 2.2.3.2 dargestellt, die Ökonomik nicht als Naturwissenschaft begreifen wollten und deshalb die neoklassischen Modelle, vor allem die Idee eines Marktgleichgewichts, ablehnten, griffen die Freiburger durchaus auf diese Konzepte zurück, wie sich aus der Analyse von Monopolen bei Eucken schließen lässt.[223] So spricht Eucken etwa von einem Gleichgewichtspreis, der erreicht wird, wenn Angebot und Nachfrage einen Preis ergeben, der gerade die Grenzkosten deckt.[224] Das ist eine typisch neoklassische Argumentationsweise. Sie widerspricht Hayeks Idee des Wettbewerbs als Entdeckungsverfahren.[225]

Zwar wurde im vorangegangenen Kapitel gezeigt, dass auch Hayek durchaus eine staatliche Aufsicht von Monopolen nicht völlig ablehnt. (vgl. Seite 41). Doch die Entschiedenheit, mit der Eucken eine Kontrolle von Monopolen fordert, legt Hayek nicht an den Tag. Eucken fordert klar:

> *„Die Monopolaufsicht sollte also einem staatlichen Monopolaufsichtsamt übertragen werden. Um es den stets gefährlichen (wenn auch in der Wettbewerbsordnung geschwächten) Einflüssen der Interessenten zu entziehen, sollte es ein unabhängiges Amt sein, das nur dem Gesetz unterworfen ist.“*[226]

Eucken ging sogar so weit, sowohl die Wettbewerbsordnung als auch den Rechtsstaat bedroht zu sehen, wenn es kein zentrales Monopolamt gibt.[227] Es sei ebenso unentbehrlich wie der Oberste Gerichtshof.[228] Hierin zeigt sich auch der gesellschaftspolitische Anspruch Euckens. Monopolistisches Verhalten zeige sich etwa an Treuerabatten, Preisdifferenzierungen oder Kampfpreisen.[229] Ziel der Monopolpolitik müsse sein, einen Zustand zu erreichen, welcher der vollständigen Konkurrenz entspreche, das Verhalten der Monopolisten habe also „wettbewerbsanalog“[230] zu sein.[231] Wie in Kapitel 2.2.3.6 gezeigt, lehnen Österreicher das Konzept des vollständigen Wettbewerbs ab. Dagegen geht Eucken sogar noch einen Schritt weiter und fordert, dass das Monopolamt auch auf den Produktionsapparat von

223 Vgl. Eucken, Wirtschaftspolitik, S. 292 f.
224 Vgl. Eucken, Wirtschaftspolitik, S. 297.
225 Vgl. Hayek, F.: Der Wettbewerb als Entdeckungsverfahren, Kieler Vorträge N.F. 56, Schriftleitung: Zottmann, A., Kiel: 1968 S. 3.
226 Eucken, Wirtschaftspolitik, S. 294.
227 Vgl. Eucken, Wirtschaftspolitik, S. 294.
228 Vgl. Eucken, Wirtschaftspolitik, S. 294.
229 Vgl. Eucken, Wirtschaftspolitik, S. 295.
230 Eucken, Wirtschaftspolitik, S. 295.
231 Vgl. Eucken, Wirtschaftspolitik, S. 295.

monopolistischen Unternehmen einwirkt. Schließlich – so das Argument – besteht in der vollständigen Konkurrenz ebenfalls ein ständiger Rationalisierungsdruck.[232] Eucken schreibt über das Monopolunternehmen sogar:

> *„Unter Umständen – wenn mögliche Verbesserungen unterblieben sind – hat es mit einer Herabsetzung [des Preises] unter den Punkt, der oben bezeichnet wurde, und dadurch mit Verlusten zu rechnen. Das Monopolamt sollte sich davor hüten, den vorhandenen Produktionsapparat auf die Dauer als eine gegebene Größe anzusehen."*[233]

Eucken bezieht das auch auf den Arbeitsmarkt und kritisiert die Politik von Gewerkschaften.[234] Letzteres tat auch Hayek.[235] Eucken entgegnet dem Argument, dass ein Monopolamt, das so tiefgreifend in die Wirtschaft eingreift, wie von ihm gefordert, sich zu einer Mammutbehörde entwickle, damit, dass eine strenge Monopolaufsicht prophylaktisch wirke, dass also Unternehmen, die wissen, dass sie im Fall einer zu starken Marktstellung vom Monopolamt reguliert werden, eine zu starke Marktstellung vermeiden werden.[236] Deshalb beschränke sich, so Eucken, die eigentliche Monopolkontrolle auf relativ wenige wirkliche Monopole.[237]

Vergleicht man Eucken und Hayek, ergibt sich eine fundamental unterschiedliche Sicht auf die Frage der Steuerpolitik. Während Hayek eine als Anteil des Einkommens progressive Steigerung der zu zahlenden Steuerlast ablehnt, verteidigt Eucken diese. Für Hayek war eine Progression des Steuersatzes auf die Dauer mit einer freiheitlichen Wirtschaftsordnung nicht vereinbar, wobei er sich damit aber auf die gesamte zu zahlende Steuerlast eines Einzelnen bezog; eine Progression des Einkommensteuersatzes war für ihn dann gerechtfertigt, wenn sie dazu diente, dass die Summe aus direkten und indirekten Steuern bei allen Einkommensschichten bezogen auf das Einkommen prozentual gleich ist.[238] Da ärmere Menschen einen höheren Teil ihres Einkommens für Konsum ausgeben als reichere und damit ein höherer Teil ihres Einkommens zum Beispiel in die Mehrwertsteuer fließt, während reichere Menschen sparen und damit relativ weniger indirekte Steuern zahlen, kann nach Hayek eine Progression der Einkommensteuer gerechtfertigt werden.[239] Allerdings lehnt Hayek damit das Argument der Umverteilung durch progressive Steuersätze entschieden ab. Hayeks Kernpostulat

---

[232] Vgl. Eucken, Wirtschaftspolitik, S. 297.
[233] Eucken, Wirtschaftspolitik, S. 297.
[234] Vgl. Eucken, Wirtschaftspolitik, S. 295.
[235] Vgl. Hayek, Verfassung, S. 362 bis 383.
[236] Vgl. Eucken, Wirtschaftspolitik, S. 299.
[237] Vgl. Eucken, Wirtschaftspolitik, S. 299.
[238] Vgl. Hayek, Verfassung, S. 416.
[239] Vgl. Hayek, Verfassung, S. 416.

beseht darin, dass die Tätigkeit des Staates von allgemeinen Grundsätzen geleitet werden müsse, will sie gerecht sein.[240] Deshalb seine Ablehnung der progressiven Steuerbelastung:

> *„Wo, wie im Falle der Progression, das sogenannte Prinzip nichts anderes ist als eine offene Aufforderung zur Diskriminierung und, was noch schlimmer ist, eine Aufforderung an die Mehrheit, gegen eine Minderheit zu diskriminieren, muß das angebliche Gerechtigkeitsprinzip der Vorwand für reine Willkür sein."*[241]

Ganz anders die Sicht bei Eucken. Er gesteht zu, dass die Wettbewerbsordnung Mängel in sich habe, die Gefahren mit sich brächten, nicht ohne darauf hinzuweisen, dass die Preismechanik der vollständigen Konkurrenz trotz der Mängel immer noch zu einer besseren Verteilung führe als eine Zentralverwaltungswirtschaft.[242] Eucken ist sich bewusst:

> *„Die Ungleichheit der Einkommen führt dahin, daß die Produktion von Luxusgütern bereits erfolgt, wenn dringende Bedürfnisse von Haushalten mit geringen Einkommen noch Befriedigung verlangen. Hier also bedarf die Verteilung, die sich in der Wettbewerbsordnung vollzieht, der Korrektur."*[243]

Mithilfe der Steuerprogression könne diese Korrektur erwirkt werden.[244] Allerdings distanziert sich Eucken ausdrücklich von einer Vollbeschäftigungspolitik, wie sie bereits seinerzeit in den USA und Großbritannien üblich war, und die mithilfe der Steuerprogression zu starkes Sparen verhindern wollte und stattdessen Gelder in den Konsum lenken wollte.[245] Denn dies behindere Investitionen und so weit dürfe die Verteilungspolitik in der Wettbewerbsordnung nicht gehen; sie müsse sich auf einen sozialen Sinn beschränken, forderte Eucken.[246]

Sicher sind Eucken und Hayek in der Frage der Umverteilung unterschiedlicher Ansicht. Es wäre aber nicht richtig zu unterstellen, dass Hayek gänzlich gegen Sozialpolitik gewesen sei. Für Hayek war die Notwendigkeit sozialer Einrichtungen unbestritten.[247] Allerdings plädierte er für eine Versicherungs- und Vorsorgepflicht jedes Einzelnen gegen die großen Lebensrisiken wie Krankheit, Arbeitslosigkeit oder Alter, damit das staatliche Unterstützungssystem nicht dazu führe, dass die Anreize zur Vorsorge versiegten.[248] Der Staat solle dabei die Ent-

---

240 Vgl. Hayek, Verfassung, S. 425.
241 Hayek, Verfassung, S. 426.
242 Vgl. Eucken, Wirtschaftspolitik, S. 300.
243 Eucken, Wirtschaftspolitik, S. 300.
244 Vgl. Eucken, Wirtschaftspolitik, S. 300 f.
245 Vgl. Eucken, Wirtschaftspolitik, S. 301.
246 Vgl. Eucken, Wirtschaftspolitik, S. 301.
247 Vgl. Hayek, Verfassung, S. 386 f.
248 Vgl. Hayek, Verfassung, S. 387.

wicklung entsprechender Organisationen unterstützen, ohne jedoch eine einzige Zwangsversicherung zu schaffen, die das Wettbewerbsprinzip aushebele.[249] Es zeigt sich hier also durchaus auch eine Parallelität: Sowohl Eucken als auch Hayek sehen Umverteilung als gerechtfertigt an, wenn sie dazu dient, etwa Hunger zu vermeiden oder Kranken zu helfen. Was Hayek deutlicher als Eucken ablehnt, ist die Idee der Einkommensumverteilung, etwa wenn er schreibt:

> *„Wo das Ziel distributive Gerechtigkeit ist, können die Entscheidungen, zu welchen Tätigkeiten die verschiedenen Einzelnen geführt werden müssen, nicht aus allgemein gültigen Regeln abgeleitet werden, sondern müssen im Licht der besonderen Ziele und Kenntnisse der Planungsbehörde getroffen werden. Wie wir schon gesehen haben, wenn die Meinung der Gemeinschaft entscheidet, was verschiedene Leute bekommen sollen, muß dieselbe Behörde auch entscheiden, was sie zu tun haben.*
>
> *Dieser Konflikt zwischen dem Ideal der Freiheit und dem Wunsch, die Verteilung der Einkommen zu ‚korrigieren', um sie ‚gerechter' zu machen, wird gewöhnlich nicht deutlich erkannt. Aber jene, die distributive Gerechtigkeit erreichen wollen, werden sich in der Praxis bei jedem Schritt von der Herrschaft des Gesetzes behindert sehen.“*[250]

In einem weiteren Punkt unterscheiden sich Österreichische und Freiburger Schule, nämlich der Frage der Internalisierung externer Effekte, um es neoklassisch zu formulieren. Österreicher stehen diesem Ansatz grundsätzlich skeptisch gegenüber. Ein externer Effekt ist schließlich eine Abweichung von einem vollkommenen Marktgleichgewicht. Jedoch lehnt die Österreichische Schule das Konzept des vollkommenen Marktgleichgewichts ab und damit auch die Idee des externen Effekts. Auch Hayek steht in dieser österreichischen Tradition:

> *„Es gibt wahrscheinlich keinen Fall, in dem eine Behörde höheres Wissen von all den Tatsachen besitzen kann, die eine bestimmte Entscheidung beeinflussen sollten; und während es möglich ist, den Eigentümern bestimmter Naturschätze die allgemeineren Überlegungen zu übermitteln, die sie in Rechnung ziehen sollten, ist es nicht möglich, daß die Behörde all die verschiedenen Tatsachen erfährt, die die Einzelnen kennen.“*[251]

Dagegen ist für Eucken klar, dass die Planungsfreiheit der Betriebe unter gewissen Umständen zu begrenzen sei; er forderte dies etwa in der Forstwirtschaft.[252]

---

249 Vgl. Hayek, Verfassung, S. 387 bis 389.

250 Hayek, Verfassung, S. 318..

251 Hayek, Verfassung, S. 488

252 Vgl. Eucken, Wirtschaftspolitik, S. 302.

Eucken verweist dabei auf das Beispiel der Zerstörung von Wäldern in Amerika, die den Boden und das Klima weiter Gebiete verschlechtert habe; dies sei nur deshalb möglich gewesen, weil diese gesellschaftlichen Wirkungen – anders formuliert: soziale Kosten oder externe Effekte – nicht in die Kalkulation – Eucken schreibt „Wirtschaftsrechnung" – des Waldbesitzers eingeflossen seien.[253] Als weiteres Beispiel nennt Eucken den in mikroökonomischen Einführungsvorlesungen typischen Fall einer Chemiefabrik, deren Abwässer häufig zu gesundheitlichen Schäden führen.[254]

Eucken geht aber auch auf den Arbeitsschutz ein. Zwar seien Kinder- und Frauenarbeit, allzu lange Arbeitszeiten sowie ungenügender Schutz gegen Unfälle in den Betrieben vor allem im 19. Jahrhundert, als Marx diese Missstände anprangerte, häufig das Ergebnis lokaler Nachfragemonopole der Arbeitgeber gewesen, weshalb allein das Konkurrenzprinzip hier zu Verbesserungen führe.[255] Doch Eucken konstatiert:

> *„Die vollständige Konkurrenz auf den Arbeitsmärkten oder die Herstellung eines Zustandes, der in seinen Auswirkungen der vollständigen Konkurrenz entspricht, wird nicht ausreichen, um diese Probleme befriedigend zu lösen."*[256]

Der Staat dürfe seine Befugnisse aber nie dazu verwenden, die Konkurrenz zu beschränken, so Eucken.[257]

Eucken schloss auch Mindestlöhne nicht aus, wenn sich das Angebot auf einem Arbeitsmarkt anomal verhält, das Arbeitsangebot also bei sinkenden Löhnen steigt.[258] Hayek dagegen war solchen Eingriffen in den Markt gegenüber äußerst skeptisch. Eine direkte staatliche Preiskontrolle sei mit einem freien System unvereinbar, so Hayek.[259]

Damit lassen sich folgende Unterschiede zwischen Hayek und Eucken zusammenfassen:

- Eucken akzeptiert im Gegensatz zur Österreichischen Schule das neoklassische Gleichgewichtsmodell von Angebot und Nachfrage
- Eucken fordert eine scharfe Monopolkontrolle, während zum Beispiel Hayek hier wesentlich zaghafter argumentiert
- Eucken plädiert für eine mit dem Einkommen progressiv ansteigende Steuerbelastung, Hayek lehnt das ab

253 Vgl. Eucken, Wirtschaftspolitik, S. 302.
254 Vgl. Eucken, Wirtschaftspolitik, S. 302.
255 Vgl. Eucken, Wirtschaftspolitik, S. 302.
256 Eucken, Wirtschaftspolitik, S. 303.
257 Vgl. Eucken, Wirtschaftspolitik, S. 303.
258 Vgl. Eucken, Wirtschaftspolitik, S. 303 f.
259 Vgl. Hayek, Verfassung, S. 313.

- Eucken fordert die Internalisierung externer Effekte, Hayek lehnt das ab
- Eucken akzeptiert Mindestlöhne, Hayek lehnt staatliche Eingriffe in den Preismechanismus kategorisch ab

2.5 Zwischenfazit: Unterschiedliche Präferenz für Staatseingriffe bei Eucken und Hayek

Wie in Kapitel 2.1.3 beschrieben fordern die Freiburger den Primat des grundsätzlichen Denkens vor einem subjektiven fallbezogenen Rechtsempfinden, weshalb alle rechts- und wirtschaftspolitischen Entscheidungen an die Idee einer Wirtschaftsverfassung gekoppelt sein sollten. Soweit besteht Einigkeit mit Hayek, für den die Freiheit in der Wirtschaft eine Freiheit unter dem Gesetz war, die aber keinesfalls das Fehlen aller staatlichen Tätigkeit bedeutete.[260] Dies und die vorangegangenen beiden Kapitel zeigen, dass sowohl Hayek als auch Eucken klare Vertreter des Liberalismus sind. Allerdings wird vor allem aus den in Kapitel 2.4 aufgeführten Unterschieden deutlich, dass der Ordoliberale Eucken dem Staat eine wesentlich größere Bedeutung beimessen wollte als der Österreicher Hayek.

Während die Österreichische Schule wie in Kapitel 2.2.3.2 gezeigt, vor allem in der Tradition des schottischen Philosophen David Hume steht, was auch für Hayek gilt, kann man zu dem Schluss kommen, dass Eucken stärker auf John Locke zurückzuführen ist. Eucken kämpfte für eine Wirtschaftsverfassung. Das steht eher in der Tradition des expliziten Gesellschaftsvertrages von John Locke.[261] Anders als Hume geht Locke von einem explizit geschlossenen Gesellschaftsvertrag aus:

> *„Die einzige Möglichkeit, diese natürliche Freiheit aufzugeben und die Fesseln bürgerlicher Gesellschaft anzulegen, ist die, daß man mit anderen Menschen übereinkommt, sich zusammenzuschließen und in eine Gemeinschaft zu vereinigen, mit dem Ziel, behaglich, sicher und friedlich miteinander zu leben – in dem sicheren Genuß des Eigentums und in größerer Sicherheit gegenüber allen, die ihr nicht angehören.“*[262]

Im Folgenden wird untersucht, in wieweit sich die unterschiedlichen Ansätze auch auf den währungspolitischen Rahmen bezogen.

---

[260] Vgl. Hayek, Verfassung, S. 304.
[261] Vgl. Schulte, G.: Schnellkurs Philosophie, Köln: 2002, S. 95.
[262] Locke, J.: Über die Regierung (The Second Treatise of Government), hg. von Mayer-Tasch, P., übersetzt von Tidow, D., Stuttgart: 1992, S. 73.

2.6 Die Bewertung von Inflation und Deflation bei Hayek und Eucken

Sowohl Eucken als auch Hayek führen am Beginn ihrer währungspolitischen Kapitel Zitate an, welche die Bedeutung der Währungspolitik belegen sollen. Bei Eucken ist folgendes Zitat Lenins zu lesen:

> *„Um die bürgerliche Gesellschaft zu zerstören, muß man ihr Geldwesen verwüsten.“*[263]

Hayek scheut nicht davor zurück, ein Zitat seines großen Widersachers John Maynard Keynes anzuführen, das, wie Hayek in einer Fußnote anführt, durch obiges Zitat von Lenin veranlasst worden sei:

> *„Es gibt kein feineres und kein sicheres Mittel, die bestehenden Grundlagen der Gesellschaft umzustürzen, als die Vernichtung der Währung. Dieser Vorgang stellt alle geheimen Kräfte der Wirtschaftsgesetze in den Dienst der Zerstörung, und zwar in einer Weise, die nicht einer unter Millionen richtig zu erkennen imstande ist.“*[264]

Hayek selbst hebt ebenfalls die gesellschaftspolitische Bedeutung der Bekämpfung von Inflation hervor:

> *„Jene, die die Freiheit erhalten wollen, sollten jedoch erkennen, dass die Inflation wahrscheinlich der wichtigste Einzelfaktor in einem circulus vitiosus ist, in dem jede Regierungsaktion immer mehr staatliche Lenkung notwendig macht. Aus diesem Grund sollten alle, die den Trend zu immer weitergehender staatlicher Lenkung aufhalten wollen, ihre Bemühungen auf die Währungspolitik konzentrieren. Es gibt vielleicht nichts Bedrückenderes, als daß es noch immer so viele gescheite und gut informierte Menschen gibt, die in den meisten anderen Belangen die Freiheit verteidigen, aber dann doch durch die unmittelbaren Vorteile einer expansionistischen Politik verleitet werden, etwas zu unterstützten, was mit der Zeit die Grundlagen einer freien Gesellschaft zerstören muß.“*[265]

Die Politik der Wettbewerbsordnung fußt für Eucken auf der Herstellung eines funktionierenden Preissystems vollständiger Konkurrenz; dies sei das wirtschaftsverfassungsrechtliche Grundprinzip.[266] Eucken stellt eine Vollbeschäftigungspo-

263 Lenin, zitiert nach: Eucken, Wirtschaftspolitik, S. 256.

264 Keynes, J.: Die wirtschaftlichen Folgen des Friedensvertrags, München und Leipzig: 1920, S. 192, in: Hayek, Verfassung, S. 437.

265 Hayek, Verfassung, S. 454.

266 Vgl. Eucken, Wirtschaftspolitik, S. 254.

litik durch eine lockere Geldpolitik auf die gleiche Stufe wie die Versuche einer zentralverwaltungswirtschaftlichen Politik.[267] Er schreibt:

> *„Es geht nicht an, eine Konjunkturpolitik zu treiben, welche unter dem Eindruck eines momentanen Notstandes die Funktionsfähigkeit des Preissystems behindert oder stillegt: wie durch Devisenbewirtschaftung, Kreditexpansion und dergleichen."*[268]

Als erstes Grundprinzip der Wettbewerbsordnung nennt Eucken die Währungspolitik. Er schreibt vom „Primat der Währungspolitik" und vom „währungspolitischen Stabilisator".[269] Eucken ist überzeugt, dass eine Wettbewerbsordnung nur so lange funktionieren kann, wie die Stabilität des Geldwertes gesichert ist.[270] Genauso sieht es Hayek. Die Methode der Kostenrechnung, auf der alle geschäftlichen Entscheidungen beruhten, sei nur so lange sinnvoll, wie der Geldwert einigermaßen stabil sei.

Durch offene Inflation, wie nach dem Ersten Weltkrieg, verliere das Preissystem seine Lenkungsfähigkeit, da die Preise unterschiedlich stiegen.[271] Mieten oder bestimmte Rohstoffpreise erhöhten sich langsamer als andere Preise.[272] Eucken nennt damit ein Grundprinzip, dass bereits bei den Österreichern deutlich geworden ist, nämlich dass Inflation mehr ist als der Anstieg des Preisniveaus, sondern vor allem eine Verzerrung der relativen Preise bewirkt. Die selbe Sicht findet sich bei Hayek, der dies in der Denktradition von Knut Wicksell die „Neutralität des Geldes" nennt.[273] Anderegg betont, dass dieses Ziel der Neutralität des Geldes in krassem Gegensatz zum Ziel der Preisniveaustabilität stehen könne.[274] Hayeks Konzept des neutralen Geldes geht also davon aus, dass wertstabiles Geld nur eine Vorbedingung für neutrales Geld ist, mit dem Ziel, eine Verzerrung der relativen Preise – Güterpreise, Löhne und Zinsen – weitestgehend zu verhindern.[275] Inflation ist für Hayek vor allem auch ein ordnungspolitisches Problem, weil sie aus seiner Sicht ein Einfallstor für wachsende staatliche Eingriffe in das Wirtschaftssystem ist.[276] Er schreibt:

---

267 Vgl. Eucken, Wirtschaftspolitik, S. 254.
268 Eucken, Wirtschaftspolitik, S. 254 f.
269 Vgl. Eucken, Wirtschaftspolitik, S. 255.
270 Vgl. Eucken, Wirtschaftspolitik, S. 256.
271 Vgl. Eucken, Wirtschaftspolitik, S. 256.
272 Vgl. Eucken, Wirtschaftspolitik, S. 256.
273 Vgl. Anderegg, S. 282 f.
274 Vgl. Anderegg, S. 284.
275 Vgl. Anderegg, S. 282 f.
276 Vgl. Hayek, Verfassung, S. 453.

„Es ist kein Zufall, daß eine inflationistische Politik immer von jenen befürwortet wird, die mehr staatliche Lenkung wünschen – wenn auch leider nicht nur von diesen.“[277]

Doch selbst wenn es diese Verzerrung der relativen Preise nicht geben sollte, sondern alle Preise proportional gleich stiegen, ergäbe sich Eucken zufolge bei einer anziehenden Inflation eine volkswirtschaftliche Verzerrung, denn die langfristigen Schulden der Betriebe blieben bei steigenden Preisen der Produkte und Produktionsmittel konstant, während die Vermögensseite der Bilanzen wachse.[278] Somit entstehen Gewinne, die sich nicht aus betriebswirtschaftlichem Erfolg speisen, sondern aus der Inflation ergeben, wodurch wiederum Produktionsprozesse fortgesetzt werden, die bei richtiger „Wirtschaftsrechnung“ eingeschränkt oder beendet würden.[279]

Eucken sieht die Deflation, also das Sinken des Preisniveaus, als genauso schädlich an wie Inflation.[280] Darin unterscheidet er sich von Hayek. Zwar wäre es falsch, zu behaupten, dass Hayek für die Deflation wirbt. Aber immerhin sieht er Deflation langfristig sogar als relativ positiv an:

„Der Unterschied ist, daß bei Inflation die angenehme Überraschung zuerst kommt und die Reaktion später, während bei der Deflation die erste Wirkung auf das Geschäftsleben depressiv ist. Die Wirkungen beider kehren sich jedoch von selbst um.“[281]

Hayek führt dieses Argument allerdings nicht an, um für Deflation zu werben. Vielmehr akzeptiert er, dass es nicht möglich sei, die Preise völlig stabil zu halten.[282] Er verwirft aber die bis heute unter Ökonomen weit verbreitete These, dass Deflation weit schlimmer sei als Inflation und deshalb ein gewisses Maß an Inflation hinzunehmen sei, damit sicherheitshalber deflationäre Tendenzen vermieden werden.[283] Insofern kann hier kein Unterschied zwischen Hayek und Eucken gefunden werden. Beide propagieren Preisstabilität. Eucken hoffte, durch eine stabile Währung gar die Konjunkturschwankungen zu vermeiden.[284]

277 Hayek, Verfassung, S. 454.
278 Vgl. Eucken, Wirtschaftspolitik, S. 256.
279 Vgl. Eucken, Wirtschaftspolitik, S. 256.
280 Vgl. Eucken, Wirtschaftspolitik, S. 257.
281 Hayek, Verfassung, S. 445.
282 Vgl. Hayek, Verfassung, S. 444.
283 Vgl. Hayek, Verfassung, S. 444.
284 Vgl. Eucken, Wirtschaftspolitik, S. 257.

2.7 Geldpolitische Konzeptionen bei Hayek und Eucken

Eucken wollte die Währungsverfassung, wie er den Rahmen der Geldpolitik nannte, so konstruieren, dass sie nicht nur den Geldwert möglichst stabil hält, sondern auch möglichst automatisch funktioniert.[285] Er schrieb:

> *„Unkenntnis, Schwäche gegenüber Interessengruppen und der öffentlichen Meinung, falsche Theorien, alles das beeinflusst diese Leiter [der Geldpolitik] sehr zum Schaden der ihnen vertrauten Aufgabe. Gerade in der heutigen Situation besteht eine große Gefahr, daß eine nicht automatisch konstruierte Währungsverfassung zur Inflation mißbraucht wird. Die Versuchung ist nämlich übergroß, Disproportionalitäten, die im Produktionsprozeß entweder als Folge einer ‚Vollbeschäftigungspolitik um jeden Preis', oder aus den Machtkämpfen wirtschaftlicher Gruppen oder aus sonstigen Gründen entstehen, vorübergehend durch inflatorische Maßnahmen – Kreditexpansion, Abwertung, Politik des niedrigen Zinses und dergleichen – zu überdecken. Eine solche Geldpolitik verfährt wie ein Baumeister, der anstatt dem Gebäude ein solides Fundament zu geben, seine Aufmerksamkeit in erster Linie auf das Dach konzentriert."*[286]

Eucken diskutiert eine Reihe von Möglichkeiten einer Währungsverfassung, u. a. den 100-Prozent-Reservesatz, den Goldstandard und die Warenreservewährung.[287] Generell gehen die neoliberalen Ansätze der Geldordnung auf Irving Fisher zurück, wobei der Wert einer Währung an eine solide Wertbasis gebunden und die Geldordnung zweistufig aufgebaut werden soll, mit einer Notenbank, welche die monetäre Basis bereit stellt, und Geschäftsbanken, die Kredite vergeben.[288] An der Universität von Chicago wurde der Plan weiter geführt und das Modell des 100-Prozent-Reservesatzes entwickelt. Dabei soll die Zentralbank nicht entscheiden, welche Unternehmen und Konsumenten Kredite erhalten, wohl aber die Geldschöpfung kontrollieren. Dazu sollen die Sichteinlagen bei den Banken zu 100 Prozent mit Bargeld oder Guthaben bei der Zentralbank gedeckt sein. Wenn eine Bank also die Einlage eines Kunden etwa in Form von Bargeld hereinnimmt, darf sie diese nicht weiterverleihen, sondern muss entweder die Geldscheine physisch im Tresor aufbewahren oder bei der Zentralbank anlegen, was faktisch einen Mindestreservesatz von 100 Prozent bedeutet. Den privaten Banken wäre so die Möglichkeit genommen, Geld zu schaffen. Die Kreditvergabe würde in diesem System nur durch solche Banken erfolgen, die keinen Zugang zur Zentralbank haben, also eher Investmentfonds als Banken gleichen. Es wäre also eine grund-

[285] Vgl. Eucken, Wirtschaftspolitik, S. 257.
[286] Eucken, Wirtschaftspolitik, S. 257 f.
[287] Vgl. Eucken, Wirtschaftspolitik, S. 257 bis 263.
[288] Vgl. Anderegg, S. 281.

legende Reform des Bankensektors nötig. Anderegg hebt hervor, dass die Idee des 100-Prozent-Reservesatzes faktisch zum Geldemissionsmonopol der Zentralbank führt und die Geschäftsbanken nur noch die Funktion einer Kreditabteilung haben.[289] Genau hier setzt die Kritik von Eucken an. Denn in dem System des 100-Prozent-Reservesatzes wäre zwar die monetäre Instabilität, die durch die Privatbanken verursacht wird, beseitigt, weil die Zentralbank die vollkommene und direkte Kontrolle über die Geldmenge hätte; aber die Zentralbank unterläge natürlich weiterhin dem Einfluss staatlicher Stellen, etwa dem Finanzministerium, weshalb die Geldpolitik also wiederum keinem Automatismus unterläge, was für Eucken eine bedeutende Schwäche darstellte.[290] Eucken fürchtete, dass es zu Inflation kommen könnte, wenn die Zentralbank zu viele Staatsanleihen kauft.[291]

Aber auch eine Deflation schließt Eucken in diesem System des 100-Prozent-Reservesatzes nicht aus, wenn trotz geschaffenen Zentralbankgeldes zum Beispiel die Nachfrage des privaten Sektors nach Krediten ausbliebe.[292] Beide Aspekte – die Abhängigkeit der Geldmenge von den willkürlichen Entscheidungen staatlicher Stellen und die Abhängigkeit der Wirksamkeit der Geldpolitik von der privaten Kreditnachfrage – waren für Eucken mögliche Gefahren für die Stabilität der Geldordnung auch im Chicago-Plan.[293]

Die Lösung sah er in einer Warenreservewährung, die auf den Graham-Plan von 1937 zurückgeht.[294] Der Plan des amerikanischen Ökonomen Benjamin Graham war ursprünglich dazu gedacht, angesichts von sehr umfangreichen Rohstofflagern während der Großen Depression zur Stabilisierung des volkswirtschaftlichen Angebots, der Nachfrage und der Preise sowie der Kosten der Lebenshaltung beizutragen.[295] Eine Agentur sollte die Preise eines ganzen Bündels von Waren stabil halten.[296] Steigen die Preise der Waren, würde die Agentur sie zum fixierten Preis verkaufen, und damit dem Wirtschaftskreislauf Geld entziehen.[297] Umgekehrt würde sie bei sinkenden Preisen Waren kaufen und so dem Wirtschaftssystem Geld zuführen. Dieser Warenkorb sollte aus Weizen, Mais, Baumwolle, Wolle, Kautschuk, Kaffee, Tee, Zucker, Tabak, Petroleum, Kohle, Zellulose, Roheisen, Kupfer und Zinn bestehen, wobei die Proportionen nach dem Wert der Weltproduktion dieser Güter und den globalen Exportanteilen berechnet waren.[298]

---

289 Vgl. Anderegg, S. 281.
290 Vgl. Eucken, S. 260.
291 Vgl. Eucken, S. 260.
292 Vgl. Eucken, S. 260.
293 Vgl. Eucken, S. 261.
294 Vgl. Anderegg, S. 286.
295 Vgl. Anderegg, S. 286.
296 Vgl. Anderegg, S. 286.
297 Vgl. Anderegg, S. 287.
298 Vgl. Eucken, S. 261.

Im Grunde ähnelt dieser Ansatz sehr stark dem Goldstandard. Doch Eucken betonte den Unterschied: Der Wert des Geldes sollte nicht an den Wert einer Ware – also des Goldes – gebunden sein, sondern an dem Wert vieler Waren, um nicht von der Zufälligkeit der Goldproduktion, sondern der durchschnittlichen Knappheit des Warenbündels abhängig zu sein.[299]

> *„Der Vorschlag läuft also darauf hinaus, ein anderes, nämlich das zweite Geldsystem, in die industrialisierte Wirtschaft hineinzukonstruieren und die Geldversorgung wenigstens teilweise mit dem Kauf und Verkauf von Waren, nicht mit der Kreditgewährung der Banken, zu verknüpfen.“*[300]

Eucken lobte den automatischen Stabilisierungseffekt dieses Systems.[301] Durch die gegenseitige Abhängigkeit aller Warenpreise und Einkommen würde sich die Steuerung der Geldmenge auf die gesamte Wirtschaft auswirken.[302] Allerdings war die Wirkung dieser Agentur begrenzt: Wenn die Zentralbank die Geldmenge immer weiter erhöhen würde, wäre irgendwann das Rohstofflager der Agentur erschöpft.[303] Anders bei einer Deflation: Das Agenturgeld könnte Eucken zufolge unter anhaltenden Käufen im Prinzip sogar das gesamte Zentralbankgeld ersetzen.[304] Damit wäre der stabilisierende Effekt gegen eine Deflation höher als gegen eine Inflation.[305]

Um Inflation zu vermeiden, muss Eucken zufolge die Kreditpolitik der Zentralbank mit den Käufen und Verkäufen der Agentur verknüpft werden.[306] Damit beide Institutionen – Warenreserveagentur und Zentralbank – in die gleiche Richtung agieren, wollte Eucken den Umfang der Kreditgeschäfte der Zentralbank an den jeweiligen Warenbestand der Agentur koppeln.[307] Wächst der Warenbestand, könnte auch die Zentralbank ihre Kreditvergabe ausdehnen, sinkt er, müsste sie ihre Kreditvergabe senken.[308] Den privaten Bankensektor will Eucken denselben Restriktionen unterwerfen wie im Chicago-Plan, also Mindestreservesätze von 100 Prozent vorschreiben, um die Giralgeldschaffung der Banken völlig zu verhindern.[309] Um das System auch international stabil zu halten, forderte Eucken globale Verträge über die Zusammensetzung des Warenkorbes.[310]

---

299 Vgl. Eucken, S. 262.
300 Eucken, S. 262.
301 Vgl. Eucken, S. 262.
302 Vgl. Eucken, S. 262.
303 Vgl. Eucken, S. 262.
304 Vgl. Eucken, S. 262.
305 Vgl. Eucken, S. 262.
306 Vgl. Eucken, S. 263.
307 Vgl. Eucken, S. 263.
308 Vgl. Eucken, S. 263.
309 Vgl. Eucken, S. 263.
310 Vgl. Eucken, S. 263.

Hayek vertrat lange Zeit die selbe Idee wie Eucken. Im Jahr 1925 etwa schrieb er, dass eine konsequente Fortentwicklung des Peel's Act zu einer Vorschrift, dass 100 Prozent aller Bankeinlagen und Banknoten mit Gold gedeckt sein müssen, das Problem der Vermeidung von Krisen zu einer radikalen Lösung gebracht hätte.[311] Im Jahr 1937 sprach Hayek sich für eine Verbindung von 100-Prozent-Reservesatz und Goldstandard aus und hob hervor, dass dies das Ende des bekannten Bankeinlagensystems bedeuten würde.[312] Anderegg weist allerdings darauf hin, dass beim frühen Hayek der idealtypische Zustand einer neutralen Geldversorgung eine gedankliche Konstruktion zu Analysezwecken darstellte und keine praktische Vorschrift für die Geldpolitik.[313] Als realistische Möglichkeit und als zweitbeste Lösung sah Hayek im Jahr 1928 noch die Möglichkeit einer mit der wirtschaftlichen Entwicklung konstant wachsenden Geldmenge an.[314] Gleichzeitig lobte er die Idee des Goldstandards.[315] Im Jahr 1943 befürwortete er die Idee der Warenreservewährung als stabilisierenden, automatisch wirkenden Mechanismus sowie das Monopol der Regierung zur Notenemission.[316]

Etwas pessimistischer äußerte Hayek sich in der im Jahr 1960 auf Englisch erschienen „Verfassung der Freiheit". Zwar lobte er auch hier zunächst den Ansatz einer regelbasierten Geldpolitik, bei der die Währungsbehörde an strenge Regeln gebunden ist, diskutierte aber deren praktische Umsetzungsmöglichkeit.[317] Den zentralen Vorteil der Regelbindung sah er dabei weniger darin, dass dies die Währungsbehörde vor willkürlichen Eingriffen der staatlich-politischen Sphäre schützt, sondern vielmehr darin, dass die Währungspolitik und ihre Auswirkungen möglichst vorhersagbar sein sollten.[318] Die Wiedereinführung des Goldstandards lehnte Hayek noch in der im Jahr 1971 erschienen deutschen Version der „Verfassung der Freiheit" ab, mit dem Argument, dass dies unpraktikabel sei und vor allem international abgestimmt geschehen müsste.[319] Der Warenreservestandard war für Hayek bis dato die bessere Variante als der Goldstandard, weil man mit ihm alle Vorteile des Goldstandards gewinnen könne ohne die Mängel

---

[311] Vgl. Hayek. F.: Die Währungspolitik der Vereinigten Staaten seit der Überwindung der Krise von 1920, in: Zeitschrift für Volkswirtschaft und Sozialpolitik, vols. 1–3, no. 5, S. 25–63: 1925, in: De Soto, J.: Money, Bank Credit, and Economic Cycles, 2. englische Auflage, Alabama: 2009, S. 724.
[312] Vgl. de Soto (2009), S. 724 f.
[313] Vgl. Anderegg, S. 284.
[314] Vgl. Anderegg, S. 285.
[315] Vgl. Anderegg, S. 285.
[316] Vgl. Anderegg, S. 285.
[317] Vgl. Hayek, Verfassung, S. 448.
[318] Vgl. Hayek, Verfassung, S. 448 f.
[319] Vgl. Hayek, Verfassung, S. 450.

zu haben.[320] Aber auch das war für ihn keine praktische Alternative für die nahe Zukunft.[321] Hayek war grundsätzlich skeptisch, dass eine Notenbank tatsächlich regelgebunden arbeiten könne.[322] Sie müsse den Entwicklungen im Kreditbereich entgegenwirken, und dafür böten einfache Regeln keine ausreichende Führung:[323]

> *„Wenn eine Notenbank immer warten würde, bis eine Regel oder ein Mechanismus sie zum Handeln zwingt, würden die sich ergebenden Schwankungen viel größer sein, als notwendig ist. Und wenn sie innerhalb ihres Ermessensspielraums Maßnahmen in der entgegengesetzten Richtung zu jenem ergreift, die ihr ein Mechanismus oder eine Regel später aufnötigen wird, wird sie wahrscheinlich eine Situation schaffen, in der der Mechanismus nicht lange wird funktionieren können. Letzten Endes wird daher auch dort, wo die Ermessensgewalt der Zentralbank stark beschränkt ist, das Ergebnis davon abhängen, wie die Behörde innerhalb der Grenzen ihres Ermessens handelt.*
>
> *Das bedeutet für die Praxis, daß wir unter den heutigen Verhältnissen kaum eine andere Wahl haben, als die Währungspolitik dadurch zu beschränken, daß ihr die Ziele und nicht die speziellen Maßnahmen vorgeschrieben werden."*[324]

Hayek plädierte bis in die 1970er Jahre hinein also eher gegen eine regelbasierende Geldpolitik, was durchaus im Widerspruch zu seiner gesellschaftspolitischen Forderung nach der Herrschaft der Gesetze gegenüber der Herrschaft der Menschen stand. Er gestand sogar zu, dass eine Geldpolitik mit dem Ziel, ein bestimmtes Beschäftigungsniveau aufrecht zu erhalten, nicht unbedingt im Widerspruch zu dem Ziel der Preisstabilität stehen müsse.[325] Das ist fast schon eine keynesianische Sicht. Allerdings plädierte Hayek eindeutig dafür, dass der Währungsstabilität Vorrang gegeben und sie international abgestimmt werden solle.[326] Entscheidend sei, dass die Zentralbanken vorher definierte Grenzen für die Preisbewegungen setzten; die Teuerungsrate dürfe diesen Grenzen nicht einmal so nahe kommen, dass eine drastische Umkehr der Politik nötig werde.[327]

Während Hayek also bis in die 1970er Jahre hinein noch relativ skeptisch war, was die praktische Umsetzung radikaler Neuerungen in der Geldordnung betrifft, änderte sich das mit seinem im Jahr 1976 erschienen und ein Jahr später auf

---

320 Vgl. Hayek, Verfassung, S. 451.
321 Vgl. Hayek, Verfassung, S. 451.
322 Vgl. Hayek, Verfassung, S. 451.
323 Vgl. Hayek, Verfassung, S. 451.
324 Hayek, Verfassung, S. 452.
325 Vgl. Hayek, Verfassung, S. 452.
326 Vgl. Hayek, Verfassung, S. 452.
327 Vgl. Hayek, Verfassung, S. 452.

deutsch übersetztem Werk „Die Entnationalisierung des Geldes". Dort kritisiert er das herrschende Teilreservesystem, wie de Soto betont:[328]

> *„An institution which has proved as harmful as fractional reserve banking without responsibility of the individual bank for the money (i. e, cheque deposits) it created cannot complain if support by a government monopoly that has made its existence possible is withdrawn."*[329]

Hayek wendet sich in diesem Werk gegen das staatliche Geldmonopol.[330] Die Schuld an der ständigen Abfolge von Arbeitslosigkeit und Depression liegt seiner Ansicht nach am uralten Regierungsmonopol der Geldemission.[331] Er will die diskretionäre Politik der Mehrheitsregierung durch den automatischen Mechanismus der Konsumentensouveränität ersetzen.[332] Hayek fordert ein System konkurrierender Währungen, die von privaten Banken ausgegeben werden, wobei sowohl inländische als auch ausländische, private wie öffentliche Banken nach Belieben eigenes Geld emittieren dürfen.[333] Verlangt werden lediglich die Konvertibilität der Währung und die Freiheit des Gebrauchs jeder Währung, womit der Sonderstatus des bisherigen Notenbankgeldes als gesetzliches Zahlungsmittel verloren ginge.[334] So überträgt Hayek die Idee des Wettbewerbs auf die Währungen.[335] Die Idee: Am Ende setzt sich die stabilste Währung durch, weil sie von den Konsumenten am meisten nachgefragt wird.[336] Die emittierenden Banken haben also ein großes Interesse daran, eine stabile Währung zu emittieren. Der Verdrängungswettbewerb wird nach Hayeks Überzeugung zu ein bis zwei Hauptwährungen führen, die je nach Größe des Raums übrig bleiben.[337] Hayeks Postulat des neutralen Geldes soll also nicht mehr durch Goldstandard, Warenreservewährung oder künstliche Restriktionen der Geldemission erreicht werden, sondern durch Wettbewerb.[338]

Hayeks Idee der Entnationalisierung des Geldes, also der Privatisierung der Ausgabe von Banknoten, passt zu Hayeks gesellschaftlichem Konzept der spon-

---

328 Vgl. de Soto, J.: Money, Bank Credit, and Economic Cycles, 2. englische Auflage, Alabama: 2009, S. 725.

329 Hayek. F.: The Denationalizatin of Money: An Analysis of the theory and practice of concurrent currencies, in: Kresge, S. (Hg): Good Money, Part II, revised edition, London: 1978, S. 220.

330 Vgl. Anderegg, S. 268.

331 Vgl. Anderegg, S. 268.

332 Vgl. Anderegg, S. 268.

333 Vgl. Anderegg, S. 268.

334 Vgl. Anderegg, S. 268.

335 Vgl. Anderegg, S. 269.

336 Vgl. Anderegg, S. 269 f.

337 Vgl. Anderegg, S. 271.

338 Vgl. Anderegg, S. 271.

tanen Ordnung.[339] Anderegg bezeichnet Hayeks Idee des Währungswettbewerbs als die Geburtsstunde der neueren Theorie der spontanen Geldordnung.[340] Hayek schrieb 1976:

> *„Es ist ungewöhnlich, aber wahr, dass konkurrierende Währungen bis vor kurzem nie ernsthaft untersucht worden sind. Die vorhandene Literatur gibt keine Antwort auf die Frage, warum ein Regierungsmonopol auf die Geldversorgung als unerlässlich angesehen wird, oder ob dieser Glaube einfach von dem ungeklärten Postulat herrührt, innerhalb jedes gegebenen Territoriums müsse eine einzige Art von Geld im Umlauf sein – was, solange wie lediglich Gold und Silber ernsthaft als mögliche Geldarten in Frage kamen, als angemessen erschienen sein mag. Ebenfalls können wir keine Antwort auf die Frage finden, was geschähe, wenn dieses Monopol abgeschafft und die Geldversorgung dem Wettbewerb privater Unternehmen geöffnet würde, die verschiedene Währungen anböten.“*[341]

Einen Vorschlag, wie heute der Übergang zu einem solchen System funktionieren kann, macht De Soto, wobei er als Zwischenschritt für den Goldstandard plädiert.[342]

Für den Vergleich der Vorstellungen über die Geldordnungen von Hayek und Eucken soll im Folgenden Hayeks Idee des Währungswettbewerbs als Maßstab gelten, schließlich hat er sich in einem langen gedanklichen Entwicklungsprozess zu diesem Konzept durchgerungen. Es darf bezweifelt werden, dass Eucken, wenn er so lange gelebt hätte, ihm dabei gefolgt wäre. Zwar hätte er wohl durchaus Sympathie für die konsequente Anwendung des Prinzips des Wettbewerbs gehabt. Aber die Aussicht auf ein mögliches natürliches Monopol oder ein Oligopol hätte ihm sicher missfallen. Zwar hat Eucken, wie in Kapitel 2.3 gezeigt wurde, in der Verstaatlichung von Monopolen nicht den richtigen Weg gesehen, sondern in deren Regulierung. Aber Eucken billigte dem Staat eine wesentlich bedeutendere Rolle zu als es Hayek und die Österreicher taten.

Zusammenfassend ergeben sich daraus grundlegende Unterschiede in der geldpolitischen Konzeption von Eucken und Hayek:

Eucken plädiert für ein staatliches System der Warenreservewährung und damit einer strikten Regelbindung, also einer von der Politik unabhängigen Zentralbank und Warenagentur, genauso, wie er zum Beispiel eine streng regelbasierte Monopolkontrolle in einer von der Politik unabhängigen Behörde fordert.

---

339 Vgl. Hayek, F.: Recht, Gesetzgebung und Freiheit, Bd. 1, München :1980, S. 59.

340 Vgl. Anderegg, S. 267.

341 Hayek, F.: Die Entnationalisierung des Geldes – Eine Analyse der Theorie und Praxis konkurrierender Umlaufsmittel, Tübingen: 1977, S. 6, zitiert nach: Anderegg, S. 268.

342 Vgl. de Soto (2009), S. 715 bis 812.

- Damit dieses System funktionieren kann, ist Eucken zufolge das Banksystem auf ein 100-Prozent-Reservesystem umzustellen.
- Hayek dagegen setzt auch in der Geldpolitik auf die regelnde Kraft des Markes und plädiert für eine Privatisierung der Geldpolitik und einen Wettbewerb der Währungen.

2.8 Exkurs: Historische Entwicklung der Geldordnung

Anderegg beschreibt sechs verschiedene Geldordnungen, wobei in der Realität meist Mischformen zu finden seien:
- Das frühe archaische Geldwesen
- Die natürliche Geldordnung
- Die geldwirtschaftliche Anarchie
- Die gesellschaftsvertragliche Geldordnung
- Die spontane Geldordnung
- Die künstliche Geldordnung

Das frühe archaische Geldwesen entstand bereits vor der Antike. Hier wurden bestimmte kostbare Güter, die zum Beispiel kulturellen oder religiösen Zwecken dienten, als Maßeinheit für Tauschgeschäfte verwendet. Ein Beispiel dafür könnten Muscheln sein.

Eng verwandt mit dem archaischen Geldwesen ist das in der Antike entstandene System der natürlichen Geldordnung; hier bestand das Geld vor allem aus Metallmünzen. Später entstanden Goldwährungen. Basis der natürlichen Ordnung ist das Vertrauen der Menschen in die Wertstabilität des Goldes und anderer Metalle. In der reinen Form der natürlichen Ordnung sind keine Zentralbanken und auch keine Geschäftsbanken nötig, lediglich Institutionen, die das Prägen von Gold- und Silbermünzen übernehmen, in- und ausländische Währungen tauschen sowie die sichere Wertaufbewahrung übernehmen. Folgerichtig gibt es keine Konjunkturpolitik. Den Höhepunkt erreichte diese Ordnung im 18. Jahrhundert.

Eine gesellschaftsvertragliche Ordnung beruht grundsätzlich auf der Fiktion eines hypothetisch geschlossenen Gesellschaftsvertrages zwischen den Bürgern eines Landes, wobei der Vollzug des Vertrages dem Staat übertragen wird. Wie bereits in Kapitel 2.5 dargestellt wurde, geht diese Idee auf John Locke zurück. Die Geldordnung ist in diesem Sinn Teil der gesellschaftsvertraglichen Ordnung. Da Geld die Einheit sei, in der im Handel alles gemessen werde, müsse der Wert des Geldes stabil gehalten werden, forderte Locke. Genauso sah es David Hume. Beide können als frühe Quantitätstheoretiker verstanden werden: Nach diesem Denkansatz führt eine Erhöhung der Geldmenge zu steigenden Preisen, wenn das Güterangebot konstant bleibt. Deshalb ist es nötig, die Geldmenge künstlich zu regulieren, entweder durch Koppelung an den Marktwert von Metallen oder die schlichte Verknappung des Angebots, wobei die erstere Variante wiederum stark an die natürliche Ordnung angelehnt ist. Generell kommt es zu einer Aufgabenteilung: Die Zentralbank stellt die monetäre Basis bereit, und die Geschäftsbanken schöpfen die Kredite. Dabei soll die private Geldemission möglichst unterbunden werden. Um den Geldwert zu stabilisieren, ist eine regelorientierte, restriktive Geldmengensteuerung nötig, in der Regel verbunden mit der Festlegung von Mindestreserven. Eine bedeutende Rolle spielt in der gesellschaftsvertraglichen Ordnung die Bankenaufsicht, es kommen also auch künstliche Ordnungselemente zur Anwendung. Eine antizyklische Zins- und Geldmengenpolitik wird abgelehnt. Jedoch soll eine Steuerung der Geldmenge, der Zinsen oder der Wechselkurse eine etwas größere Flexibilität zulassen als bei den früheren natürlichen Geldordnungen wie etwa dem Goldstandard.

Künstliche Elemente der Geldordnung sind nötig, um eine natürliche, gesellschaftsvertragliche oder auch spontane Geldordnung abzusichern. Beispiele hierfür sind die bereits erwähnte Bankenaufsicht, die Funktion der Zentralbank als zentraler Abwickler im Zahlungsverkehr, oder Maßnahmen zur Verhinderung von Betrug und Täuschung im Geldwesen. Mindestreservepflichten gehören ebenfalls zu den künstlichen Elementen, ebenso wie die anderen Mittel der Zentralbanken, die darauf zielen, mithilfe einer Steuerung der Liquidität der Banken die Inflationsrate zu begrenzen und gleichzeitig für möglichst gleichmäßiges Wachstum zu sorgen. Die konjunkturelle Steuerung mithilfe der Geldpolitik ist ebenfalls ein wichtiges künstliches Element. Auch die Funktion der Zentralbank als „lender of last resort", die dann einspringt und Banken Liquidität (gegen Sicherheiten) zur Verfügung stellt, wenn aufgrund eines Schocks der Interbankenmarkt zusammenbricht, ist ein künstliches Element.[343]

Künstliche Geldordnungen können aber auch von Regierungen dazu genutzt werden, sich günstig und zu Lasten der Bürger zu finanzieren. Ein Beispiel dafür ist die Ausgabe minderwertigen Geldes zur Finanzierung von Kriegen.[344]

Bereits in der natürlichen Geldordnung zeigten sich künstliche Ordnungselemente, etwa die staatliche Regulierung der Münzprägung.[345] Auch die Unterscheidung zwischen natürlichen und gesellschaftsvertraglichen Geldordnungen ist nicht immer ganz einfach. So sind bereits bei Platon und Aristoteles gesellschaftsvertragliche Erklärungen für die Entstehung des Geldes zu finden.[346] Platon ging davon aus, dass Geld durch Menschenhand entstanden sei.[347] Auch Aristoteles

[343] Vgl. Kapitel bis hierher: Anderegg, S. 259 bis 276.
[344] Vgl. Anderegg, S. 274.
[345] Vgl. Anderegg, S. 259.
[346] Vgl. Anderegg, S. 259.
[347] Vgl. Anderegg, S. 259.

betont, dass das Geld nicht durch die Natur, sondern das Gesetz entstanden sei, vertritt also zumindest teilweise eine Konventionstheorie:[348] Die Konventionstheorie besagt, dass das Geld durch die Rechtsordnung entsteht: Alle Mitglieder der Rechtsordnung sind verpflichtet, das vom Staat definierte Geld zu akzeptieren.[349] In der Konventionstheorie sind sowohl gesellschaftsvertragliche als auch künstliche Ordnungselemente vorhanden. Anderegg weist jedoch darauf hin, dass in der Antike ein gesellschaftsvertragliches Verständnis kaum existierte.[350] Die griechische Geldordnung sei deshalb als eine Mischung aus natürlicher und künstlicher Geldordnung zu verstehen.

Die Entwicklung einer natürlichen oder auch frühen archaischen Geldordnung ist sehr eng verwandt mit einer spontanen Ordnung. Es gibt keine staatliche Instanz, die regelt, was Geld ist und als Geld verwendet werden darf. Statt dessen entsteht Geld durch das selbstinteressierte Verhalten von Menschen, die Güter gegen primitive Formen von Geld tauschen.[351] Das erleichtert die Arbeitsteilung.[352] So ist die Entstehung des Geldes also als evolutorischer Prozess in der Zivilisation zu verstehen. Als eigentliche Geburtsstunde der neueren Theorie der spontanen Geldordnung bezeichnet Anderegg die Idee des Währungswettbewerbs von Friedrich August von Hayek aus dem Jahr 1976.[353] Hayeks Vorschlag wurde bereits in Kapitel 2.7 dargestellt.

Anderegg weist darauf hin, dass spontane Elemente der Geldordnung nicht ausreichen, um eine voll funktionsfähige Geldordnung zu tragen; so habe die Emission von Papiergeld im 19. Jahrhundert nicht so sehr eine sich selbst tragende spontane Geldordnung, sondern vielmehr ein anarchisches Geldwesen erzeugt.[354] Anarchische Geldwesen entstehen vor allem dann, wenn künstliche Elemente der Ordnung und damit eine stabile binnenwirtschaftliche Währung fehlen.[355] Es kommt zum Naturaltausch, zur Verwendung ausländischer Währungen oder zum Tausch von Gütern, welche die Funktion von Geld wahrnehmen können.[356] Anderegg nennt als Beispiel Edelmetalle, womit wiederum Elemente einer natürlichen Geldordnung zum Tragen kämen.[357] Allerdings kann sicher auch der Handel gegen Zigaretten am Schwarzmarkt in Deutschland nach dem Zweiten Weltkrieg dazu gezählt werden. Generell gilt: Zu einer anarchischen Geldordnung kommt es insbesondere in und nach Kriegen und in Zeiten exzessiv steigender Staatsausgaben.

---

348 Vgl. Anderegg, S. 262.
349 Vgl. Meckenstock, G.: Wirtschaftsethik, Berlin / New York: 1997, S. 265.
350 Vgl. Anderegg, S. 260.
351 Vgl. Anderegg, S. 267.
352 Vgl. Anderegg, S. 267.
353 Vgl. Anderegg, S. 267.
354 Vgl. Anderegg, S. 267.
355 Vgl. Anderegg, S. 262.
356 Vgl. Anderegg, S. 262.
357 Vgl. Anderegg, S. 262.

Eine etwas andere historische Entwicklung des Geldwesens zeigt Deutsche-Bank-Chefvolkswirt Thomas Mayer.[358] Er verweist auf den Anthropologen David Graeber, wonach die Wirtschaftsbeziehungen in primitiven und antiken Gesellschaften nicht auf Tauschhandel, sonder auf Kredit aufbauten. Tauschhandel hat es demnach nur in feindlichem Umfeld gegeben, also etwa bei wirtschaftlichen Beziehungen zwischen Mitgliedern verschiedener Stämme. Erst in einem späteren Entwicklungsstadium hätten Machthaber Geld etwa in Form von Goldmünzen zur Bezahlung ihrer Soldaten emittiert und von der Landbevölkerung verlangt, Steuern in Form dieser Münzen zu entrichten. Auf diese Weise sei die Finanzierung militärischer Macht systematischer erfolgt als durch die Zulassung von Plünderungen. Erst später sei Geld als Mittel genutzt worden, um mehrfachen Tauschhandel unter Individuen, die ihr jeweils eigenes Interesse verfolgen, zu vereinfachen.

Damit widersprechen Mayer und Graeber der Analyse Andereggs bezüglich der Entwicklung des Geldwesens. Der Akzent zur Entwicklung von Gold- und Silbermünzen liegt stärker auf gesellschaftsvertraglichen bzw. künstlichen Elementen als auf natürlichen. Mayer hebt hervor, dass diese Art des Geldwesens – also Gold- und Silbermünzen – der zentrale Punkt in Adam Smiths Analyse des Wohlstands der Nationen sei.

Doch seit Smiths Zeiten hat sich einiges verändert. Mayer schreibt:

„Durch die Informations- und Kommunikationstechnologie und durch Financial Engineering ist es gelungen, die Geldwirtschaft à la Smith zu überwinden und eine moderne Kreditwirtschaft aufzubauen: eine dialektische Synthese zwischen der vormodernen Kredit- und der jüngeren Geldwirtschaft. Das Vertrauen, das für den Aufbau von Wirtschaftsbeziehungen notwendig ist, wurde durch technokratische Zentralbanken und sorgfältig ausgearbeitete Produkte und nicht mehr durch zwischenmenschliche Beziehungen wie in den vormodernen Gesellschaften geschaffen. In letzteren traten Kreditblasen immer wieder auf, und nach ihrem Platzen wurden die Schulden regelmäßig erlassen. Laut Michael Hudson fand in Babylonien zwischen 1880 und 1636 v. Chr. im Durchschnitt alle 16 Jahre ein Schuldenerlass statt. Dies hätte in der Expansionsphase der modernen Kreditwirtschaft als Warnung dienen sollen. Das Vertrauen in das moderne Finanzwesen und die moderne Wirtschaftswissenschaft war jedoch so groß, dass kein Raum für Zweifel blieb.“[359]

Seit dem Jahr 2007 – dem Zusammenbruch der globalen Kreditwirtschaft – hat sich Mayer zufolge ein neues Regime („*Regime 2*“) entwickelt, Mayer nennt dies „*Die Zentralbankgeld-Wirtschaft*“. Demnach pumpten die Zentralbanken reichlich Zentralbankgeld in die Wirtschaft, um wirtschaftliche Beziehungen zu stüt-

[358] Vgl. Mayer, T.: Willkommen in der ZBG-Wirtschaft, DB Research, 21. März 2012.
[359] Mayer, ZBG-Wirtschaft, S. 3f.

zen, die in Gefahr geraten waren, weil durch den globalen Vertrauensverlust an den Interbankenmärkten wie dem Kapitalmarkt überhaupt keine Kredite mehr gewährt wurden. Dabei wurde der rechtliche Rahmen zumindest getestet, wenn nicht überschritten und damit der gesellschaftsvertragliche Moment des Geldwesens teils verlassen. Mayer schreibt:

> *„Obwohl ernsthafte Besorgnis wegen der Grenzen ihrer institutionellen Befugnisse bestand, stellte die EZB letztendlich reichlich finanzielle Unterstützung bereit, zunächst in Form begrenzter Käufe von Anleihen in Schwierigkeiten geratener Länder am Sekundärmarkt und danach in Form von Liquiditätsspritzen in Höhe von einer Billion Euro für das Bankensystem des Euroraums. Daher weiteten sich die Bilanzen aller Zentralbanken beträchtlich aus, und die Risikoprämien am Interbanken-Kreditmarkt gingen zurück. Durch die beträchtliche Ausweitung der Zentralbankbilanzen trat die „Zentralbankgeld-Wirtschaft" an die Stelle der gescheiterten Kreditwirtschaft."*[360]

Mayer hinterfragt die grundsätzliche Nachhaltigkeit dieses Systems. Das soll in dieser Arbeit nicht erörtert werden. Klar ist, dass das Geldsystem in der Europäischen Union, wie es sich im Frühjahr 2012 zeigt, stark von künstlichen Elementen und einigen gesellschaftsvertraglichen Elementen geprägt ist, aber kaum von spontanen und natürlichen, unabhängig davon ob man „natürlich" im Andereggschen Sinn versteht, also geprägt von Realwerten, oder im Mayerschen / Graeberschen, dass es auf das Vertrauen der Teilnehmer und deren Bereitschaft, untereinander Kredite zu vergeben, baut.

2.9 Fazit: Beantwortung der Ausgangsfrage dieser Arbeit für den Fall der Österreichischen und Freiburger Schule

Anderegg verortet den geldpolitischen Ansatz des Ordoliberalismus von Walter Eucken in der gesellschaftsvertraglichen Geldordnung.[361] Hayeks Ansatz des Währungswettbewerbs bezeichnet er wie bereits dargestellt als spontane Geldordnung.[362] Tatsächlich billigt Eucken dem Staat sowohl in der allgemeinen Wirtschaftspolitik als auch insbesondere in der Geldpolitik eine deutlich größere Rolle zu als Hayek. Dasselbe gilt auch für die Gesellschaftspolitik. Ideengeschichtlich steht Eucken damit in der Tradition von John Locke. Hayek ist dagegen in der grundsätzlichen Gesellschaftspolitik eher David Hume zuzuordnen.

---

360 Mayer, ZBG-Wirtschaft, S. 5.
361 Vgl. Anderegg, S. 277.
362 Vgl. Anderegg, S. 277.

Locke traut dem Bürger mehr zu als Hume, nämlich die explizite Entscheidung über das Handeln des Staates:

> *„Da sich ein einziger Körper notwendigerweise nur in eine Richtung bewegen kann, muß sich der Körper notwendigerweise auch dorthin bewegen, wohin ihn die größere Kraft treibt – und das ist die Übereinkunft der Mehrheit. Anders kann sie unmöglich handeln oder als ein einziger Körper oder eine einzige Gemeinschaft handeln oder fortbestehen – wie es doch mit der Zustimmung jedes Einzelwesens, das darin vereint ist, beschlossen war –, und daher ist ein jeder durch diese Zustimmung verpflichtet, sich der Mehrheit zu unterwerfen. So können wir sehen, daß bei Versammlungen, die durch positive zu Handeln ermächtigt sind und denen jenes positive Gesetz, welches sie ermächtigte, keine bestimmt Zahl vorschreibt, der Beschluß der Mehrheit als der Beschluß aller gilt und somit entscheidet da er nah dem Gesetz der Natur und der Vernunft die Gewalt der Gesamtheit besitzt.“*[363]

Anders Hume: Er sieht eine Regierung nicht in jeder Situation für nötig an und traut den Menschen zu, eine Zeit lang ohne Regierung die Gesellschaft zu erhalten, wenngleich dies nicht dauerhaft funktioniere.[364] Die Hauptaufgabe der Regierung sieht Hume in der Aufrechterhaltung der Rechtsordnung.[365] Von Gewaltenteilung und Mehrheitswillen spricht Hume nicht. Statt dessen fordert er Unterwerfung unter die Regierung, wobei Widerstand lediglich im Fall schwerer Tyrannei und Unterdrückung zulässig sei.[366] Hayek hebt hervor, dass für Hume der wahre Sinn der englischen Geschichte in ihrer Entwicklung von einem „Government of Will" zu einem „Government of Laws" gelegen habe.[367] Locke traut also dem Bürger mehr zu als Hume. Andererseits spricht er sich für die klare Herrschaft der Mehrheit aus und begrenzt dabei die Rechte der Minderheit.[368]

Da Hayek wie gezeigt eher in Humes Tradition steht und Eucken eher in der von Locke, ergibt sich ein ähnliches Bild, wenn es um die grundsätzliche Gesellschaftspolitik geht. Dies zeigt sich auch konkret in der Wirtschaftspolitik. Wie gezeigt wurde, gewährt Eucken dem Staat wesentlich mehr Eingriffsrechte in der Wirtschaftspolitik als Hayek.

---

363 Locke, Regierung, S. 74.
364 Vgl. Hume, Traktat, S. 289.
365 Vgl. Hume, Traktat, S. 287.
366 Vgl. Hume, Traktat, S. 306.
367 Vgl. Hayek, Verfassung, S. 231.
368 Vgl. Schmidt, M.: Demokratietheorien. Eine Einführung, 5. Auflage, Wiesbaden: 2010, S. 63.

Allerdings geht Hayek in der Geldpolitik weiter als Hume, denn er ist wie gezeigt sogar bereit, das Geld selbst dem Wettbewerb auszusetzen. Hume lehnte es ab, Geld als Subjekt des Handelsverkehrs zu sehen.[369] Dagegen will Hayek mit seiner Idee des Währungswettbewerbs gerade dies erreichen.

Eucken misst mit seinen Vorstellungen einer Währungsverfassung dem Staat ausdrücklich die Rolle zu, für Preisstabilität zu sorgen. Nicht nur die Bekämpfung von Inflation, sondern auch die Verhinderung von Deflation in konjunkturellen Abschwüngen ist damit für Eucken eine Aufgabe des Staates. Er traut dem Staat in der Geldpolitik damit deutlich mehr zu als Hayek.

Damit kann die zentrale Frage der vorliegenden Arbeit für den Untersuchungsgegenstand dieses Hauptkapitels bejaht werden. Vergleicht man Hayek und Eucken als Hauptvertreter von Österreichischer und Freiburger Schule, so zeigt sich, dass eine kollektivistischere Gesellschafts- und Wirtschaftsordnung einhergeht mit einer größeren Rolle für den Staat in der Geldpolitik.

---

[369] Vgl. Anderegg, S. 265

3 Schumpeter – Unternehmertheorie und Konjunkturablauf sowie die Frage nach Kapitalismus, Sozialismus und Demokratie

Der österreichische Ökonom Josef A. Schumpeter ist für diese Arbeit interessant, weil er sowohl von Neoliberalen als auch von Linksliberalen vereinnahmt wird. So schreibt der bekennende Keynesianer Flassbeck:

> *„Der Name Keynes (aber auch die von Josef Schumpeter, Michal Kalecki oder Wilhelm Lautenbach) steht für eine Revolution im ökonomischen Denken, die tatsächlich eine Alternative geschaffen hat zu dem, was heute wieder herrschende Lehre ist.“*[370]

Andererseits wird er immer noch häufig als „Österreicher“ gesehen, etwa in einer Studie von Deutsche Bank Research im September 2011.[371] Anders als Hayek betonte Schumpeter jedoch die Notwendigkeit der Kreditschöpfung durch die Banken, um den Unternehmer Zugang zu Kapital zu gewährleisten; das sei wichtiger als die Spartätigkeit.[372] McCraw geht so weit, zu behaupten, dass das heutige Denken über den Kapitalismus in weiten Teilen auf Schumpeter zurückgeht – insbesondere seine Betonung von Innovation, Unternehmergeist, Geschäftsstrategie und „schöpferischer Zerstörung“.[373] Den Begriff der „schöpferischen Zerstörung“ nutzte Schumpeter erstmals im Jahr 1942.[374] Zunächst folgen nun einige biographische Hinweise.

3.1 Biographische Hinweise zu Schumpeter

Joseph Alois Schumpeter wird am 8. Februar 1883 in der mährischen Stadt Trešt (Triesch) in der heutigen Tschechischen Republik (damals Habsburgerreich) geboren. 1887 folgt der Umzug nach Graz. Von 1893 bis 1901 besucht Schumpeter das Theresianum in Wien. Bis 1905 studiert Schumpeter Jura sowie Ökonomische Staatswissenschaft in Wien. Ein Jahr später folgt die Promotion zum Doktor der Rechte. Es folgen ein Studienaufenthalt in Gustav Schmollers Staatswissenschaftlichen Seminar in Berlin sowie an der London School of Economics. Nach seiner

370 Flassbeck (2009), S. 26.
371 Vgl. Mayer, T.: „I'm an Austrian in economics“, Deutsche Bank Research, Frankfurt: 2011, S. 2.
372 Vgl.McCraw, S. 96.
373 Vgl. McCraw, T.: Joseph A. Schumpeter. Eine Biographie. Übersetzt von Gerstner und Hein, Hamburg: 2008, S. 9.
374 Vgl. McCraw, S. 15.

Heirat Ende 1907 geht Schumpeter als Anwalt nach Kairo. Im Jahr 1909 habilitiert sich Schumpeter in Wien und wird anschließend Professor für politische Ökonomie an der Universität Czernowitz. Im Jahr 1911 erscheint mit der „Theorie der wirtschaftlichen Entwicklung" eines seiner bedeutsamsten Werke. Ab 1911 ist Schumpeter Professor in Graz mit Forschungsaufenthalten in den Jahren 1913 und 1914 an der Columbia University in New York. Ab dem Jahr 1917 übernimmt er politische Aufgaben, unter anderem im Jahr 1919 für sieben Monate als Staatssekretär für Finanzen der Republik Deutsch-Österreich. In den Jahren 1921 bis 1925 ist Schumpeter Präsident der M. L. Biedermann & Co Bankaktiengesellschaft. Doch 1924 gerät die Bank in den Sog der Wiener Bankenkrise. Schumpeters Ausflug in die Privatwirtschaft endet, er ist hoch verschuldet.

Im Jahr 1925 kehrt Schumpeter zurück in die Wissenschaft und nimmt einen Ruf der Universität Bonn an, wo er bis 1932 lehrt, allerdings mit Unterbrechungen durch einige Forschungsaufenthalte an der Harvard University und einer Vortragsreise nach Japan.

1932 wechselt Schumpeter endgültig nach Harvard, wo ihm im Jahr 1935 die George-Baker-Professur übertragen wird. Schumpeter wird in den Folgejahren Vizepräsident und dann Präsident der Econometric Society. 1942 erscheint sein wohl bedeutendstes Werk „Kapitalismus, Sozialismus und Demokratie" (zunächst auf Englisch). Im Jahr 1948 wird Schumpeter Präsident der American Economic Association, nachdem er bereits im Jahr 1939 die US-Staatsbürgerschaft angenommen hatte. Schumpeter stirbt am 10. Januar 1950 infolge eines Gehirnschlags.[375]

3.2 Schumpeters Forschungsansatz

Schumpeter hatte offenbar nicht das Bedürfnis, ein vollendetes in sich geschlossenes Theoriegebäude zu schaffen. In seiner Bonner Abschiedsrede im Jahr 1932 sagte er vor seinen Studenten:

> *„Ich wünsche nie, Abschließendes zu sagen. Wenn ich eine Funktion habe, dann die, Türen nicht zu- sondern aufzumachen, und niemals habe ich das Bestreben gehabt, so etwas zustande zu bringen wie eine Schumpeterschule. Es gibt sie nicht, und es soll sie nicht geben, sondern ich will nur, wie es mir die Stunde zuführt, Anregungen geben – gute, wenn es geht, und schlechte, wenn es nicht anders geht."*[376]

---

[375] Vgl. für dieses Unterkapitel: http://www.schumpeter.info/biogra-1.htm (Stand: 20. März 2011).

[376] Schumpeter, A.: Bonner Abschiedsrede 1932, zitiert nach: Seifert, E.: Einführung. Joseph Alois Schumpeter: Zu Person und Werk, in: Schumpeter, J.: Kapitalismus, Sozialismus und Demokratie, 8. Auflage, Tübingen: 2005, S. 13.

Wie in Bonn, so scharte Schumpeter auch in Harvard, wo er ab dem Jahr 1932 lehrte und forschte, einen illustren Kreis von begeisterten Post-Graduate-Studenten und jungen Wissenschaftlern um sich, unter anderem die späteren Nobelpreisträger Paul Samuelson, Wassily Leontief und James Tobin, aber auch „linke" Ökonomen wie Paul Sweezy oder Richard Goodwin.[377] Dabei war Schumpeter selbst – wie Seifert schreibt – ein erklärter Gegner der Politik von Präsident Franklin D. Roosevelt.[378]

Obwohl Schumpeters Werke überwiegend ökonomische Titel tragen und er an der Harvard University im Fachbereich Wirtschaftswissenschaft lehrte, kann er nicht nur als Ökonom gesehen werden. Er übernahm Max Webers Konzept der „Sozialökonomik", die bei Schumpeter vier Fundamente umfasste: Wirtschaftsgeschichte, Statistik, Theorie und Wirtschaftssoziologie.[379] Schumpeter selbst sah dabei die Wirtschaftsgeschichte als am bedeutsamsten an.[380]

Schumpeter hat sich vor allem am Ende seines Lebens darum bemüht, anhand eines breiten geschichtlichen Verständnisses, das über die Wirtschaftsgeschichte hinausgeht, die verschiedenen Zweige der Sozialwissenschaften zu verbinden. Gegen Ende seines Lebens schrieb er:

> *„Der geschichtliche Überblick darf nicht auf rein wirtschaftliche Fakten beschränkt bleiben, sondern muss unbedingt auch ‚institutionelle' Fakten widerspiegeln, die nicht rein wirtschaftlicher Natur sind; damit erschließt er den besten Weg zum Verständnis dafür, wie wirtschaftliche und nichtwirtschaftliche Fakten ineinandergreifen, oder wie die verschiedenen Sozialwissenschaften ineinandergreifen sollten."*[381]

Für Schumpeter war das freie Unternehmertum und die Chance eines jeden, Unternehmer zu werden, entscheidend für ökonomische Prosperität. Gleichzeitig argumentierte er, sei freies Unternehmertum nur in einem freiheitlichen politischen System möglich.[382] Damit zeigt sich eine klare Übereinstimmung mit Hayek und Eucken. Vor allem mit Hayeks Vorstellung der spontanen Ordnung gibt es darüber hinaus eine weitere Parallele. Diese findet sich in Schumpeters bereits erwähnten Konzept der „schöpferischen Zerstörung", das für ihn das wesentliche Faktum des Kapitalismus ist.[383] Deshalb sei ein stabilisierter Kapitalismus ein

---

[377] Vgl. Seifert, in: Schumpeter (2005), S. 11.
[378] Vgl. Seifert, in: Schumpeter (2005), S. 11.
[379] Vgl. Seifert, in: Schumpeter (2005), S. 13.
[380] Vgl. Seifert, in: Schumpeter (2005), S. 13.
[381] Schumpeter, J.: Geschichte der ökonomischen Analyse, Bd. I, 1965, S. 43, zitiert nach: McCraw, T.: Joseph A. Schumpeter. Eine Biographie. Übersetzt von Gerstner und Hein, Hamburg: 2008, S. 294.
[382] Vgl. McCraw, S. 180.
[383] Vgl. Schumpeter (2005), S. 138 .

Widerspruch in sich.[384] Allerdings war Schumpeter – wie in folgenden Kapiteln noch gezeigt wird – zumindest gegen Ende seines Lebens kein glühender Verteidiger der marktwirtschaftlichen Ordnung. Im Gegenteil: Er sagte voraus, dass das kapitalistische System in ein sozialistisches übergehen wird. Wie diese späten Aussagen zu werten sein werden, wird noch zu diskutieren sein.

Schumpeter hat anders als Hayek das neoklassische Paradigma niemals verworfen, sondern hochgeschätzt.[385] Dennoch kommt er bereits im Jahr 1911 laut Röpke und Stiller zu viel radikaleren Schlüssen als in späteren Werken, die er entschärft habe – wohl auch zum Wohle seiner Karriere.[386] Röpke und Stiller schreiben:

> *„Niemand – auch heute nicht – der so argumentiert wie Schumpeter 1911, hätte auch nur im entferntesten die Chance, einen Professorenruf zu erlangen.“*[387]

Röpke und Stiller betonen, dass in Schumpeters Theorie zwei Parallelwelten existieren, nämlich der statische (stationäre) Kreislauf und das Innovationssystem, wobei beide miteinander verkoppelt sind.[388] Die Aussagefähigkeit der Neoklassik endet für Schumpeter dort, wo das Innovationssystem beginnt.[389] Schumpeter baut damit auf den Erkenntnissen der Österreichischen Schule auf und nimmt in gewisser Weise das vorweg, was bei Hayek „Anmaßung von Wissen“ heißt.[390]

Schumpeter geht es um die Frage, weshalb sich Gesellschaften und Volkswirtschaften entwickeln. Im statischen System – also der neoklassischen Modellwelt – ändert sich im Gleichgewichtszustand des Marktes oder einer Volkswirtschaft im Grunde nichts, solange nicht von außen eine ökonomische Störung erfolgt.[391] Das ökonomische System selbst verfügt also über keine Impulse oder Mechanismen für Veränderungen.[392] Diese können in der neoklassischen Modellwelt allenfalls von außen angestoßen werden, von Faktoren und Mechanismen jenseits der reinen Ökonomie des Gleichgewichts, so Schumpeter.[393] Ein Beisiel hierfür könnte technischer Fortschritt sein, der exogen auf die neoklassische Modellwelt wirkt.

---

384 Vgl. McCraw, S. 15.

385 Vgl. Röpke, J. u. Stiller, O.: Einführung zum Nachdruck der 1. Auflage Joseph A. Schumpeters „Theorie der wirtschaftlichen Entwicklung“, in: Röpke, J. u. Stiller, O. (Hg): Joseph Schumpeter: Theorie der wirtschaftlichen Entwicklung. Nachdruck der 1. Auflage von 1912, Berlin: 2006, S. XI.

386 Vgl. Röpke, J. u. Stiller, O, S. XI f.

387 Röpke, J. u. Stiller, O, S. XII.

388 Vgl. Röpke, J. u. Stiller, O, S. XVII.

389 Vgl. Röpke, J. u. Stiller, O, S. XVII.

390 Vgl. Röpke, J. u. Stiller, O, S. XVII.

391 Vgl. Röpke, J. u. Stiller, O, S. XVII f.

392 Vgl. Röpke, J. u. Stiller, O, S. XVIII.

393 Vgl. Röpke, J. u. Stiller, O, S. XIX f.

Es gibt aber neben diesem statischen System eben noch das Phänomen der Entwicklung, einen entwicklungstheoretischen Ast, die Innovationslogik.[394] Die Entwicklung stört dabei das statische Gleichgewicht und führt somit auch nicht einfach ein dynamisches Gleichgewicht fort, wie es die heutigen neoklassischen Wachstumsmodelle („steady-state") suggerieren.[395] Entscheidend sind also nicht makroökonomische Größen wie Investitionen und Spartätigkeit, sondern der Grad der Unternehmertätigkeit.[396]

3.3 Schumpeters grundsätzliche Ansätze in Abgrenzung zu Eucken und Hayek

Wie im vorangegangenen Hauptkapitel dargestellt wurde, entwickelten sich Österreichische und Freiburger Schule insbesondere auch durch ihre Ablehnung der Historischen Schule. Auch Schumpeter wirkte in diesem Streit mit. Im Jahr 1926 publizierte er die Schrift „Gustav von Schmoller und die Probleme von heute". Doch Schumpeter versuchte hier nicht nur versöhnend zu wirken, sondern erhob Schmollers Forschungsansatz zum Erstaunen vieler seiner Zeitgenossen zum Programm der Zukunft.[397] Ein Grund dafür könnte seine Faszination für Zahlen gewesen sein.[398] Später schrieb Schumpter über Schmoller in Abgrenzung zur Lehre von Karl Marx:

> *„Schmoller bewegte sich auf weit sichererem Grunde. Denn obwohl auch er es ablehnte, auf Einzelheiten einzugehen, so stellte er sich doch augenscheinlich im Geist den Prozeß als fortschreitende Bürokratisierung, Nationalisierung usw. vor, im Staatssozialismus endend, was, ob uns dies nun gefällt oder nicht, zum mindestens einen klar umrissenen Sinn ergibt."*[399]

Hayek und Eucken standen wie im vorangegangenen Hauptkapitel (Unterkapitel 2.3) dargestellt, in klarem Gegensatz zum Nationalsozialismus. Schumpeter dagegen hielt am 20. Juni 1932 in Bonn die Abschiedsrede für seine Studenten, in denen es zu Zweideutigkeiten kam, die als Sympathiebekundungen für Hitler und den Nationalsozialismus verstanden wurden.[400]

---

394 Vgl. Röpke, J. u. Stiller, O, S. XXIV.
395 Vgl. Röpke, J. u. Stiller, O, S. XXIV.
396 Vgl. Röpke, J. u. Stiller, O, S. XXIV.
397 Vgl. Seifert, in: Schumpeter (2005), S. 11.
398 Vgl. McCraw, S. 9.
399 Schumpeter (Kapitalismus), S. 99.
400 Vgl. Seifert, in Schumpeter (2005), S. 11.

3.4 Schumpeters Gesellschaftsbild in „Kapitalismus, Sozialismus und Demokratie"

Schumpters bedeutendstes Werk ist das zunächst im Jahr 1942 in den USA erschienene Buch „Kapitalismus, Sozialismus und Demokratie", das seitdem immer wieder neu aufgelegt wurde. Der im Jahr 2009 verstorbene Träger des Ökonomie-Nobelpreises Paul Samuelson lobte es wie folgt:

> *„Capitalism, Socialism and Democracy is a great book, and it reads better forty years after its publication, than it did in 1942 or 1950."*[401]

Sicher beeindruckt Schumpeter in dem Werk durch eine überaus große Belesenheit in philosophischer, soziologischer, ökonomischer und historischer Literatur. Allerdings wird sich seine Prognose, dass der Kapitalismus noch im 20. Jahrhundert vom Sozialismus, der nach Schumpeters Vorstellung durchaus demokratisch sein kann, abgelöst wird, nicht erfüllen.

3.4.1 Marxkritik

Das Werk beginnt mit einer kritischen Würdigung von Karl Marx durch Schumpeter. Dabei distanziert sich Schumpeter klar von Marx:

> *„In einer wichtigen Hinsicht ist der Marxismus eine Religion. Dem Gläubigen bietet er erstens ein System von letzten Zielen, die den Sinn des Lebens enthalten und absolute Maßstäbe sind, nach welchen Ereignisse und Taten beurteilt werden können; und zweitens bietet er sich als Führer zu jenen Zielen, was gleichbedeutend ist mit einem Erlösungsplan und mit der Aufdeckung des Übels, von dem die Menschheit oder ein auserwählter Teil der Menschheit erlöst werden soll. Wir können also abgrenzen: Der marxistische Sozialismus gehört auch zu jener Gruppe, die das Paradies schon auf dieser Seite des Grabes verspricht. Ich glaube, eine Formulierung dieser Wesenszüge durch einen Hagiographen gäbe Möglichkeiten der Klassifizierung und Erläuterung, die vielleicht viel tiefer in die soziologische Essenz des Marxismus einführen als alles, was ein bloßer Ökonom sagen kann."*[402]

Schumpeter untersucht Marx also nicht nur auf seine ökonomischen Aussagen, sondern versucht ihn ausdrücklich auch aus der Sicht des Soziologen zu interpretieren. Schumpeter bezeichnet Marx als Prophet, den Marxismus als ein Produkt des „bourgeoisen Geistes":[403]

---

[401] Samuelson, P., zitiert nach, Seifert, E.: Einführung, in: Schumpeter (Kapitalismus), S. 4.
[402] Schumpeter (Kapitalismus), S. 19.
[403] Vgl. Schumpeter (Kapitalismus), S. 20 f.

„Man beachte, mit welch vollendeter Kunst es hier gelang, jene außerrationalen Sehnsüchte, die die Religion auf ihrem Rückzug wie herrenlos herumlaufende Hunde zurückgelassen hatte, mit den rationalistischen und materialistischen Strömungen der Zeit zu verknüpfen, die im Augenblick unausweichlich waren und keinen Glauben duldeten, der nicht einen wissenschaftlichen oder pseudowissenschaftlichen Anstrich hatte. Einfach das Ziel zu predigen, wäre wirkungslos geblieben; eine Analyse des sozialen Prozesses hätte nur ein paar hundert Spezialisten interessiert. Aber im Kleid des Analytikers zu predigen und mit einem Blick auf die Bedürfnisse des Herzens zu analysieren, dies schuf eine leidenschaftliche Anhängerschaft und gab dem Marxisten jenes große Geschenk, das in der Überzeugung steht, daß das, was man ist und wofür man einsteht, niemals unterliegen, sondern am Ende siegreich sein wird."[404]

Eine ähnliche Sicht findet sich schon bei Tocqueville über die Französische Revolution:

„Die Französische Revolution ist also eine politische, die in der Art einer religiösen Revolution zu Werke gegangen ist und gewissermaßen das Aussehen einer solchen angenommen hat. Man bemerke, durch welche besonderen und charakteristischen Züge sie dieser letzten vollends ähnlich wird: sie bereitet sich nicht nur wie sie in der Ferne aus, sondern bricht sich auch ebenso Bahn durch Predigt und Propaganda. Eine politische Revolution, die Bekehrungseifer einflößt und die man mit demselben Feuereifer den Fremden predigt, womit man sie daheim bewerkstelligte: welche ein neues Schauspiel! Unter all den unbekannten Dingen, welche die Französische Revolution der Welt gezeigt hat, ist dies sicherlich das neueste."[405]

Marx bekommt von Schumpeter nicht nur prophetische Eigenschaften zugeschrieben. Schumpeter zweifelt nicht an, dass Marx die Erkenntnisse der Soziologie nutzte. So passten sämtliche Tatsachen und Argumente Max Webers perfekt in Marx System.[406] Vor allem in dieser soziologischen Tätigkeit findet Marx die Anerkennung Schumpeters. Als „eine der größten individuellen Leistungen der Soziologie" preist Schumpeter Marx ökonomische Geschichtsauffassung. Gleichwohl kritisiert er diese auch, auch vor dem Hintergrund der Theorie Max Webers:

„Soziale Strukturen, Typen und Verhaltensweisen sind Münzen, die nicht leicht zu schmelzen sind. Sind sie einmal geprägt, so überdauern sie möglicherweise Jahrhunderte, und da verschiedene Strukturen und Typen verschiedene Grade dieser Lebensfähigkeit aufweisen, finden wir beinahe immer, daß das tatsächliche

---

404 Schumpeter (Kapitalismus), S. 27.
405 Tocqueville, A.: Der alte Staat und die Revolution, hg. von Mayer, J., München: 1978, Seite 27 f.
406 Vgl. Schumpeter (Kapitalismus), S. 20 f.

Verhalten der Gruppen und Nationen mehr oder weniger von dem abweicht, was wir erwarten müßten, wenn wir versuchten, es von den vorherrschenden Formen des produktiven Prozesses abzuleiten."[407]

Marx habe dies zwar nicht übersehen, so Schumpeter, aber er sei sich über den Umfang der Konsequenzen daraus nicht im Klaren gewesen.[408] Schumpeter weist darauf hin, dass Marx versucht habe zu zeigen, wie der Klassenkampf der Kapitalisten am Ende zum Untergang des Kapitalismus führe oder wie in einem vorangehenden Stadium der Entwicklung der Besitz von Kapital zu dessen immer weiteren Akkumulation führe.[409] Auf was Marx in seiner Klassenlehre verzichtet, ist indes, weshalb einzelne Individuen überhaupt in die Klasse der Kapitalisten aufsteigen. Schumpeter schreibt:

„*Aber diese Art der Begründung sowie auch die Definition selbst, die aus dem Eigentum an einer Sache das konstituierende Charakteristikum einer sozialen Klasse macht, dient nur dazu, die Bedeutung der Frage nach der ‚ursprünglichen Akkumulation' noch zu steigern, das heißt der Frage, wie die Kapitalisten dazu kamen, überhaupt erst einmal Kapitalisten zu sein oder wie sie diesen Vorrat an Gütern erwarben, der gemäß der Marxistischen Lehre notwendig war, um sie zum Beginn der Ausbeutung zu befähigen. Über diese Frage äußert sich Marx weniger ausführlich. Er lehnt mit Verachtung die bourgeoise Kinderfibel ab, daß gewisse Leute eher als andere dank höherer Intelligenz und Arbeits- und Sparenergie Kapitalisten wurden und es noch täglich werden.*"[410]

Hier kommt es zum springenden Punkt, weshalb man Schumpeter, obwohl er den Aufstieg des Sozialismus prophezeite, wie später noch gezeigt wird, nicht einfach als Kollektivisten wie Marx sehen kann. Schumpeter setzt sich zunächst wie Hayek mit dem in der Zeit zwischen den Weltkriegen weit verbreiteten gesellschaftlichen Entwicklungen hin zu kollektivistischen Gesellschaftstheorien auseinander. Dabei zeigt Schumpeter selbst ein Gesellschafts- und Menschenbild, nach dem der einzelne eben nicht wie es klassisch kollektivistisch wäre, von seinen sozialen Umständen determiniert ist. Vielmehr spielten „*übernormale Intelligenz und Energie*"[411] in neunzig Prozent der Fälle die Hauptrolle bei unternehmerischem Erfolg. Auch aus ökonomischer Sicht weist Schumpeter die Idee von Marx, dass es zu einer immer stärkeren Akkumulation von Kapital bei der Klasse der Kapitalisten kommt, zurück. Zwar gesteht er zu, dass Sparen ein wichtiges Element in

---

407 Schumpeter (Kapitalismus), S. 29 f.
408 Vgl. Schumpeter (Kapitalismus), S. 30.
409 Vgl. Schumpeter (Kapitalismus), S. 34.
410 Schumpeter (Kapitalismus), S. 34 f.
411 Schumpeter (Kapitalismus), S. 35.

der kapitalistischen Entwicklung sei. Doch Schumpeter weist auf den wichtigen Unterschied zwischen Sparen und Akkumulieren hin. Hierin ist auch bereits ein erster Hinweis auf Schumpeters geldpolitisches Konzept zu sehen, vor allem die Fähigkeit der Banken, Kredite zu schöpfen:

> *„Die zum Beginn einer Unternehmung erforderlichen Mittel werden typischerweise dadurch beschafft, daß man anderer Leute Sparguthaben (ihr Vorhandensein in vielen kleinen Pfützen ist leicht zu erklären) oder die Depositen, welche die Banken für den Gebrauch dieses Möchtegernunternehmers schöpfen, entleiht."*[412]

Die Ansätze der Geldordnung, die Schumpeter vertritt, sollen im folgenden Kapitel tiefer erörtert werden. Zunächst soll weiter dargelegt werden, weshalb Schumpeter trotz seiner Prognose, dass der Sozialismus den Kapitalismus ablösen werde, nicht als typischer Sozialist gesehen werden sollte. So zeigte er zum Beispiel wenig Sympathien für die Einteilung der Bevölkerung in Klassen. Deutlich macht dies ein weiteres Zitat:

> *„Die wasserdichte Scheidung zwischen Menschen, die (zusammen mit ihren Nachkommen) ein für allemal als Kapitalisten gelten, und anderen, die (zusammen mit ihren Nachkommen) ein für allemal als Proletarier gelten, ist nicht nur, wie schon oft gezeigt wurde, äußerst wirklichkeitsfremd, sondern übersieht den springenden Punkt in bezug auf die sozialen Klassen, – den unaufhörlichen Aufstieg und Niedergang einzelner Familien in die obere Sphäre hinein und aus ihr heraus."*[413]

Schumpeter argumentiert hier ganz ähnlich wie Hayek. Hayek bekundet zwar, dass eine Gesellschaft ohne großen Gegensätze zwischen Arm und Reich besser sei, als eine mit großen Diskrepanzen in der Einkommens- und Vermögensverteilung. Aber er sieht es nicht als Aufgabe des Staates – und das ist durchaus eine Parallele zu Schumpeter – durch einen Eingriff, also die Ausübung von Zwang, für eine materielle Gleichstellung zu sorgen.[414] Hayek beschreibt den Aufstieg von Familien in die Elite der Gesellschaft nicht nur, er lobt ihn sogar explizit:

> *„Warum sollte man glauben, daß erwünschte Eigenschaften eines Menschen für die Gesellschaft weniger wertvoll sind, wenn sie das Ergebnis der Familientradition sind, als wenn er sie ohne solche Hilfe erworben hätte? Es gibt sogar gute Gründe, anzunehmen, daß es sozial wertvolle Eigenschaften gibt, die nur selten in einer einzigen Generation erworben werden, sondern sich gewöhnlich nur*

[412] Schumpeter (Kapitalismus), S. 35.
[413] Schumpeter (Kapitalismus), S. 39.
[414] Vgl. Hayek, Verfassung, S. 113.

> *durch fortgesetzte Bemühungen von zwei oder drei Generationen herausbilden. Das bedeutet einfach, daß gewisse Bestandteile des kulturellen Erbguts einer Gesellschaft wirksamer durch die Familie übermittel werden. Wenn das zugegeben wird, wäre es unvernünftig zu leugnen, daß eine Gesellschaft es eher zu einer besseren Elite bringen wird, wenn der Aufstieg nicht auf eine Generation beschränkt ist, die Einzelnen nicht absichtlich auf das gleiche Anfangsniveau gestellt werden und den Kindern die Möglichkeit genommen wird, die Vorteile einer besseren Erziehung und besserer materieller Verhältnisse zu genießen, die ihnen ihre Eltern bieten können.*"[415]

Zwar weist Hayek damit den Klassengedanken nicht so ausdrücklich zurück wie Schumpeter. Aber im Grundsatz besteht doch Einigkeit bei Beiden, dass Aufstieg möglich ist, dass es also keine festen Klassen, in denen der Einzelne oder Familien für immer gefangen sind, gibt. Hayek schließt ja auch den Aufstieg eines Einzelnen innerhalb einer Generation in die gesellschaftliche Elite nicht aus. Ein Unterschied mag zwischen Hayek und Schumpeter darin bestehen, dass Schumpeter den gesellschaftlichen Abstieg und den Aufstieg gleich gewichtet, während Hayek lediglich den Aufstieg thematisiert. Entscheidend ist aber: Beide grenzen sich von sozialistischen und marxistischen Theorien fester Klassengesellschaften ab.
Nicht nur dem Soziologen, sondern auch dem Nationalökonomen Marx gesteht Schumpeter durchaus richtige Analysen zu, billigt ihm gar „*unter den Vätern der modernen Konjunkturforschung einen hohen Rang zu*"[416], etwa wenn er über Marx schreibt:

> „*Er sagt sehr geschickt, daß ‚die Oberflächlichkeit der politischen Ökonomie sich unter anderem darin zeigt, daß sie die Ausweitung und Einengung des Kredits, das bloße Symptom der Wechselperioden des industriellen Zyklus, zu deren Ursache macht'. [...]*
>
> *All dies ist gesunder Menschenverstand und wirklich vernünftig. Wir finden praktisch alle Elemente, die je in einer ernsthaften Analyse der Konjunkturzyklen Eingang fanden, und im ganzen sehr wenig Irrtümer.*"[417]

Doch entschieden tritt Schumpeter gegen die Prognose Marx ein, dass der Kapitalismus durch eine Revolution der verelendeten Massen sein Ende sehen werde. Auch dass eine solche Revolution in einer wirtschaftlichen Depression am besten durchzuführen sei, ist für Schumpeter ein Fehlschluss. Zwar widerspricht Schumpeter nicht der marxistischen Behauptung, dass es im Kapitalismus zu einer immer stärkeren wirtschaftlichen Konzentration kommt – seine diesbe-

415 Hayek, Verfassung, S. 115 f.
416 Schumpeter (Kapitalismus), S. 74.
417 Schumpeter (Kapitalismus), S. 73.

züglichen Ausführungen werden noch dargestellt. Aber er stellt in Frage, dass dieser Konzentrationsprozess mit der „kapitalistischen Hülle" nicht vereinbar ist. Marx Schlussfolgerungen folgten demnach nicht aus seinen Prämissen.[418] Marx habe nicht bewiesen, dass die kapitalistische Wirtschaft aus rein wirtschaftlichen Gründen unvermeidlich zusammenbrechen müsse, wenngleich er einige Faktoren des kapitalistischen Prozesses richtig beschrieben habe.[419]

Doch wenngleich er dem Marxismus Fehler in der Kausalkette zuweist, sei die finale Schlussfolgerung des Marxismus nicht falsch, nämlich dass die kapitalistische Wirtschaftsordnung untergehen werde:

> *„Selbst wenn Marxens Tatsachen und Beweisführung noch irriger wären, als sie es sind, könnte nichtsdestoweniger sein Ergebnis insofern richtig sein, als es einfach versichert, daß die kapitalistische Entwicklung die Grundlagen der kapitalistischen Gesellschaft zerstören wird. Ich glaube, so ist es."*[420]

Einen Unterschied macht Schumpeter zwischen Marx und dem Marxismus. Eine sozialistische oder kommunistische Revolution, wie sie viele Marxisten fordern, sei bei Marx selbst so nicht zu finden, vielmehr der Glaube an eine Entwicklung hin zum Sozialismus. Schumpeter schreibt über Marx:

> *„Die Evolution war für ihn die Mutter des Sozialismus. Er war viel zu sehr erfüllt von einem Gefühl der inhärenten Logik der sozialen Dinge, um zu glauben, daß die Revolution irgendeinen Teil des Werks der Evolution ersetzen könne. Die Revolution kommt dennoch. Aber sie kommt nur, um den Schlußsatz unter eine vollständige Reihe von Prämissen zu schreiben. Die Marxistische Revolution unterscheidet sich daher nach ihrer Natur und ihrer Aufgabe völlig von den Revolutionen sowohl der bourgeoiasen Radikalen als der sozialistischen Verschwörer.*
> *[...]*
> *Sagt man, daß Marx von Phrasen entkleidet, eine Auslegung in konservativem Sinn zuläßt, so besagt dies nur, daß er ernst genommen werden kann."*[421]

Direkt anschließend an dieses Zitat findet sich, was Schumpeter mit einer konservativen Auslegung des Marxismus meint, nämlich den Glauben, dass der Kapitalismus nicht weiterleben kann.[422] Bis heute findet sich diese Skepsis gegenüber dem Begriff Kapitalismus aber auch gegen die Funktionsweise des Kapitalismus vor allem in Kontinentaleuropa tief verwurzelt in der Bevölkerung, gerade auch in den bürgerlichen Schichten des Mittelstandes. Hier findet sich – wenngleich

418 Vgl. Schumpeter (Kapitalismus), S. 75 f.
419 Vgl. Schumpeter (Kapitalismus), S. 98.
420 Schumpeter (Kapitalismus), S. 76.
421 Schumpeter (Kapitalismus), S. 100 f.
422 Vgl. Schumpeter (Kapitalismus), S. 105.

weitgehend unbewusst – eine konservative Auslegung der marxschen Lehre. Zwar lag Schumpeter mit seiner Prognose, dass der Kapitalismus noch im Lauf des 20. Jahrhunderts untergehen wird, falsch. Aber zu seiner Verteidigung ist anzumerken, dass er diese Prognose selbst für wenig bedeutend erachtete:

> *„Was bei jedem Versuch einer sozialen Prognose zählt, ist nicht das Ja oder Nein, das die dazu führenden Tatsachen und Argumente zusammenfaßt, sondern diese Tatsachen und Argumente selbst. Diese enthalten alles, was am endgültigen Ergebnis wissenschaftlich ist. Alles andere ist nicht Wissenschaft, sondern Prophezeiung."*[423]

3.4.2 Die Funktionsweise des Kapitalismus

Genau deshalb ist Schumpeter ein so überaus interessanter Ökonom. Er beschreibt die Funktionsweise des Kapitalismus, aber auch sein Versagen. Nicht alles muss man teilen. Aber Schumpeter steht repräsentativ für eine Kapitalismuskritik, der eben nicht der Wunsch nach gesellschaftlicher Egalität zugrunde liegt. Aus dem bisher gesagten kann vermutet werden, dass Schumpeters Gesellschaftsbild weniger freiheitlich-individualistisch war als das Euckens und erst recht als das Hayeks. Dieser Eindruck soll im Folgenden bestätigt werden, wenngleich Schumpeter eher als deskriptiver Analytiker auftritt denn als Kämpfer für eine bestimmte Gesellschaftsordnung, wie das beispielsweise bei Hayek der Fall war. Dies zeigt folgendes Zitat:

> *„Die These, die ich zu begründen versuchen werde, ist die, daß die gegenwärtigen und künftigen Leistungen des kapitalistischen Systems dergestalt sind, daß sie die Vorstellung eines Zusammenbruchs unter dem Gewicht wirtschaftlicher Fehlschläge widerlegen und daß vielmehr gerade sein Erfolg die sozialen Einrichtungen, die es schützen, untergräbt und ‚unvermeidlich' Bedingungen schafft, unter denen es nicht zu leben vermag und die nachdrücklich auf den Sozialismus als seinen gesetzmäßigen Erben deuten. Meine endgültige Folgerung unterscheidet sich deshalb nicht von jenen der meisten sozialistischen Schriftsteller und namentlich nicht von jener aller Marxisten, so anders auch meine Begründung ist. Um sie jedoch anzunehmen, braucht man kein Sozialist zu sein. Die Prognose enthält nichts über die Wünschbarkeit des Laufs der Dinge, die sie voraussagt. Wenn ein Arzt voraussagt, daß sein Patient demnächst sterben wird, bedeutet das nicht, daß er es wünscht. Man kann den Sozialismus hassen oder ihn zum mindesten mit kühler Kritik betrachten und doch seinen Aufstieg voraussehen. Viele Konservative haben dies getan und tun es heute."*[424]

---

[423] Schumpeter (Kapitalismus), S. 105.
[424] Schumpeter (Kapitalismus), S. 106.

Es wäre also grundfalsch, Schumpeter als überzeugten Sozialisten zu sehen. Er selbst zeigt keine philosophische Präferenz für den Sozialismus. Trotzdem: Seine Erklärungen, wie dieser Sozialismus funktionieren könne, seine Ablehnung einer Interdependenz der Ordnungen wie sie Eucken formulierte, zeigen, dass seine liberalen Überzeugen eben nicht so stark ausgeprägt waren wie bei den Freiburgern oder wie bei Hayek. Anders als diese hat sich Schumpeter nicht einer normativen Sache verschrieben, hat nicht leidenschaftlich für einen bestimmten Freiheitsbegriff geworben, sondern lediglich aus einem deskriptiven Ansatz Zukunftsszenarien entworfen. Selbst wenn er dabei nicht der Überzeugung war, dass die von ihm prognostizierte Entwicklung wünschenswert sei, hat er sie dennoch im Gegensatz zu anderen liberalen Protagonisten als erträglich skizziert. Man kann also durchaus zu dem Urteil gelangen, dass Schumpeter den Sozialismus nicht so kategorisch abgelehnt hat, wie dies Eucken, Hayek oder auch Friedman taten.

Dass Schumpeter das Funktionieren eines demokratischen Sozialismus nicht aus normativen Überzeugungen propagierte, zeigt sich daran, dass er selbst von einer interventionistischen Wirtschaftspolitik nicht begeistert war. So hat seiner Ansicht nach zum Beispiel die Politik des New Deal in den USA die konjunkturelle Erholung verzögert und nicht beschleunigt.[425] Nach Schumpeters Auffassung hat *„der kapitalistische Prozeß progressiv den Lebensstandard der Massen erhöht, und zwar nicht durch bloßen Zufall, sondern kraft seines Mechanismus"*.[426]

Dieser Mechanismus ist für Schumpeter ein völlig anderer als in der neoklassischen Nationalökonomik, wo der Fall der vollkommenen Konkurrenz dazu führt, dass das Gewinnstreben der Produzenten zu einer maximalen Ausweitung der Produktion bis kurz vor die Verlustgrenze führt. Hier ist ein klarer Widerspruch Schumpeters zu Eucken zu erkennen, der wie beschrieben einen theoretischen Zustand vollständiger Konkurrenz oder zumindest die Bedingungen dieses Zustands als für die Wirtschaftspolitik wichtigstes anzustrebendes Ziel sah. Schumpeter sieht das völlig anders:

> *„Weder Marshall noch Wicksell noch die Klassiker sahen, daß vollkommene Konkurrenz die Ausnahme bildet, und daß selbst wenn sie die Regel wäre, sehr viel weniger Grund sich zu beglückwünschen bestünde, als man vielleicht annimmt."*[427]

Dem Konzept der vollständigen Konkurrenz setzt Schumpeter das von Chamberlin und Robinson in der Zwischenkriegszeit entwickelte Konzept der monopolistischen Konkurrenz entgegen.[428] Dieses charakterisiert er dadurch, dass die An-

[425] Vgl. Schumpeter (Kapitalismus), S. 109 f.
[426] Schumpeter (Kapitalismus), S. 115.
[427] Schumpeter (Kapitalismus), S. 130.
[428] Vgl. Schumpeter (Kapitalismus), S. 131; Verweis auf E. S. Chamberlins Werk „Theory of Monopolistic Competition" und Joan Robinisons Werk „The Economics of Imperfect Competition".

bieter der Produkte versuchen, sich durch Produktdifferenzierung und Werbung eine kleine Monopolstellung auf dem Markt für ihre Erzeugnisse zu verschaffen. In sämtlichen Fällen von monopolistischer Konkurrenz oder auch von Oligopolstrukturen herrsche nur selten ein Gleichgewichtsfall, wenngleich es in der Theorie solche Situationen gebe. Entscheidend dabei:

> *„Unter den erwähnten Bedingungen garantiert das Gleichgewicht, selbst wenn es am Ende auf eine äußerst kostspielige Methode erreicht wird, nun nicht mehr Vollbeschäftigung oder maximale Produktion im Sinne der Theorie der vollkommenen Konkurrenz. Es kann existieren ohne Vollbeschäftigung. Es muss, so scheint es, existieren bei einem Produktionsstand unterhalb der Maximalgrenze, weil die profiterhaltende Strategie, die unter den Bedingungen der vollkommenen Konkurrenz unmöglich ist, nun nicht nur möglich wird, sondern sich selbst aufdrängt.“*[429]

Damit vertritt Schumpeter die Keynessche Idee eines volkswirtschaftlichen Gleichgewichts mit unfreiwilliger Arbeitslosigkeit. Wie jedoch noch gezeigt wird, zieht er daraus völlig andere Schlüsse. Er grenzt sich also sowohl von den Ideen Euckens als auch von denen Keynes ab. Zunächst bleibt er bei der Frage, welche Rolle Monopole und Oligopole in der wirtschaftlichen Entwicklung spielen und kommt dabei zu dem Schluss, dass die Großunternehmen mehr zur Erhöhung des Lebensstandards der breiten Massen beigetragen haben als dazu, ihn niedrig zu halten.[430] In seiner Ablehnung des Euckenschen bzw. neoklassischen Konzepts ist dabei seine Verwurzelung in der Österreichischen Schule zu finden. Auch dort wird, wie gezeigt wurde, dieses Konzept abgelehnt. Entscheidend ist dort vielmehr, dass es keine staatlichen Regulierungen gibt, die verhindern, dass neue Spieler auf die Märkte treten. Ausreichend ist auch bei Schumpeter, dass es potenzielle Konkurrenz gibt, also eine ständige Bedrohung der bestehenden Produktionsstruktur durch mögliche andere Anbieter.[431]

Es geht bei beiden – Österreichern wie Schumpeter – darum, dass der Kapitalismus ein dynamisches Konzept ist. Schumpeter lehnt also wie die Österreicher und Hayek die komparativ-statischen Modelle, mit denen die Neoklassiker versuchen das marktwirtschaftliche System zu beschreiben, als zentrales Erklärungsmuster ab. Typische Beispiele für solche Gleichgewichtsmodelle sind die einfachen mikroökonomischen Diagramme, bei denen die Präferenzen der Konsumenten und Produzenten gegeben sind und dann ein Schnittpunkt von Angebots- und Nachfragekurve ermittelt wird, der – unter der Annahme vollständigen Wettbe-

429 Schumpeter (Kapitalismus), S. 132f.
430 Vgl. Schumpeter (Kapitalismus), S. 135.
431 Vgl. Schumpeter (Kapitalismus), S. 140.

werbs – den Gleichgewichtspreis ergibt. Dieser Preis verändert sich nur durch externe Schocks wie eine exogen gegebene Veränderung der Präferenzen der Konsumenten. Dann verschiebt sich die zum Beispiel die Nachfragekurve, es ergibt sich ein neuer Schnittpunkt für den Gleichgewichtspreis. Verglichen werden bei dieser Methode also lediglich die Endzustände, aber nicht der (dynamische) Übergang. Dies wäre wesentlich komplizierter darzustellen.

Doch mit dieser Vereinfachung ignorieren die Neoklassiker genau das, was für den österreichischen Forschungsansatz so zentral ist, nämlich den dynamischen Suchprozess des Marktes. Folgendes Zitat Schumpeters zeigt, dass Schumpeter ähnlich wie die Österreicher und Hayek in ihren Grundüberlegungen nicht davon ausgingen, dass komperativ-statische Modele das marktwirtschaftliche System zutreffend beschreiben:

> *„Der Kapitalismus ist also von Natur aus eine Form oder Methode der ökonomischen Veränderung und ist nicht nur nie stationär, sondern kann es auch nie sein. Dieser evolutionäre Charakter des kapitalistischen Prozesses ist nicht einfach der Tatsache zuzuschreiben, daß das Wirtschaftsleben in einem gesellschaftlichen und natürlichen Milieu vor sich geht, das sich verändert und durch seine Veränderung die Daten der wirtschaftlichen Tätigkeit ändert; diese Tatsache ist zwar wichtig und diese Veränderungen (Kriege, Revolutionen usw.) bedingen oft auch Veränderung der Industrie; sie sind aber nicht ihre primäre Triebkraft. Auch ist dieser evolutionäre Charakter nicht einer quasi-automatischen Bevölkerungs- und Kapitalzunahme oder den Launen des Geldsystems zuzuschreiben, von denen genau das gleiche gilt. Der fundamentale Antrieb, der die kapitalistische Maschine in Bewegung setzt und hält, kommt von den neuen Konsumgütern, den neuen Produktions- oder Transportmethoden, den neuen Märkten, den neuen Formen der industriellen Organisation, welche die kapitalistische Unternehmung schafft.*
> *[…]*
> *Die Eröffnung neuer, fremder oder einheimischer Märkte und die organisatorische Entwicklung vom Handwerksbetrieb und der Fabrik zu solchen Konzernen wie dem U.S.-Steel illustrieren den gleichen Prozeß einer industriellen Mutation – wenn ich diesen biologischen Ausdruck verwenden darf –, der unaufhörlich die Wirtschaftsstruktur von innen heraus revolutioniert, unaufhörlich die alte Struktur zerstört und unaufhörlich eine neue schafft. Dieser Prozeß der ‚schöpferischen Zerstörung' ist das für den Kapitalismus wesentliche Faktum.*"[432]

[432] Schumpeter (Kapitalismus), S. 136ff.

Schumpeter kritisiert, dass viele Ökonomen nur das Problem betrachten, wie der Kapitalismus mit bestehenden Strukturen umgeht, das wirklich relevante Problem aber darin bestehe, wie er diese Strukturen schaffe und zerstöre:[433]

> *„Alte Konzerne und eingesessene Industrien leben, ob sie nun unmittelbar angegriffen werden oder nicht, immer noch im ewigen Sturm. Im Prozeß der schöpferischen Zerstörung entstehen Situationen, in welchen manche Firmen untergehen müssen, die durchaus kräftig und nützlich hätten weiterbestehen können, wenn sie einem besonderen Sturmwind hätten trotzen können.“*[434]

Diese Bemerkungen über den Forschungsansatz der neoklassischen Ökonomik dienen Schumpeter dazu, das Modell der vollständigen Konkurrenz, bei dem der Schnittpunkt von Angebots- und Nachfragekurve bestimmt, welche Menge eines Guts zu welchem Preis produziert wird und bei dem im besten Fall kein Anbieter eine Zusatzrente einfahren kann, grundsätzlich anzugreifen. Die vollständige Konkurrenz ist für Schumpeter weder wünschenswert noch realistisch. Er sieht gerade in der Großunternehmung und in monopolistischen Unternehmen Vorteile. Hierin zeigt sich auf den ersten Blick eine Nähe zu Hayek, der das Konzept der vollständigen Konkurrenz ja ebenfalls zurückgewiesen hat. Allerdings teilt Hayek nicht Schumpeters nahezu begeisterte Sicht auf Monopole. Aus Hayeks Sicht sind Monopole nicht wünschenswert, allerdings nur in dem Sinn, in dem generell die Knappheit nicht wünschenswert ist. Obwohl also beides unerwünscht sei – Monopole wie Knappheit – sei beides nicht einfach zu vermeiden, so Hayek.[435]

Zunächst scheint es also so, als ob Schumpeter libertärer auftritt als Eucken und näher bei Hayek steht. Doch es gibt einen fundamentalen Unterschied zu Hayek: Schumpeter argumentiert nicht aus einer freiheitlichen Ideologie heraus, sondern aus Effizienzgründen. Deshalb nimmt er auch keine saubere Trennung zwischen Staat und Privatwirtschaft vor, etwa wenn er schreibt:

> *„Schließlich: es hat ja gewiss keinen Sinn, daß man eine veraltete Industrie auf unbestimmte Zeit hinaus zu erhalten sucht; es hat jedoch einen Sinn, daß man ihren plötzlichen Zusammenbruch zu vermeiden und eine wilde Flucht, die zum Ausgangspunkt kumulativer, depressiver Wirkungen werden kann, in einen geordneten Rückzug zu verwandeln sucht. Entsprechenderweise gibt es im Fall von Industrien, die sich ihre Hörner abgelaufen haben, doch noch immer an Boden gewinnen und nicht an Boden verlieren, auch so etwas wie einen geordneten Vormarsch.“*[436]

---

433 Schumpeter (Kapitalismus), S. 138 f.
434 Schumpeter (Kapitalismus), S. 148.
435 Vgl. Hayek, Verfassung, S. 360.
436 Schumpeter (Kapitalismus), S. 148.

Wer hier nun für einen geordneten Rückzug oder Vormarsch sorgen soll, ist nicht ganz klar. In einer Fußnote verweist Schumpeter auf die Auto- und Kunstseidenindustrie nach dem Ersten Weltkrieg. In der Autoindustrie seien nach einer Vielzahl von Unternehmen zu Beginn des Aufschwungs in diesen Branchen ab Mitte der 1920er Jahre drei Konzerne entstanden, auf die 80 Prozent des Gesamtabsatzes entfielen und die sich keinesfalls einen erbitterten Konkurrenzkampf lieferten. Schumpeter bezweifelt, ob im Fall einer Situation vollständiger Konkurrenz den Konsumenten bessere und billigere Autos angeboten oder den Arbeitern höhere Löhne gezahlt worden wären.[437] In diesem Beispiel haben also die Konzerne in einer kartellähnlichen Kollusion für einen geordneten Vormarsch gesorgt. Noch viel deutlicher sei eine solche Form restriktiver Politik bei der Kunstseidenindustrie zu beobachten gewesen.[438] Damit liegt für Schumpeter bereits in der Organisation des kapitalistischen Prozesse eine Form von Konjunkturglättung, die Keynes, wie noch gezeigt wird, dem Staat zuordnet. Obgleich Schumpeter also nicht aus einem Freiheitsargument heraus für einen Ordnungsrahmen plädiert, der im Euckenschen Sinn die Marktwirtschaft stärkt, sondern aus Effizienzgründen, greift er zunächst nicht auf den Staat zurück. Allerdings zeigt er sich gegenüber dem Marktprozess weniger positiv voreingenommen als Hayek, und sieht staatliche Eingriffe als nicht generell abzulehnen an, wenn er schreibt:

> *„Es ist sicher ebenso denkbar, daß ein allumfassendes Kartellsystem jeglichen Fortschritt sabotiert, wie auch, daß es mit geringeren sozialen und privaten Kosten all das verwirklicht, was von der vollkommenen Konkurrenz erwartet wird. Darum läuft auch unser Argument nicht auf eine Anklage gegen die staatliche Regulierung hinaus. Es zeigt jedoch, daß es keine allgemeine Verteidigung für das unterschiedslose ‚Sprengen von Trusts' oder für die Verfolgung von allem gibt, was unter ‚Einschränkung der freien Konkurrenz' fällt."*[439]

Schumpeters Effizienzargument für monopolistische Strukturen geht sogar soweit, dass er bestehende Marktordnungen, die stark dezentralisiert sind, kritisiert:

> *„Letzten Endes sind die amerikanische Landwirtschaft, der englische Kohlebergbau und die englische Textilindustrie für den Konsumenten viel kostspieliger und beeinflussen die Gesamtproduktion viel nachhaltiger, als sie es täten, wenn jede von einem Dutzend heller Köpfe kontrolliert würde."*[440]

---

[437] Vgl. Schumpeter (Kapitalismus), S. 148 f.
[438] Vgl. Schumpeter (Kapitalismus), S. 149.
[439] Schumpeter (Kapitalismus), S. 150.
[440] Schumpeter (Kapitalismus), S. 174.

Mit dieser Aussage nun offenbart sich Schumpeter. Er würde eine Wirtschaftsordnung akzeptieren, die staatlicher bzw. kollektivistischer geprägt ist als Hayek oder Eucken erträglich fänden. Denn er traut es einigen wenigen „hellen Köpfen" zu, ganze Wirtschaftszweige zu steuern. Das ist ein wesentlicher Unterschied zu Eucken und Hayek. Bei Eucken ergibt sich das bereits aus seinem Plädoyer für die vollständige Konkurrenz. Bei Hayek zeigt sich der Widerspruch darin, dass Hayek für dezentrale Entscheidungen eintrat, eben weil es eine Anmaßung von Wissen ist, wenn wenige die Planung übernehmen. Hayek hätte wohl nie kritisiert, dass eine dezentrale Steuerung der Landwirtschaft Ressourcenverschwendung ist.

Es wäre an dieser Stelle falsch, Schumpeter lediglich als ökonomischen Analytiker einzustufen. Er argumentiert hier sehr wohl auch soziologisch, etwa wenn er schreibt:

„Im fünfzehnten Jahrhundert befaßte sich die Mathematik hauptsächlich mit Fragen der kommerziellen Arithmetik und mit den Problemen der Architekten. Utilitaristische mechanische Erfindungen, die Menschen vom Handwerkertypus machten, standen an der Wiege der modernen Physik. Der schroffe Individualismus von Galilei war der Individualismus der aufsteigenden Kapitalistenklasse."[441]

Hier nun gibt Schumpeter selbst zu, dass der Kapitalismus ein individualistisches Gesellschaftskonzept ist. Wenn man, wie er, dessen Übergang zum Sozialismus aus Effizienzargumenten akzeptiert, ist es um die Bereitschaft der Verteidigung einer auf individueller Freiheit aufbauenden Gesellschaftskonzeption offenbar nicht allzu weit her. Schumpeter sah in der Tat nicht nur die Struktur des wirtschaftlichen Produktionsprozesses als Ergebnis des kapitalistischen Prozesses an, sondern sämtliche Eigenschaften der modernen Gesellschaft.[442]

„Und das ist schließlich all das, was um das symbolische Mittelstück des Gladstoneschen Liberalismus gruppiert werden kann. Der Ausdruck ‚Individualistische Demokratie' würde sich ebenso gut dazu eignen, – sogar noch besser, weil wir gewisse Dinge miteinbeziehen wollen, die Gladstone nicht gebilligt hätte, und eine Moral und eine gewisse Haltung, die er, in der Festung des Glaubens wohnend, sogar haßte."[443]

Hier zeigt sich ein deutlicher Unterschied zu Hayek. Während Schumpeter die Ideen des britischen liberalen Politikers des 19. Jahrhunderts William Ewart Gladstones zumindest relativiert, greift Hayek auf diese zurück. Hayek schreibt, er wäre nur „zu stolz", sich einen Liberalen zu nennen, wenn man auch heute noch

441 Schumpeter (Kapitalismus), S. 203.
442 Vgl. Schumpeter (Kapitalismus), S. 205.
443 Schumpeter (Kapitalismus), S. 206f.

von Gladstone als einen der drei großen Liberalen (neben Burke und Macauly) sprechen könnte.[444]

Ein weiteres Zitat zeigt, wie sehr Schumpeter seine ökonomische Analyse der Wirtschaftsordnung mit der Gesellschaftsordnung verknüpft:

> *„Der kapitalistische Prozeß rationalisiert Verhalten und Ideen und verjagt dadurch aus unsern Köpfen, zugleich mit dem metaphysischen Glauben, mystische und romantische Ideen von vielerlei Art. So formt er nicht nur unsere Methoden zur Erreichung unserer Ziele um, sondern auch diese letzten Ziele selbst. ‚Freies Denken' im Sinn des materialistischen Monismus, Laizismus und pragmatische Akzeptierung der diesseitigen Welt folgt zwar daraus nicht mit logischer Notwendigkeit, aber immerhin sehr natürlich. Einerseits wird unser ererbtes Pflichtgefühl, seiner traditionellen Grundlage beraubt, in utilitaristischen Ideen über die Verbesserung der Menschheit in einem Brennpunk vereinigt –, in Ideen, die, zugegebenermaßen ganz unlogisch, der rationalistischen Kritik scheinbar besser standhalten als, sagen wir, die Furcht vor Gott."*[445]

Um zu verstehen, wie Schumpeter dazu kommt, den Untergang des Kapitalismus zu prognostizieren, muss zunächst sein Bild vom Unternehmer in Erinnerung gerufen werden:

> *„Wir haben gesehen, daß die Funktion der Unternehmer darin besteht, die Produktionsstruktur zu reformieren oder zu revolutionieren entweder durch die Ausnützung einer Erfindung oder, allgemeiner, einer noch unerprobten technischen Möglichkeit zur Produktion einer neuen Ware bzw. zur Produktion einer alten auf eine neue Weise, oder durch die Erschließung einer neuen Rohstoffquelle oder eines neuen Absatzgebietes oder durch die Reorganisation der Industrie usw."*[446]

Diese Unternehmerfunktion sieht Schumpeter allerdings nur bei einem kleinen Teil der Bevölkerung vorhanden.[447] Nochmal Schumpeter über die Unternehmerfunktion:

> *„Sie besteht darin, dass sie die Dinge in Gang setzt. Diese soziale Funktion verliert bereits an Bedeutung und muß dies in Zukunft in beschleunigtem Tempo tun, selbst wenn der ökonomische Prozeß, für den das Unternehmertum die Antriebskraft war, an sich unvermindert weiterginge. Denn einerseits ist es heutzutage viel leichter als in der Vergangenheit, Dinge zu tun, die außerhalb der vertrauten Routine liegen: das Erfinden selbst ist zu einer Routinesache geworden. Der technische*

---

[444] Vgl. Hayek (Verfassung), S. 528 f.
[445] Schumpeter (Kapitalismus), S. 208.
[446] Schumpeter (Kapitalismus), S. 214.
[447] Vgl. Schumpeter (Kapitalismus), S. 215.

Fortschritt wird in zunehmenden Maße zur Sache der geschulten Spezialistengruppen, die das, was man von ihnen verlangt, liefern und dafür sorgen, daß es auf die vorausgesagte Weise funktioniert. Die frühe Romantik des geschäftlichen Abenteuers schwindet rasch dahin, weil vieles nun genau berechnet werden kann, was in alten Zeiten durch geniale Erleuchtung erfaßt werden mußte."[448]

3.4.3 Der Übergang zum Sozialismus

Nach Schumpeters Auffassung ersetzen in den Unternehmen zunehmend Bürokraten die Unternehmertätigkeit, die nach seiner Sicht nicht nur darauf angelegt war, neue Produkte zu erfinden. Vielmehr identifiziert er den Unternehmer auch als jenen, der insofern innovativ tätig ist, dass er Erfindungen zur Produktreife bringt und erfolgreich am Markt absetzt. Da dieser Prozess immer weniger durch den selbstständigen Unternehmer vollzogen werde und immer mehr in den großen Organisationen zersplittert werde, verliere der individuelle Unternehmer an Bedeutung. Der Unternehmer verliere seine „individuelle Führerschaft" in der Gesellschaft.[449]

„*Dies erschüttert jedoch die Stellung der gesamten bürgerlichen Schicht.*"[450]

Oder anders:

„*Der kapitalistische Prozeß vermindert […] letzten Endes die Bedeutung der Funktion, dank welcher die politische Klasse lebt.*"[451]

Doch nicht nur die Funktion des Unternehmers geht verloren. Schumpeter knüpft auch an die Idee der Entfremdung von Marx an:

„*Indem der kapitalistische Prozeß ein bloßes Aktienpaket den Mauern und den Maschinen einer Fabrik substituiert, entfernt er das Leben aus der Idee des Eigentums. Er vermindert den Zugriff, der einmal so stark war – den Zugriff im Sinn des gesetzliche Rechts und der tatsächlichen Möglichkeit, mit dem, was einem gehört, zu tun, was einem beliebt; den Zugriff auch in dem Sinn, daß der Inhaber des Titels den Willen verliert, ökonomisch, physisch, politisch für „seine" Fabrik und seine Kontrolle über sie zu kämpfen und wenn nötig auf ihrer Schwelle zu sterben. Und diese Verflüchtigung dessen, was wir die materielle Substanz des Eigentums – seine sichtbare und fühlbare Wirklichkeit – nennen können, beeindruckt nicht nur die Haltung der Aktienbesitzer, sondern auch*

---

448 Schumpeter (Kapitalismus), S. 215.
449 Vgl. Schumpeter (Kapitalismus), S. 216 f.
450 Schumpeter (Kapitalismus), S. 217.
451 Schumpeter (Kapitalismus), S. 217.

die der Arbeiter und die der Öffentlichkeit im allgemeinen. Ein Eigentum, das von Person und Materie gelöst und ohne Funktion ist, macht keinen Eindruck und erzeugt keine moralische Treuepflicht, wie es die lebenskräftige Form des Eigentums einst tat. Zuletzt bleibt niemand mehr übrig, der sich wirklich dafür einsetzen will – niemand innerhalb und niemand außerhalb der Bezirke der großen Konzerne."[452]

Die Entfremdung des Menschen vom Eigentum führt nach Schumpeters Auffassung also dazu, dass die gesellschaftliche Bedeutung des Eigentums schrumpft. Der Unternehmer, der seinen Betrieb durch gute und schlechte Zeiten führt, verschwindet. Schumpeter schreibt von der „*Verflüchtigung der Eigentumssubstanz*"[453]. An seine Stelle rücken Verwaltungsbeamte und vor allem auch die Intellektuellen, die dann die Gesellschaft führend mitprägen und die Schumpeter wie folgt charakterisiert:

„*Die Intellektuellen sind in der Tat Leute, die die Macht des gesprochenen und geschriebenen Wortes handhaben, und eine Eigentümlichkeit, die sie von anderen Leuten, die das gleiche tun, unterscheidet, ist das Fehlen einer direkten Verantwortlichkeit für praktische Dinge.*"[454]

Besonders bedeutend sind die Intellektuellen aus Sicht Schumpeters für das Bürgertum:

„*Gesetzlose Gewalt mag die bürgerliche Schicht, wenn sie gründlich aufgebracht oder erschreckt ist, im Einzelfall einmal akzeptieren und ihr sogar Beifall spenden, doch nur für kurze Zeit. Unter einem rein bürgerlichen Regime, wie dem von Louis Philippe, können die Truppen auf Streikende schießen; aber die Polizei kann nicht Jagd auf Intellektuelle machen oder muß sie sogleich wieder frei lassen. Sonst wird die bürgerliche Schicht trotz noch so starker Mißbilligung einzelner ihrer Taten sich hinter sie stellen, weil die Freiheiten, die sie mißbilligt, nicht vernichtet werden können, ohne daß nicht auch die Freiheiten, die sie billigt, vernichtet werden.*

Man beachte, daß ich der Bourgeoisie keine unrealistische Dosis von Großmut und Idealismus zuschreibe. Auch lege ich nicht übermäßigen Nachdruck auf das, was die Menschen denken und fühlen und wollen –, über dessen Bedeutung gehe ich größtenteils, wenn auch nicht ganz, mit Marx überein. Dadurch daß die Bourgeoisie die Intellektuellen als Gruppe – natürlich nicht jedes Individuum – verteidigt, verteidigt sie sich selbst und ihre Lebensform."[455]

---

[452] Schumpeter (Kapitalismus), S. 230.
[453] Schumpeter (Kapitalismus), S. 252.
[454] Schumpeter (Kapitalismus), S. 237.
[455] Schumpeter (Kapitalismus), S. 243.

Die praktische Funktion der Intellektuellen sieht Schumpeter wie folgt:

> *„Die Intellektuellen werden nur selten Berufspolitiker und erreichen noch seltener eine verantwortliche Stelle. Aber sie bilden die Stäbe politischer Bureaus, schreiben Partei-Flugblätter und -Reden, wirken als Sekretäre und Berater und schaffen den Zeitungsruhm des einzelnen Politikers, – einen Ruf, der zwar nicht alles ist, den aber zu vernachlässigen nur wenige sich leisten können. Dadurch, daß sie dies tun, drücken sie allem, was geschieht, gewissermaßen ihre Mentalität auf.“*[456]

Schumpeter ist überzeugt, dass auf diesem Weg die Intellektuellen nicht nur die Gesetzgebung, sondern auch die Verwaltungspraxis prägen. Doch nicht nur das: Da die Tätigkeit der staatlichen Behörden sich rasch ausweite, müsste auch ein immer größerer Teil des zusätzlich erforderlichen Personals unmittelbar aus der Gruppe der Intellektuellen rekrutiert werden, so Schumpeter.[457]

Schumpeter beschreibt also drei Grundentwicklungen: den Verlust der Funktion des Unternehmers, die Bürokratisierung der Firmen und die zunehmende Einflussnahme der Intellektuellen. Diese Tendenzen wiederum führen ihn zum Kapitel „Zersetzung“, wo er die Gründe für den Niedergang des Kapitalismus beschreibt. Er beginnt:

> *„Angesichts der zunehmenden Feindseligkeit der Umgebung und angesichts der aus dieser Feindseligkeit geborenen gesetzgeberischen, administrativen und richterlichen Praxis werden die Unternehmer und Kapitalisten – de facto die ganze Schicht, die die bürgerliche Lebensform angenommen hat – zuletzt zu funktionieren aufhören. [...] Das zaubervollste dieser bürgerlichen Ziele, die Gründung einer industriellen Dynastie, ist in den meisten Ländern bereits unerreichbar geworden, und sogar bescheidenere sind nun schwierig zu erreichen, daß man sie nicht mehr des Kampfes würdig erachten mag, wenn man sich der Permanenz dieser Verhältnisse bewußt wird.*
>
> *[...]*
>
> *Wir haben gesehen, daß der moderne Geschäftsmann – gleichviel ob Unternehmer oder bloß leitender Direktor – normalerweise zum exekutiven Typ gehört. Aus dieser Logik seiner Stellung erwirbt er etwas von der Psychologie des bezahlten Angestellten, der in einer bürokratischen Organisation arbeitet. Gleichgültig ob er Aktionär ist oder nicht, sein Kampf- und Durchhaltewille ist nicht so starr – und er kann es nicht sein –, wie er es bei dem Manne war, der das Eigentum und seine Verpflichtungen im vollen Sinne dieser Worte kannte. Sein Wertsystem und seine Pflichtauffassung machen eine tiefe Veränderung durch. Bloße Aktionäre zählen natürlich überhaupt nichts mehr, – ganz unabhängig*

---

456 Schumpeter (Kapitalismus), S. 249.
457 Vgl. Schumpeter (Kapitalismus), S. 250 f.

von der Beschneidung ihres Anteils durch den regulierenden und besteuernden Staat. So sozialisiert die moderne Unternehmung, obschon sie selbst ein Produkt des kapitalistische Prozesses ist, das bürgerliche Denken; sie verengt unerbittlich den Spielraum der kapitalistischen Motivation, und nicht nur das, – sie wird letzten Endes ihre Wurzeln zerstören."[458]

Einen noch wichtigeren Grund für die Zersetzung des Kapitalismus sieht Schumpeter in der „Auflösung der bürgerlichen Familie"[459]:

„*Sobald Männer und Frauen die utilitaristische Lektion gelernt haben und es ablehnen, die traditionellen Einrichtungen, die ihr soziales Milieu für sie bereitstellt, als gültig anzuerkennen, – sobald sie die Gewohnheit annehmen, die individuellen Vor- und Nachteile jeder voraussichtlichen Folge von Handlungen abzuwägen –, oder, wie wir es auch ausdrücken könnten: sobald sie in ihrem Privatleben eine Art unausgesprochene Kostenrechnung einführen –, müssen ihnen unvermeidlich die schweren persönlichen Opfer, welche Familienbindungen und namentlich Elternschaft unter modernen Bedingungen mit sich bringen, ebenso wie die Tatsache bewußt werden, daß gleichzeitig – abgesehen vom Fall der Bauern und Landwirte – die Kinder nicht mehr ein wirtschaftliches Aktivum sind.*"[460]

Schumpeter sieht hier also bereits die demographische Herausforderung voraus, der alle entwickelten Volkswirtschaften, besonders die deutsche, im 21. Jahrhundert gegenüberstehen. Polemisch stellt er die Frage, die potentielle Eltern aus seiner Sicht heute im Kopf haben:

„*Warum sollten wir unsere Wünsche stutzen und unser Leben arm machen, um in unserem Alter beleidigt und verachtet zu werden?*"[461]

Weshalb diese Gefahr für die Familie nicht nur ein demographisches Problem ist, sondern den Kapitalismus generell bedroht, begründet Schumpeter so:

„*Die Bourgeoisie arbeitet in erster Linie, um zu investieren; und es war nicht so sehr ein Standard des Konsums als ein Standard der Akkumulation, für den die Bourgeoisie kämpfte und den sie auch gegen Regierungen, die den kurzfristigen Standpunkt einnahmen, zu verteidigen suchte. Mit dem Schwächerwerden der im Familienmotiv enthaltenen Antriebskraft schrumpft der Zeithorizont des Geschäftsmannes, grob gesprochen, auf seine Lebenserwartung zusammen.*"[462]

---

458 Schumpeter (Kapitalismus), S. 252 f.
459 Schumpeter (Kapitalismus), S. 253.
460 Schumpeter (Kapitalismus), S. 254 f.
461 Schumpeter (Kapitalismus), S. 255.
462 Schumpeter (Kapitalismus), S. 259 f.

Damit aber kann der Kapitalismus aus Schumpeters Sicht nicht dauerhaft überleben:

> *„Der gleiche ökonomische Prozeß, der die Stellung der Bourgeoisie unterhöhlt, indem er die Bedeutung der Unternehmer- und der Kapitalistenfunktion vermindert, die schützenden Schichten und Institutionen zerbricht und eine Atmosphäre der Feindseligkeit schafft, zersetzt somit auch von innen heraus die treibenden Kräfte des Kapitalismus. Dies zeigt in einzigartiger Weise, daß die kapitalistische Ordnung nicht nur auf Pfeilern ruht, die aus außerkapitalistischem Material bestehen, sondern daß sie auch ihre Energie aus außerkapitalistischen Mustern des Verhaltens bezieht, die sie zu gleicher Zeit zerstören muß.*
>
> *Wir haben wiederentdeckt, was von anderen Gesichtspunkten aus und – so glaube ich – mit unzulänglicher Begründung früher schon oft entdeckt worden ist: dem kapitalistischen System wohnt eine Tendenz zur Selbstzerstörung inne, die in ihren ersten Stadien sich sehr wohl in der Form einer Tendenz zur Verlangsamung des Fortschritts äußern kann.“*[463]

Was aber folgt auf den Kapitalismus, wenn dieser seinen Selbstzerstörungsprozess vollendet hat?

3.4.4 Der Sozialismus kann funktionieren

Für Schumpeter besteht unzweifelhaft die Perspektive eines funktionierenden Sozialismus, der den Kapitalismus ablöst:

> *„Kann der Sozialismus funktionieren? Selbstverständlich kann er es. Kein Zweifel ist darüber möglich, wenn wir einmal annehmen, daß erstens die erforderliche Stufe der industriellen Entwicklung erreicht ist und daß zweitens Übergangsprobleme erfolgreich gelöst werden können.“*[464]

Um diese Überzeugung zu begründen, unterscheidet Schumpeter zwei Typen von Gesellschaftsformen: die „kommerzielle“ und die „sozialistische“.[465] Erstere definiert er als ein institutionelles System mit zwei wesentlichen Elementen: Privateigentum an den Produktionsmitteln und die Koordination des Produktionsprozesses durch private Verträge.[466] Eine solche soziale Ordnung sei nicht ausschließlich bürgerlich, weil das Bürgertum in der Regel nicht fähig sei, ohne Symbiose mit einer nicht-bürgerlichen Schicht zu existieren.[467] Entscheidend für diese Arbeit ist

[463] Schumpeter (Kapitalismus), S. 261.
[464] Schumpeter (Kapitalismus), S. 267.
[465] Vgl. Schumpeter (Kapitalismus), S. 267.
[466] Vgl. Schumpeter (Kapitalismus), S. 267.
[467] Vgl. Schumpeter (Kapitalismus), S. 267.

aber ein anderer bedeutender Unterschied, den Schumpeter macht: Er differenziert zwischen der kommerziellen und der kapitalistischen Gesellschaft:

> *„Auch ist ‚kommerzielle Gesellschaft' nicht identisch mit ‚kapitalistischer Gesellschaft'. Die letztere, ein Spezialfall der ersteren, wird zusätzlich durch das Phänomen der Kreditschöpfung definiert, – durch die für so manche hervorstechenden Züge des modernen Wirtschaftslebens verantwortliche Praxis, Unternehmungen durch Bankkredite zu finanzieren, das heißt durch Geld (Noten oder Depositen), das für diesen Zweck fabriziert wurde."*[468]

Damit ist bereits ein wichtiger Hinweis auf das folgende Kapitel gegeben, in dem das geldpolitische Konzept Schumpeters dargestellt wird. Vorweg sei genommen: Im Gegensatz zu Eucken und Hayek sieht Schumpeter die Geldschöpfung der Banken für das Wachstum und die Entwicklung der Wirtschaft als wesentlich an. Weniger bedeutend ist die Unterscheidung zwischen kommerzieller und kapitalistischer Gesellschaft für die weitere Beurteilung von Schumpeters Gesellschaftsbild. Er selbst weist darauf hin, dass kommerzielle Gesellschaften in der Praxis immer kapitalistisch sind.[469]

Entscheidend ist also der Unterschied zwischen kommerzieller oder kapitalistischer Gesellschaft einerseits und sozialistischer Gesellschaft andererseits. Eine sozialistische Gesellschaft definiert Schumpeter als ein institutionelles System, in dem die Kontrolle über die Produktionsmittel sowie die Produktion selbst bei einer Zentralbehörde liegen, in dem also die wirtschaftlichen Entscheidungen der Gesellschaft in die öffentliche und nicht in die private Sphäre gehören.[470] Mit dem kapitalistischen Produktionssystem wird demnach auch der traditionelle Staat verschwinden:

> *„Der Staat, das Produkt der Zusammenstöße und Kompromisse zwischen Feudalherren und Bourgeoisie, wird einen Teil der Asche bilden, aus der der sozialistische Phoenix entstehen wird. Darum habe ich ihn nicht in meiner Definition des Sozialismus verwendet. Selbstverständlich kann der Sozialismus durch einen Akt des Staates einsetzen. Soweit ich sehe, bietet es aber keine Schwierigkeit, wenn man sagt, daß der Staat in diesem Akt stirbt, – wie dies von Marx gezeigt und von Lenin wiederholt worden ist."*[471]

Vielleicht zeigt sich hierin der deutlichste Unterschied des Österreichers Schumpeter zur Österreichischen Schule der Nationalökonomie, aber auch zum Frei-

---

468 Schumpeter (Kapitalismus), S. 267 f.
469 Vgl. Schumpeter (Kapitalismus), S. 268.
470 Vgl. Schumpeter (Kapitalismus), S. 268.
471 Schumpeter (Kapitalismus), S. 271.

burger Ordoliberalismus. Wenn Hayek und Eucken für klare Aufgaben des Staates plädieren, ihn oberhalb der Wirtschaft sehen, ist Schumpeter bereit, ihn aufzugeben. Es geht dabei aber nicht nur um die Rolle des Staates in der Wirtschaft. Schumpeter ist sich völlig bewusst, dass es um die gesamte soziale Sphäre menschlichen Lebens geht. So wie er selbst den Kapitalismus in einen größeren kulturellen Zusammenhang gestellt hat, so sei dies auch mit dem Sozialismus zu tun, wobei Schumpeter zugesteht, dass dies bis auf einige „Langweiler“ auch die meisten Sozialisten getan hätten:[472]

> *„Wir wollen uns vielmehr eingedenk bleiben, daß der Sozialismus nach höheren Zielen als vollen Bäuchen strebt, genauso wie das Christentum mehr bedeutet als die reichlich hedonistischen Werte des Himmels und der Hölle. In allererster Linie bedeutet der Sozialismus eine neue kulturelle Welt. Um derentwillen kann man begreiflicherweise ein glühender Sozialist sein, selbst wenn man glaubt, daß die sozialistische Ordnung hinsichtlich der wirtschaftlichen Leistung wahrscheinlich unterlegen sein wird. Deshalb kann ein noch so glückliches rein-ökonomisches Argument dafür oder dawider niemals entscheidend sein.“*[473]

Doch für die Frage, ob der Sozialismus am Ende funktionieren kann, nimmt Schumpeter dennoch zunächst eine ökonomische Analyse vor. Er verwendet dabei Begriffe, die aus der marktwirtschaftlichen Wirtschaftsordnung bekannt sind, schreibt beispielsweise von „Preisen“ und „Kosten“.[474] Schumpeter verweist aber darauf, dass dies keine Termini sind, auf die der Kapitalismus einen alleinigen Anspruch habe:

> *„Die Ursache jener Familienähnlichkeit ist unterdessen auch ohnehin deutlich sichtbar geworden: unser Sozialismus borgt nichts vom Kapitalismus, aber der Kapitalismus borgt vieles von der durchaus allgemeinen Logik der Wahl.“*[475]

Um zu verstehen, wie sich aus dem Kapitalismus der Sozialismus entwickeln kann, ist wichtig, sich noch einmal Schumpeters grundsätzliches Bild des Kapitalismus vor Augen zu führen. Im Gegensatz zu Eucken verwirft Schumpeter den Gedanken der vollkommenen Konkurrenz. Er ist der Auffassung, dass der Kapitalismus seine volle Leistungsfähigkeit erst durch „Riesenunternehmungen“ entfalten konnte.[476] Es ist also gerade die Verminderung von Wettbewerb, die bei Schumpeter den Erfolg des Kapitalismus bewirkt. Die Kritik vieler Sozialisten,

---

[472] Vgl. Schumpeter (Kapitalismus), S. 271 f.
[473] Schumpeter (Kapitalismus), S. 272.
[474] Vgl. Schumpeter (Kapitalismus), S. 289.
[475] Schumpeter (Kapitalismus), S. 291.
[476] Vgl. Schumpeter (Kapitalismus), S. 302.

dass die Marktwirtschaft nicht funktioniere, weil sie eine Tendenz zur Konzentration wirtschaftlicher Macht in sich habe und damit den Wettbewerb ausschalte, womit wiederum ihr wesentlicher Vorteil verlorengehe, dreht Schumpeter ins Gegenteil. Gerade diese Tendenz der Monopolisierung ist ein Vorteil![477] Insofern ist der Übergang zum Sozialismus also keine Umkehr des kapitalistischen Prozesses. Schumpeter verweist lediglich auf Effizienzgewinne durch den Übergang. So führe im Kapitalismus ein Konjunktureinbruch in einer Branche (zum Beispiel in Form von Überschusskapazitäten, die abgebaut werden oder durch wetterbedingte Produktionseinbrüche in der Landwirtschaft), zu einer Ansteckung in anderen Branchen. Der Sozialismus könne solche Konjunkturwellen beseitigen, ist Schumpeter überzeugt.[478] Den Übergang zum Sozialismus sieht Schumpeter deshalb als Möglichkeit des Fortschritts an:

> *„Und der Gesamtinhalt unseres Arguments kann in einer Nußschale Platz finden, wenn man sagt: die Sozialisierung bedeutet einen Schritt über die Großunternehmung hinaus auf dem Weg, der durch diese vorgezeichnet worden ist; oder, was auf das gleiche herauskommt: die sozialistische Leitung wird sich vermutlich dem Kapitalismus der Großunternehmung ebenso überlegen erweisen, wie der Kapitalismus der Großunternehmung sich jener Art von Konkurrenzkapitalismus überlegen gezeigt hat, dessen Prototyp die englische Industrie vor gut hundert Jahren war. Es ist sehr wohl möglich, daß künftige Generationen auf Beweise der Unterlegenheit des sozialistischen Planes ebenso herabsehen werden, wie wir auf Adam Smith's Argumente gegen die Aktiengesellschaften herabsehen, die – auch sie – nicht einfach falsch waren."*[479]

Die nach Schumpeters Ansicht überlegene ökonomische Effizienz des Sozialismus soll anhand eines weiteren Zitats belegt werden, in dem Schumpeter auf unnötige Kosten in einer Marktwirtschaft eingeht:

> *„Ein Element dieser Kosten sollte besonders erwähnt werden. Es besteht darin, daß viele Begabungen für reiche Schutz-Tätigkeiten absorbiert werden. Ein beträchtlicher Teil der gesamten Arbeit der Anwälte geht im Kampf der Geschäftswelt gegen den Staat und seine Organe auf. Es ist unwesentlich, ob wir dies eine verwerfliche Obstruktion gegen das Gemeinwohl oder eine Verteidigung des Gemeinwohls gegen jene verwerfliche Obstruktion nennen. Jedenfalls bleibt die Tatsache bestehen, daß in einer sozialistischen Gesellschaft weder Bedürfnis noch Raum für diesen Teil der juristischen Tätigkeit vorhanden wäre. Die resul-*

---

477 Vgl. Schumpeter (Kapitalismus), S. 310.
478 Vgl. Schumpeter (Kapitalismus), S. 310–312.
479 Schumpeter (Kapitalismus), S. 313.

tierende Ersparnis wird durch die Honorare der auf diesem Gebiet arbeitenden Advokaten nur unzulänglich ausgedrückt. Das ist unbeträchtlich. Nicht unbeträchtlich ist jedoch der soziale Verlust aus solch unproduktiver Beschäftigung vieler der besten Köpfe. Bedenkt man, wie fürchterlich selten gute Köpfe sind, so könnte ihre Überführung in andere Beschäftigungen von mehr als infinitesimaler Bedeutung sein.“[480]

Wichtig für Schumpeters Sozialismus: Er will anders als die Marxisten keine Umerziehung des Menschen. Statt dessen attackiert er jene Sozialisten, die in der Tradition Rousseaus stehen.[481] Diesen erachtet Schumpeter als nicht mehr zeitgemäß. Statt dessen lobt er die bürgerlichen Tugenden:

„Denn jeder zivilisierte Sozialist, der etwas auf sich hält und von ernsten Leuten ernst genommen werden will, wird manche Tatsachen in bezug auf die Qualität und die Leistungen der bürgerlichen Schicht zugeben, die mit einer derartigen Lehre unvereinbar sind, und wird des weiteren argumentieren, daß die oberen Schichten überhaupt nicht geopfert, sondern im Gegenteil von den Fesseln des Systems befreit werden sollen, welches sie moralisch nicht weniger unterdrückt, als es die Massen wirtschaftlich unterdrückt. Von diesem Standpunkt aus, der mit der Lehre von Karl Marx übereinstimmt, ist der Weg nicht allzu weit zur Folgerung, daß eine Mitarbeit der bürgerlichen Elemente recht entscheidend für den Erfolg oder Mißerfolg der sozialistischen Ordnung sein könnte.“[482]

Es ist die bereits erwähnte Rolle der Bürokraten, die im Schumpeterschen Sozialismus eine entscheidende Rolle spielt. Man beachte nochmals die enge Verzahnung zwischen soziologischer und ökonomischer Sicht: Insgesamt entwickelt sich die Gesellschaft weiter, schafft Voraussetzungen, auf denen der Kapitalismus sich entwickeln kann, doch dieser Kapitalismus wiederum schafft gesellschaftliche Gruppen und ökonomische Produktionsstrukturen, die wiederum die Voraussetzungen für die Entwicklung des Sozialismus schaffen. Eine sozialistische Wirtschafts- und Gesellschaftsordnung sei deshalb nur vorstellbar in einem gewaltigen bürokratischen Apparat, so Schumpeter.[483] Diese Bürokratie ist für Schumpeter wiederum nicht das Ende der Demokratie, sondern eine Ergänzung.[484]

Zwei Vorteile schreibt Schumpeter dem Sozialismus zu:

„Erstens: die sozialistische Ordnung wird vermutlich über jene moralische Gefolgschaft verfügen, die dem Kapitalismus immer mehr verweigert wird. […]

---

480 Schumpeter (Kapitalismus), S. 316 f.
481 Vgl. Schumpeter (Kapitalismus), S. 323.
482 Schumpeter (Kapitalismus), S. 325 f.
483 Vgl. Schumpeter (Kapitalismus), S. 328.
484 Vgl. Schumpeter (Kapitalismus), S. 329.

Zweitens: eines der Hauptverdienste der sozialistischen Ordnung besteht darin, daß sie die Natur der wirtschaftlichen Phänomene mit unmißverständlicher Klarheit zeigt, während in der kapitalistischen Ordnung ihr Gesicht hinter der Maske des Gewinninteresses verborgen bleibt."[485]

Der Kapitalismus, so schreibt Schumpter, habe seine Aufgabe erfüllt.[486] Das zeige sich an einzelnen Branchen, die bereits unter Staatsverwaltung stünden oder aber reif dafür seien, etwa das Transportsystem, vor allem die Eisenbahn, oder das englische Banksystem.[487]

3.4.5 Sozialismus und Demokratie

Wie bereits angedeutet wurde, sieht Schumpeter den Sozialismus nicht im Widerspruch zur Demokratie. Anders als Hayek legt Schumpeter seinen Fokus auf Demokratie. Hayek geht in seiner Analyse im Gegensatz dazu immer von der individuellen Freiheit aus, der die Demokratie zu dienen habe. Es ist aber falsch, Schumpeter als den Vertreter einer Demokratietheorie zu sehen, in der es eine Diktatur der Mehrheit über die Minderheit gibt. Schon gar nicht spricht er sich dafür aus, dass der Sozialismus mit Gewalt durchgesetzt wird oder gegen den Willen der Mehrheit:

„Jeder Versuch, die Menschen zu zwingen, etwas anzunehmen, was für gut und schön gehalten wird, was sie aber nicht tatsächlich wollen – obschon sie es vielleicht schätzen lernen würden, wenn sie die Ergebnisse kennten –, trägt den Stempel eines antidemokratischen Bekenntnisses."[488]

Die Beziehung zwischen den Begriffen Demokratie und Freiheit ist für Schumpeter deutlich komplexer, als im allgemeinen Gebrauch dieser Termini oft unterstellt wird.[489] Hier findet sich also eine Parallele zu Hayek. Schumpeter verwirft die Idee, nach der in demokratischen Systemen der Volkswille durchgesetzt wird, in dem eine Volksvertretung, also ein Parlament, als Repräsentant des Volkes gewählt wird:

„Die Geschichte besteht indessen aus einer Folge von kurzfristigen Situationen, die den Lauf der Dinge endgültig verändern können. Wenn das ganze Volk kurzfristig ‚zum Narren gehalten' und schrittweise zu etwas verführt werden kann, was es nicht eigentlich will, und wenn das kein Ausnahmefall ist, den wir

---

[485] Schumpeter (Kapitalismus), S. 337.
[486] Vgl. Schumpeter (Kapitalismus), S. 366.
[487] Vgl. Schumpeter (Kapitalismus), S. 366 f.
[488] Schumpeter (Kapitalismus), S. 376.
[489] Vgl. Schumpeter (Kapitalismus), S. 366 f.

übersehen dürfen, so wird noch so viel gesunder Menschenverstand rückschauend nichts an der Tatsache ändern können, daß in Wirklichkeit das Volk die Streitfragen weder stellt noch entscheidet, sondern daß diese Fragen, die sein Schicksal bestimmen, normalerweise für das Volk gestellt und entschieden werden. Gerade wer die Demokratie liebt, hat mehr Grund als irgend jemand sonst, diese Tatsache anzuerkennen, und sein Glaubensbekenntnis von dem Vorwurf zu befreien, daß es auf Spiegelfechterei beruht."[490]

Wie Hayek den Wert der individuellen Freiheit mit der abendländischen Kulturgeschichte begründet, so sucht auch Schumpeter die Wurzeln für die Rechtfertigung der Demokratie in der Kultur. Ganz bewusst nimmt er keine rationale Begründung vor. Er schreibt:

„*Das Christentum birgt jedoch ein stark egalitäres Element. Der Erlöser ist für alle gestorben: er hat keinen Unterschied gemacht zwischen Individuen verschiedenen sozialen Standes. Dadurch hat er Zeugnis abgelegt für den inneren Wert der individuellen Seele, einen Wert, der keine Abstufungen zuläßt. Ist nicht dies eine Sanktionierung – und wie mir scheint, die einzig mögliche –, um ‚jeden als einen, niemanden für mehr als einen zu zählen' – eine Sanktionierung, die Artikeln des demokratischen Glaubensbekenntnisses einen überirdischen Sinn einflößt, für die es nicht leicht ist, einen anderen zu finden?[...]*

Wir können unser Problem auch anders stellen und sagen, daß die Demokratie, wenn sie auf diese Weise motiviert wird, aufhört, eine bloße Methode zu sein, über die man rational wie über eine Dampfmaschine oder ein Desinfektionsmittel diskutieren kann. Sie wird nun tatsächlich zu etwas, wozu ich sie von einem andern Standpunkt aus für unfähig hielt, nämlich zu einem idealen oder richtiger zum Teil eines idealen Schemas der Dinge.

[...]

Unter diesen Umständen bedeutet die demokratische Revolution den Anbruch der Freiheit und der Anständigkeit und der demokratische Glaube ein Evangelium der Vernunft und Verbesserung."[491]

Schumpeter bekennt sich also als Demokrat, weist aber auf die Schwächen der klassischen Demokratielehre hin. In dieser klassischen Lehre werden der Wählerschaft fixe und rationale Ansichten über Einzelfragen zugebilligt. Diese Ansichten werden dann dadurch in politische Entscheidungen umgesetzt, indem die Wähler Repräsentanten wählen, die entsprechende Gesetze und Verordnungen erlassen und so den Wählerwillen durchsetzen.

---

490 Schumpeter (Kapitalismus), S. 420.
491 Schumpeter (Kapitalismus), S. 422–425.

Doch Schumpeter dreht diesen Prozess ins Gegenteil. Er definiert:

„Die demokratische Methode ist diejenige Ordnung der Institutionen zur Erreichung politischer Entscheidungen, bei welcher einzelne Entscheidungsbefugnis vermittels eines Konkurrenzkampfs um die Stimmen des Volkes erwerben."[492]

Zusammengefasst funktioniert Demokratie nach Schumpeter folgendermaßen: Mehrere Bewerber um die Macht ringen um die Gunst der Wähler. Es kommt zu einer Konkurrenz um Wählerstimmen. Die Aufgabe des demokratischen Prozesses besteht also nicht mehr primär darin, dass Repräsentanten gewählt werden, die den Mehrheitswillen durchsetzen, sondern darin, dass es einen Wettbewerb um die Macht gibt. Für Schumpeter klärt diese Herangehensweise und seine Erklärung von Demokratie auch das Verhältnis von Demokratie und individueller Freiheit. Dazu weist er zunächst darauf hin, dass keine Gesellschaft absolute individuelle Freiheit dulde – nicht einmal absolute Gewissens- und Redefreiheit, wie er betont – aber auch keine Gesellschaft individuelle Freiheit völlig beseitigen könne. Dies sei letztlich eine Frage des Grades. Wenn die Demokratie aber so ausgestaltet sein soll, dass jeder die Freiheit besitzt, sich um die politische Führung zu bewerben und Wahlkampf zu betreiben, dann folgt für Schumpeter daraus, dass es auch ein beträchtliches Maß an Diskussionsfreiheit gibt beziehungsweise geben muss.[493] Insbesondere die Pressefreiheit müsse dann normalerweise gewährt sein, so Schumpeter. Provozierend schreibt er:

„Demokratie ist die Herrschaft des Politikers."[494]

Schumpeter weist darüber hinaus darauf hin, dass in der Demokratie – selbst nach den klassischen Vorstellungen – nicht wirklich der Wille des Volkes durchgesetzt wird, sondern der der Mehrheit.

Aus seiner Analyse der Demokratie folgt für Schumpeter die Frage nach dem Parlamentarismus, also der Zusammensetzung der gesetzgebenden Körperschaft nach Stimmanteilen:

„Wenn die Anerkennung der Führung die eigentliche Funktion der Stimmabgabe der Wählerschaft ist, bricht die Verteidigung des Proporzes zusammen, weil ihre Prämissen nicht mehr bindend sind. Das Prinzip der Demokratie bedeutet einfach, daß die Zügel der Regierung jenen übergeben werden sollten, die über mehr Unterstützung verfügen als die anderen, in Konkurrenz stehenden Individuen oder Teams. Und dies wiederum scheint die Geltung des Majoritätssystems innerhalb der Logik der demokratischen Methode zu sichern, obschon wir es auf

---

492 Schumpeter (Kapitalismus), S. 428.
493 Vgl. Schumpeter (Kapitalismus), S. 431.
494 Schumpeter (Kapitalismus), S. 452.

anderen Gebieten, die außerhalb dieser Logik liegen, immer noch verurteilen mögen."[495]

Schumpeter zieht aus seinen Analysen den Schluss:

„*Zwischen dem Sozialismus nach unserer Definition und der Demokratie nach unserer Definition besteht keine notwendige Beziehung: sie können ohneeinander existieren. Gleichzeitig besteht keine Unvereinbarkeit: bei entsprechendem Stand der sozialen Umwelt kann die sozialistische Maschine nach demokratischen Prinzipien laufen.*"[496]

Als eine Bedingung, dass die Demokratie erfolgreich funktioniert, nennt Schumpeter, dass die Sphäre politischer Entscheidungen begrenzt bleibt.[497] Es geht Schumpeter also nicht darum, die Staatstätigkeit zu begrenzen, sondern die politische Tätigkeit. Bei vielen Sachfragen müssten die Politiker Spezialisten das Feld überlassen.[498] Schumpeter nennt einige Beispiele, wie sich die Tätigkeit des Staates ausweiten lasse, ohne dass es zu einer Vergrößerung der politischen Sphäre kommt. Eines davon ist die Finanzierung der Universitäten in einigen US-Bundesstaaten. Der Staat finanziere die Hochschulen, dennoch blieben diese autonom und frei von staatlicher Einmischung.[499] Die Beispiele zeigten:

„*So ist es denkbar, daß fast alle menschlichen Belange in die Sphäre des Staates einbezogen und doch nicht stärker Gegenstand des politischen Kampfes werden, als es bedingt ist durch die Durchbringung des Gesetzes, das die Vollmacht erteilt, die Behörde ernennt, die sie ausübt, und den Kontakt herstellt, der durch die Rolle der Regierung als allgemeiner Aufsichtsbehörde impliziert ist. Es ist natürlich richtig, daß diese Aufsicht zu einer verderblichen Beeinflussung ausarten kann. Die Macht des Politikers, das Personal nicht-politischer öffentlicher Stellen zu ernennen, wird, wenn hemmungslos ausgeübt, oft an sich schon genügen, um diese zu korrumpieren. Doch das berührt das fragliche Prinzip als solches nicht.*"[500]

Schumpeter ist der Überzeugung, dass die gesamte Wirtschaft staatlich betrieben werden kann, dass dabei aber gleichzeitig der politische Bereich beschränkt werden kann.[501] Die demokratischen Institutionen der kapitalistischen Ära müssen seiner Ansicht nach nicht mit dem Kapitalismus untergehen. Allgemeine Wahlen, Parteien, Parlamente, Kabinette und Ministerpräsidenten könnten sich auch in

[495] Schumpeter (Kapitalismus), S. 433.
[496] Schumpeter (Kapitalismus), S. 451.
[497] Vgl. Schumpeter (Kapitalismus), S. 463.
[498] Vgl. Schumpeter (Kapitalismus), S. 464.
[499] Vgl. Schumpeter (Kapitalismus), S. 464 f.
[500] Schumpeter (Kapitalismus), S. 465.
[501] Vgl. Schumpeter (Kapitalismus), S. 464 f.

der sozialistischen Wirtschaftsordnung als passend und funktionstüchtig erweisen.[502] Um dies zu wiederholen: Damit der Sozialismus überleben kann, ist für Schumpeter entscheidend, dass die Gesellschaft und vor allem die Wirtschaft eine gewisse Reife besitzt.[503] Das bedeutet, dass im kapitalistischen System die Großunternehmen eine entscheidende Rolle im Produktionsprozess einnehmen und so der Grad der Bürokratisierung entsprechend weit fortgeschritten ist.

Ganz zum Ende seines bedeutendsten Werkes räumt Schumpeter aber mit Illusionen über den Sozialismus auf:

> *„Letzten Endes bedeutet die wirksame Leitung der sozialistischen Wirtschaft nicht die Diktatur durch, sondern über das Proletariat in den Fabriken. [...] Praktische Notwendigkeit mag dazu führen, daß sich die sozialistische Demokratie letzten Endes als größerer Trug erweist, als es die kapitalistische Demokratie je gewesen ist.*
>
> *Jedenfalls wird jene Demokratie keine gesteigerte persönliche Freiheit bedeuten. Und noch einmal: sie wird keine größere Annäherung an die Ideale bedeuten, die in dem Schrein der klassischen Lehre geborgen sind.*“[504]

Was für ein Gesellschaftsbild lässt sich nun aus Schumpeters Werk „Kapitalismus, Sozialismus und Demokratie" ableiten? Edgar Salin schreibt im Nachwort der deutschen Auflage:

> *„Denn so wenig wie früher bewegt sich Schumpeter in diesem Buch auf altvertrauten Bahnen, und so wenig wie sonst läßt er sich in irgend ein Schema, für irgend eine Schule, für irgend eine Partei einspannen. Er entstammt der österreichischen Grenznutzenschule; aber ein theoretisch geschulter Leser wird erkennen, daß er mindestens so viel bei Pareto – auch bei dem Soziologen Pareto – gelernt hat und daß er bereit ist, wenn das ihm gerade vorliegende Problem es erfordert, jedes zweckmäßige theoretische Werkzeug zu ergreifen, gleichviel wo es fabriziert wurde.*
>
> *Schumpeter war Sozialist. Aber kein Sozialist, gehöre er zu den Marxisten oder zu den Fabiern, wird seinen Sozialismus bei Schumpeter finden. Nirgendwo sonst in der wissenschaftlichen Literatur sind daher auch die Grenzen der theoretischen Leistungen von Marx mit solcher Schärfe abgesteckt wie von diesem Sozialisten; aber vielleicht ist auch nirgendwo sonst die außerordentliche Größe der Marxschen Leistung so unvoreingenommen und bleibend gewürdigt wie von diesem Nicht-Marxisten.*“[505]

---

[502] Vgl. Schumpeter (Kapitalismus), S. 477.
[503] Vgl. Schumpeter (Kapitalismus), S. 478.
[504] Schumpeter (Kapitalismus), S. 480.
[505] Salin, E.: Vorwort zur 1. Deutschen Auflage (1946), in: Schumpeter (Kapitalismus), S. 485.

3.5 Schumpeters Gesellschaftbild im Vergleich zu Hayek und Eucken

Wie Hayek, so setzt sich auch Schumpeter in einem Hauptwerk der wissenschaftlichen Schaffenskraft mit dem in der Zeit zwischen den Weltkriegen weit verbreiteten gesellschaftlichen Entwicklungen hin zu kollektivistischen Gesellschaftstheorien auseinander. Bei Hayek fand dies vor allem in seinem Werk „Der Weg zur Knechtschaft" statt. Beide – dies wurde gezeigt – stellen sich dabei als Gegner von Marx heraus, wenngleich dies bei Hayek in einem leidenschaftlichen Plädoyer für die Freiheit und gegen kollektivistische oder sozialistische Ideen geschieht, während Schumpeter eher Detailkritik übt und einen anderen Sozialismus für die Zukunft sieht.

Auch Eucken lehnt eine sozialistische Ordnung völlig ab:

„Indem die beiden Sphären der Wirtschaft und des Staates sich vereinigen, tritt eine Konzentration ein, durch die das Problem der Macht erneut verstärkt wird. Die Erfahrungen im Osten bestätigen das Gesagte. Nur zeigt sich hier die Gefahr in einem ganz anderen, weit größerem Ausmaß. Eine Schicht von Funktionären, welche die verstaatlichten Betriebe verwalten, beherrscht den Wirtschaftsprozeß. Mit dieser Konzentration von Macht auf der einen Seite steigert sich die Abhängigkeit und Unfreiheit auf der anderen Seite. Es werden vielfach ganze Gewerbezweige – wie z. B. Fleischereien – vernichtet, und anstatt dessen wird durch einen staatlichen Betrieb die Bevölkerung mit Fleisch beliefert. Die Arbeiter werden von der staatlichen zentralen Verwaltung der Staatsbetriebe abhängig und ebenso die Konsumenten."[506]

Sicher, Schumpeter schwebt keinesfalls ein solcher Sozialismus vor, wie er sich zu Euckens Zeit im Osten des europäischen Kontinents entwickelte. Um einen tiefgreifenden Vergleich der Gesellschaftsbilder der bisher behandelten drei Protagonisten vorzunehmen, dürfte es deshalb sinnvoll sein, auch einen Vergleich der Freiheitsbegriffe vorzunehmen.

3.5.1 Freiheitsbegriffe bei Hayek, Eucken und Schumpeter

Hayeks Freiheitsbegriff wurde bereits vorgestellt. Er ist negativer Natur, besteht vor allem in der Abwesenheit von Zwang durch andere. Bei Eucken gibt es hier bereits einen Unterschied. Er schreibt:

[506] Eucken, Grundzüge der Wirtschaftspolitik, S. 174.

„Durch die Bauernbefreiung, durch die Herstellung der Freizügigkeit, durch Gewerbefreiheit, Vertragsfreiheit, freien Handel und Beseitigung ungezählter alter Bindungen wurden die starken Kräfte der wirtschaftenden Menschen zur Entfaltung gebracht und so auch die Bahn für Technisierung und Industrialisierung geöffnet. Aber rasch entstanden jene wirtschaftlichen Machtpositionen, die die Freiheit wieder bedrohten. So wurde z. B. der Fabrikarbeiter abhängig vom Fabrikanten, der auf dem Arbeitsmarkt ein Nachfragemonopol für Arbeitskräfte besaß. Ungezählte öffentliche Privilegien verschwanden zwar, aber an ihre Stelle traten schon im 19. Jahrhundert private Machtpositionen: Soziale Machtkörper auf den Arbeitsmärkten und weitreichende Herrschaftsansprüche in vielen Betrieben; Macht auf den Märkten und Macht im einzelnen Betrieb; dadurch wirtschaftlicher und sozialer Druck. Der Einzelne sah sich vielfach einem großen, anonymen, übermächtigen Apparat gegenüber, auf den er angewiesen war. Oft wurde Freiheit als das Recht des einzelnen angesehen, die Freiheit anderer zu unterdrücken."[507]

Damit – und mit dem folgenden Zitat Euckens – ergibt sich also bereits ein deutlicher Unterschied zwischen Eucken und Hayek.

„Der Geist der Freiheit hat die Industrialisierung schaffen helfen – und diese Industrialisierung ist zu einer schweren Bedrohung der Freiheit geworden. Am Anfang der Industrialisierung stand die Idee der Freiheit, und heute ist sie mehr in Gefahr als je zuvor. Die Geschichte geht auch hier einen merkwürdigen Gang: Hin zur Freiheit und wieder zurück zur Unfreiheit."[508]

Eucken betont die Interdependenz der Ordnungen und sieht starke Rückwirkungen zwischen der Wirtschafts- und der gesamten Gesellschaftsordnung.[509] Daraus ergibt sich, dass Euckens wirtschaftspolitisches Paradigma der vollständigen Konkurrenz auch eine starke gesellschaftspolitische Implikation hat. Es geht ihm ganz allgemein um die Bekämpfung von struktureller Macht – politischer wie wirtschaftlicher – in der Gesellschaft. Nur dann ist demnach die individuelle Freiheit gewahrt.

Ganz anders Schumpeter: Seine Vorhersage der sozialistischen Demokratie beinhaltet keine gesteigerte individuelle Freiheit.[510] Schumpeter sieht die individuelle Freiheit allein darin ausreichend gewahrt, dass das demokratische Prinzip erhalten bleibt:

---

507 Eucken, Grundzüge der Wirtschaftspolitik, S. 176.
508 Eucken, Grundzüge der Wirtschaftspolitik, S. 175.
509 Vgl. Eucken, Grundzüge der Wirtschaftspolitik, S. 183.
510 Vgl. Schumpeter, Kapitalismus, S. 480.

„Wenn, wenigstens im Prinzip, jedermann die Freiheit hat, sich dadurch um die politische Führung zu bewerben, daß er sich der Wählerschaft vorstellt, dann wird dies in den meisten, wenn auch nicht in allen Fällen, ein beträchtliches Quantum Diskussionsfreiheit für alle bedeuten. Namentlich wird es normalerweise ein beträchtliches Quantum Pressefreiheit bedeuten. Diese Beziehung zwischen Demokratie und Freiheit ist nicht absolut bündig und kann verfälscht werden. Aber vom Standpunkt des Intellektuellen aus ist sie nichtsdestoweniger sehr wichtig. Gleichzeitig ist dies aber auch alles, was über diese Beziehung gesagt werden kann."[511]

Anders als Eucken und Hayek geht es Schumpeter also nicht primär darum, die individuelle Freiheit in sämtlichen Sphären des öffentlichen und privaten Lebens zu wahren, sondern vor allem darum, jedermanns politische Freiheit zu wahren. Zwar sieht auch Hayek in der Demokratie eine wichtige Voraussetzung für die Freiheit.[512] Er schreibt aber auch:

„Diese Ansicht anerkennt natürlich, daß Demokratie noch nicht Freiheit ist; sie behauptet nur, daß Demokratie eher Freiheit schaffen wird als andere Regierungsformen."[513]

Wegner weist darauf hin, dass sich Gesellschaftstheoretiker bereits in der Vergangenheit nicht einig darüber waren, ob Planwirtschaft und politische Diktatur wie im Sowjetkommunismus zwangsläufig zusammengehören. So hätten linksorientierte Gesellschaftstheoretiker etwa die autoritäre politische Ordnung des real existierenden Sozialismus in der Regel abgelehnt, aber nicht das Konzept einer gesamtwirtschaftlichen Planung, das sie mit Demokratie grundsätzlich für vereinbar hielten.[514] Wegner schreibt:

„Zumindest darin stimmten sie mit Schumpeter überein, der in seinem epochalen Werk Kapitalismus, Sozialismus und Demokratie zwar wenig Sympathie für eine gesamtwirtschaftliche Planung hegte, aber gleichwohl mit der These einer ‚kulturellen Indeterminiertheit des Sozialismus' überraschte."[515]

Anders als Eucken lehnte Schumpeters die Idee, dass es eine Interdependenz der Ordnungen gibt, ab:

---

[511] Schumpeter, Kapitalismus, S. 431 f.
[512] Vgl Hayek, Verfassung, S. 139.
[513] Hayek, Verfassung, S. 139.
[514] Vgl. Wegner, G.: Die Fiktion des demokratischen Sozialismus, in: Schwarz, G. und Wohlgemuth, M. (Hg.): Das Ringen um die Freiheit. Die Verfassung der Freiheit nach 50 Jahren, Zürich: 2011, S. 150.
[515] Wegner, S. 150.

„In der Tat kann gemäß unserer und den meisten anderen Definitionen eine Gesellschaft voll und ganz sozialistisch sein und dennoch durch einen absoluten Herrscher geführt oder in der denkbar demokratischsten Weise organisiert sein; sie kann aristokratisch oder proletarisch sein; sie kann eine Theokratie und hierarchisch oder atheistisch oder religiös indifferent ein; sie kann unter viel strafferer Disziplin stehen als die Menschen in einer modernen Armee oder jeglicher Disziplin ermangeln; sie kann asketischen oder eudämonistischen Geistes sein, energisch oder träge, nur an die Zukunft oder nur an das Heute denken; sie kann kriegerisch und nationalistisch oder friedliebend und internationalistisch, gleichheitstrunken oder das Gegenteil sein; sie kann das Ethos von Herren oder Ethos von Sklaven haben; ihre Kunst kann subjektiv oder objektiv sein, ihre Lebensformen individualistisch oder standardisiert; und was für einige von uns schon an sich genügen würde, um unsere Gefolgschaft zu sichern oder unsere Verachtung zu wecken: sie kann aus ihrem übernormalen oder ihrem unternormalen Bestand sich fortpflanzen und entsprechend Übermenschen oder Untermenschen hervorbringen.“[516]

Der moderne Leser werde sich unter der Formulierung „denkbar demokratischste Weise“ wohl einen „habermasschen Diskurs“ vorstellen, schreibt Wegner. In einem solchen Diskurs diskutierten die Mitglieder der Gesellschaft öffentlich über ihre politischen Präferenzen und führten anschließend eine Einigung herbei, die idealerweise einen Konsens darstelle, in der Realität aber meist eine Entscheidung der Mehrheit gegen die Minderheit sei. Klar sei dabei: Je umfassender die Wünsche des Kollektivs in Bezug auf die Struktur der Volkswirtschaft sind, desto tiefer greifen die Wirtschaftsgesetze in die wirtschaftliche Dispositionsfreiheit der Individuen ein. Im Extremfall sei sogar eine zentral geplante DDR-Wirtschaft vorstellbar, wobei sich der demokratische Sozialismus von der existierenden Realität Ostdeutschlands vor 1989 eben nur darin unterscheide, dass die Volkskammer tatsächlich frei gewählt und die Meinungsfreiheit nicht beschnitten sei. Anders formuliert: Die DDR hätte nach der freien Wahl der Volkskammer im Jahr 1990 ihren ökonomischen Lenkungsapparat aus der SED-Diktatur beibehalten, mit dem einzigen Unterschied, dass die Planziele Ergebnis eines demokratischen Willensbildungsprozesses gewesen wären, wie Wegner weiter schreibt. Wegner stellt heraus, dass Schumpeters These von der kulturellen Indeterminiertheit des Sozialismus eine solche Möglichkeit ausdrücklich zugelassen hätte.[517] Allerdings lehnt Wegner selbst eine solche Möglichkeit unter Verweis auf den Widerspruch Euckens ab und bezeichnet den demokratischen Sozialismus als „blosse Idee im theoriegeschichtlichen Archiv des 20. Jahrhunderts“.[518]

516 Schumpeter, Kapitalismus, Sozialismus und Demokrtie, S. 273.
517 Vgl. Wegner, S. 150f.
518 Vgl. Wegner, S. 151, 156f.

Eucken hat die Sicht Schumpeters in der Tat klar zurückgewiesen. Er verwies auf Versuche, bei denen eine „vermachtete Wirtschaftsordnung" durch das Prinzip freier Ordnungen in Politik, Recht und Kultur ein Gegengewicht erhalten sollten, um so ein funktionsfähige Gesamtordnung zu schaffen.[519] Unter Verweis auf die Entwicklungen in Russland seit dem Jahr 1928 stellte Eucken fest, dass die freiheitlichen Gegengewichte zur zentralverwaltungswirtschaftlichen Planung bald beseitigt werden. Eucken schreibt:

> *„Je mehr die Freiheit der Person durch rechtsstaatlichen Schutz oder die Freiheit des Denkens und der Bildung gewahrt bleiben, um so weniger kann sich die Politik zentraler Leitung des Wirtschaftsprozesse durchsetzen. Was dem einen gegeben wird, wird dem anderen genommen. In solchen Wirtschaftsordnungen aber, in denen der zentralen Verwaltung durch parlamentarische Kontrolle und Beobachtung freiheitlicher Grundrechte wirksame Grenzen ihrer Befugnisse gesetzt sind, ergibt sich eine Häufung der Ursachen des Ungleichgewichts: Solche, die mit der zentralen Leitung überhaupt verbunden sind, und solche, die aus der Begrenzung der Befugnisse hervorgehen. [...]*
>
> *Die Vorstellung also, es könne die freiheitsbedrohende Wirkung zentraler Planung des Wirtschaftsprozesses durch den Ausbau freier Ordnungen in den politischen, rechtlichen und kulturellen Sphären kompensiert werden, ist in ihrem Grunde verfehlt. Zentralgeleitete Ordnungen der Wirtschaft und freie Ordnungen des Staates, des Rechts, der Erziehung müssen in Konflikt miteinander geraten. Es besteht eine Kollision der Ordnungen, ein tiefgehender Widerspruch."*[520]

Damit lassen sich drei Freiheitsbegriffe zusammenfassen:

- Bei Hayek geht es ganz grundsätzlich darum, dass unmittelbar ausgeübter Zwang durch andere – namentlich den Staat – ausgeschlossen wird
- Bei Eucken ist es Aufgabe der (staatlichen) Ordnungspolitik, Vermachtung in der Gesellschaft zu bekämpfen, um so die Freiheit des Einzelnen sicherzustellen
- Bei Schumpeter genügt es, das Demokratieprinzip offenzuhalten, also die Möglichkeit für jeden, sich frei um politische Ämter zu bewerben

Schumpeter relativiert also den negativen Freiheitsbegriff des klassischen Liberalismus und zeigt sich als Anhänger eines positiven Freiheitsbegriffs. Damit steht er in der Tradition Rousseaus, der diesen Begriff prägte. Bei Rousseau heißt es:

> *„Damit demnach der Gesellschaftsvertrag keine leere Form sei, enthält er stillschweigend folgende Verpflichtung, die allein den übrigen Kraft gewähren kann; sie besteht darin, daß jeder, der dem allgemeinen Willen den Gehorsam verwei-*

---

[519] Vgl. Eucken, Grundzüge, S. 132 f.
[520] Eucken, Grundzüge, S. 133.

gert, von dem ganzen Körper dazu gezwungen werden soll; das hat keine andere Bedeutung, als daß man ihn zwingen werde, frei zu sein.“[521]

Nach Rousseaus Vorstellung soll sich der Bürger also dem Willen des Kollektivs beugen. Schumpeter hat offenbar Sympathie für diese Vorstellung: Der Staat hat ein hohes Maß an Möglichkeiten, die Freiheit des Einzelnen einzuschränken, was vor allem für die wirtschaftliche Freiheit bedeutet. Der Einzelne kann sich dagegen vor allem so wehren, dass er von seinen demokratischen Rechten Gebrauch macht, um die Dinge nach seinen Präferenzen zu ändern.

Damit verfolgt Schumpeter unter den drei Protagonisten eindeutig ein am wenigsten an der Freiheit der individuellen Person ausgerichtetes Gesellschaftsideal, obwohl er individuell handelnde Personen gemäß seiner Unternehmertheorie auch in der Bürokratie für entscheidend hält. Er vertritt damit die kollektivistischste Gesellschaftstheorie.

3.5.2 Die sozialtheoretischen Grundlagen Schumpeters

Allerdings lassen sich seine Vorstellungen nicht einfach einordnen. Wie gezeigt wurde, geht die Betonung der positiven Freiheit zum Teil auf Rousseau zurück, wenngleich Schumpeter wenig von Rousseaus Idee hält, den Staatsbürger erziehen zu müssen. Schumpeter will die Menschen im Grunde so nehmen wie sie sind.

Grundsätzlich lässt sich Schumpeter viel schwerer als andere in eine Denkschule einordnen. McCraw weist darauf hin, dass auf Schumpeter Autoren wie Hegel, Comte, Nietzsche, Marx, Freud und Weber Einfluss ausübten.[522] Vielleicht hat Schumpeter von allen Autoren etwas übernommen. McCraw schreibt jedoch, dass insbesondere Max Webers Ideen einen unmittelbaren Einfluss auf Schumpeter hatten. Er habe die in Webers Schriften enthaltenen Ideen neu formuliert und für seine eigenen Synthesen genutzt.[523] Ein Aspekt in Schumpeters Denken, der sich bereits bei Weber findet, ist der der zunehmenden Bürokratisierung der Gesellschaft. Diese sieht Weber als „*die Keimzelle des modernen okzidentalen Staaates*“[524]. Darüber hinaus findet sich bereits bei Weber die Idee, dass Demokratie im Wesentlichen weniger die Herrschaft des Volkssouveräns ist, sondern der Wettstreit von Politkern, „*weil alle Politik im Wesen nach Kampf ist*“[525]. Webers Analyse von den Voraussetzungen des Kapitalismus – die Entwicklung seines Geistes – findet

---

521 Rousseau, J.: Der Gesellschaftsvertrag „Contrat Cocial“, hg. Von Weinstock, H.: Stuttgart: 1958, S. 48.

522 Vgl. McCraw, S. 188.

523 Vgl. McCraw, S. 188.

524 Weber, M.: Wirtschaft und Gesellschaft. Grundrisse der verstehenden Soziologie, 5. Auflage, Tübingen: 1980, S. 128.

525 Weber, Wirtschaft und Gesellschaft, S. 861.

sich auch bei Schumpeter, wenngleich dieser sich nicht wie Weber auf den „Gott des Calvinismus" bezieht, sondern die breitere Entwicklung des abendländischen Denkens berücksichtigt. Beide eint aber die Erkenntnis, dass der Kapitalismus letztlich auf Voraussetzungen aufbaut, die nicht aus der kapitalistischen Rationalität stammen.

Weiter oben wurde erwähnt, dass Schumpeter das Programm der Historischen Schule (Gustav Schmoller) gar zum Programm der Zukunft erhoben hat. Schmoller wiederum wird von Winkel als Zwei-Fronten-Kämpfer des 19. Jahrhunderts dargestellt: einmal gegen die „Manchester-Liberalen", zum anderen gegen die Sozialisten um Marx oder Lassalle.[526] Er billigte dem Staat eine Mitwirkung an der Lösung der sozialen Frage zu. Zwar wurde gezeigt, dass Schumpeter zu seiner Zeit deutlich skeptischer in Bezug auf staatliche Eingriffe in den Marktprozess war – er kritisierte die Politik Franklin D. Roosevelts. Aber er schloss eben auch den Übergang zu einem demokratischen Sozialismus nicht aus. Schumpeter ist damit anders als Hayek oder auch Eucken viel weniger in der liberalen Philosophie etwa der schottischen Aufklärung verankert.

3.6 Die Rolle des Geldes und der Kreditschöpfung bei Schumpeter im Vergleich zu Hayek und Eucken

Der deutlichste Unterschied Schumpeters zum Theoriegebäude Hayeks und Euckens findet sich in der Bedeutung von Banken und der Kreditschöpfung, also die Vergabe von Krediten durch die Banken aus nicht vorhandenen Spareinlagen. Schumpeter betrachtet die Kreditschöpfung *„als das monetäre Ergänzungsstück zur Einführung einer Innovation"*[527]. Dagegen wollte Eucken die Giralgeldschöpfung der Banken völlig beenden, ebenso Hayek.[528] Schumpeter vergleicht die sozialistische mit der kapitalistischen Ordnung. In beiden müsse es eine Neuallokation der Produktionsmittel geben, um den Innovationsmechanismus in Gang zu setzen. Da diese in der kapitalistischen Ordnung, wo die Produktionsmittel in privater Hand liegen, nicht durch zentrale Anordnung umgewidmet werden können, muss dies folgerichtig über den Marktmechanismus, über Käufe und Verkäufe erfolgen.[529] Schumpeter schreibt:

[526] Vgl. Winkel, H.: Gustav von Schmoller, in: Starbatty, J. (Hg): Klassiker ökonomischen Denkens. Von Platon bis John Maynard Keynes, Hamburg: 2008, S. 97–118, S. 101.
[527] Schumpeter, J.: Konjunkurzyklen, Göttingen: 2008, S. 119.
[528] Vgl. Seite 59 f. dieser Arbeit.
[529] Vgl. Schumpeter (Konjunkurzyklen), S. 119.

„Die Ausgabe neuer hierfür geschaffener Zahlungsmittel entspricht, da unsere Unternehmer keine eigenen Mittel haben und – bisher – keine Ersparnisse vorhanden sind, in der kapitalistischen Gesellschaft den vom Zentralbüro des sozialistischen Staates gegebenen Befehl.“[530]

Es findet sich nichts von der Idee der Österreichischen Schule, dass nur investiert werden kann, was zuvor gespart worden ist, dass die wirtschaftliche Entwicklung also ein organisch wachsender Prozess ist, der sich so nicht nur realwirtschaftlich sondern auch auf der Seite der Kapitalbewegungen zeigt. Schumpeter überträgt die Entscheidung, wo investiert und damit auch was am Ende produziert wird, wie selbstverständlich den Banken.[531] Zur Erinnerung: Bei Eucken und Hayek sollen dies die Konsumenten entscheiden! Schumpeter geht sogar noch einen Schritt weiter. Der Gefahr, dass durch eine zu hohe Geldschöpfung die Inflation steigt, bemisst er eine zweitrangige Rolle bei.

Zu dieser Sicht passt, dass Schumpeter den Schotten John Law unter die „ersten Geldtheoretiker aller Zeiten“ einreihte.[532] Law propagierte zu Beginn des 18. Jahrhunderts das Papiergeld, wie Braunberger ausführt. Edelmetallgeld sei nicht ausreichend vermehrbar und zu unpraktisch im Umgang, um damit kräftige Konjunkturaufschwünge zu finanzieren, lautete demnach Laws Argument. Law habe deshalb das Konzept eines durch Grund und Boden gedeckten Papiergeldes erarbeitet. Schumpeters Überzeugung, dass geschöpftes Geld und die Kreditvergabe der Banken Voraussetzung für die innovative Tätigkeit der Unternehmer sind, habe Law so gut 200 Jahre vorweggenommen.[533] Laws Idee, im Auftrag der französischen Krone mithilfe der Notenpresse die Erschließung des Gebiets um den heutigen amerikanischen Bundesstaat Louisiana voranzutreiben, endete allerdings im Platzen einer Aktienblase; das Finanzsystem musste „abgewickelt“ werden.[534]

Schumpeter schreibt:

„Der quantitätstheoretische Gesichtspunkt ist völlig sekundär. Verkehrt an John Law war nicht, daß er Zahlungsmittel in vacuo schuf, sondern daß er sie für Zwecke verwandte, die scheiterten.“[535]

---

530 Schumpeter, J.: Konjunkurzyklen, Göttingen: 2008, S. 119.
531 Vgl. Schumpeter (Konjunkurzyklen), S. 121.
532 Vgl. Braunberger, G.: Aufstieg und Fall von John Laws Finanzsystems, in: FAZ vom 1. 4. 2008, S. 25.
533 Vgl. Braunberger, G.: Aufstieg und Fall von John Laws Finanzsystems, in: FAZ vom 1. 4. 2008, S. 25.
534 Vgl. Braunberger, G.: Aufstieg und Fall von John Laws Finanzsystems, in: FAZ vom 1. 4. 2008, S. 25.
535 Schumpeter (Konjunkurzyklen), S. 122.

Wesentlich für Schumpeters Theorie ist, dass er die Geldschöpfung nur als bedeutend bemisst, um die Innovationen von Unternehmern zu finanzieren, nicht aber, um im Sinne der Steigerung der allgemeinen Nachfrage durch Konsumentenkredite einen Aufschwung auf Kredit zu finanzieren.[536]

Schumpeter äußerte sich auch über die Frage einer Goldwährung bzw. des Goldstandards. Er schrieb über dieses Konzept:

„Sie ist die Sicherheitsbremse, welche der Goldmonometallismus automatisch in die Maschinerie einbaut. Wenn in einem solchen monetären System Gesetz oder Gewohnheit weitere Beschränkungen auferlegen, so können sie keinen anderen Sinn haben, als diese Bremse zu verstärken und ihr Funktionieren zu sichern.“[537]

Deutlicher ist seine Kritik an der Idee, dass die Zentralbank rezessive oder depressive Phasen der konjunkturellen Entwicklung mithilfe der Zinspolitik bekämpfen könne:

„Selbst eine durch kein Gesetz beschränkte Fähigkeit, Kredite zu schöpfen, bedeutet noch nicht die tatsächliche Fähigkeit, sie zu schöpfen, geschweige denn, sie wirksam werden zu lassen.“[538]

Für Schumpeter besteht folglich *„im Verlauf der Depression kein großer Wirkungsbereich für die Initiative der Zentralbank.“*[539] Anders in Zeiten wirtschaftlicher Erholung. Hier hätten die Zentralbanken vor allem im 19. Jahrhundert mehr tun können, um bremsend zu wirken.[540] Allerdings habe dies die öffentliche Meinung, wie Schumpeter schreibt, verhindert.[541] Damit wiederum ist Schumpeter in der Nähe Hayeks und Euckens.

Doch in Fragen der Geldpolitik bleibt ein Antagonismus zu den im ersten Hauptkapitel behandelten Protagonisten. Schumpeter unterscheidet zwischen den Wirkungen der Zentralbank auf die Vermögensmärkte und den dort stattfindenden Übertreibungen und dem Auf und Ab des Konjunkturzyklus. Er schreibt:

„Innerhalb eines abgeschlossenen Bereichs ist das Verhältnis der Zentralbanken zu dem von uns so genannten leichtsinnigen Bankgeschäft, zu spekulativen Auswüchsen, betrügerischer oder verantwortungsloser Geschäftstätigkeit – besonders finanzieller Art – einer der beiden wichtigen Punkte und die Behandlung von Krisen und Paniken der andere.

[536] Vgl. Schumpeter (Konjunkurzyklen), S. 122–126.
[537] Schumpeter (Konjunkurzyklen), S. 129.
[538] Schumpeter (Konjunkurzyklen), S. 673.
[539] Schumpeter (Konjunkurzyklen), S. 677.
[540] Schumpeter (Konjunkurzyklen), S. 678.
[541] Schumpeter (Konjunkurzyklen), S. 678.

Eine wirklich wirkungsvolle Bekämpfung des erstgenannten würde eine Aufsichtsgewalt erfordern, die den Zentralbanken bis heute noch nicht zu Gebote stand. Diese Unfähigkeit des Kapitalismus, sich selbst zu beaufsichtigen, ist ebenso auffällig wie sein Unvermögen, sich selbst zu schützen – er braucht immer einen Polizisten und einen Protektor nicht-bürgerlicher Färbung, der ihn reguliert, schützt und ausbeutet. [...] gerade dieses Unvermögen erzeugt Krisen zum Unterschied von bloßen Depressionen."[542]

Schumpeter verwirft gleichzeitig die Idee, dass eine zu späte expansive Reaktion der Zentralbanken Wirtschaftskrisen hervorruft, gesteht aber zu, dass in der Vergangenheit die Zentralbanken durch ihre Maßnahmen zu einer zeitlichen Verkürzung von wirtschaftlichen Einbrüchen geführt haben.[543]

Damit lässt sich festhalten, dass zwischen den geldpolitischen Konzepten Hayeks und dem Schumpeters ein grundlegender Unterschied besteht. Das zeigt sich am auffälligsten, wenn man Hayeks Konzept des Währungswettbewerbs nimmt. Kaum etwas könnte diesem Konzept widersprüchlicher entgegenstehen als die Idee, dass die Banken in die Rolle eines zentralen Planers schlüpfen, der für die Umwidmung volkswirtschaftlicher Ressourcen sorgt. Schumpeter steht mit seiner Vorstellung der gesamten Österreichischen Schule der Nationalökonomie diametral entgegen.

Natürlich gibt es auch Anknüpfungspunkte. Schumpeter ist grundsätzlich skeptisch, was den Einfluss der Zentralbank auf den Konjunkturablauf angeht, wenngleich er ihn nicht völlig abstreitet. Das gilt insbesondere für seine Kritik an den Möglichkeiten der Geldpolitik, durch Zinspolitik Depressionen zu verhindern. Ähnlich wie die Österreicher hat er hier das Bild vor Augen, dass eine Depression mitunter nötig ist, um eine Reallokation volkswirtschaftlicher Ressourcen zu erwirken.

Damit zeigt sich auch ein Anknüpfungspunkt zu Eucken, der von einer Konjunktursteuerung ebenfalls wenig wissen wollte. Allerdings ist Eucken wie Hayek grundsätzlich wesentlich skeptischer als Schumpeter in Bezug auf die geldpolitische Steuerungsfähigkeit der Konjunktur. Eucken und Hayek betonten vor allem die Inflationsgefahr, Schumpeter behandelt diese Frage dagegen untergeordnet. Die Geldschöpfung, die Eucken mittels eines hundertprozentigen Mindestreservesatzes allein der Zentralbank unterstellen will, bleibt bei Schumpeter bei den Banken. Man kann hieraus jedoch nicht ableiten, dass Schumpeter marktwirtschaftlicher gedacht hat als Eucken. Vielmehr hat er die Banken wie dargestellt als eine Art zentralen Planer angesehen, während Eucken genau solche Einrichtungen im Interesse einer dezentralisierten Marktwirtschaft verhindern wollte. Unzwei-

542 Schumpeter (Konjunkurzyklen), S. 679.
543 Schumpeter (Konjunkurzyklen), S. 680.

felhaft trat Schumpeter im Vergleich zu Eucken damit für eine Geldpolitik ein, bei der ein expansives Element – nämlich die Finanzierung von Investitionen über Kredit- und Geldschöpfung – eine wesentliche Rolle spielte.

Damit gilt: Schumpeter kann im Sinn der Frage dieser Arbeit als Vertreter einer Geldpolitik stehen, die expansiver ausgerichtet ist als es Eucken und erst recht Hayek für vertretbar hielten.

Im vorangegangenen Hauptkapitel wurden die geldpolitischen Konzepte Euckens und Hayeks vor allem anhand des Maßstabs, welche Rolle dem Staat in der Geldpolitik zugeordnet wird, verglichen. Dabei zeigte sich, dass Eucken dem Staat in der Geldpolitik ein wesentlich stärkeres Gewicht zuordnet als Hayek, schon weil er für eine Bekämpfung von Deflation eintritt. Damit kann Eucken im Vergleich zu Hayek unzweifelhaft als Vertreter einer expansiveren Geldpolitik angesehen werden.

Reiht man die drei bisher behandelten Ökonomen – Hayek, Eucken und Schumpeter – aneinander ergibt sich somit, dass Hayek das kontraktivste geldpolitische Konzept vertritt und Eucken in der Mitte steht.

Spätestens mit seiner Forderung nach einer Privatisierung des Geldwesens hat sich Hayek eindeutig davon distanziert, dass die Geldpolitik etwa in Form der Kreditschöpfung durch die Banken nötig oder sinnvoll für den ökonomischen Prozess ist. Eucken gesteht zu, dass ohne diese Form der Kredit- und Geldschöpfung die Industrialisierung langsamer fortgeschritten wäre, sieht darin aber zugleich die Ursache von Inflation und Deflation.[544] Um beides – Inflation und Deflation – zu vermeiden, plädiert Eucken für eine Warenreservewährung in Verbindung mit einem 100-Prozent-Reservesatz der Banken. Sein Ziel ist dabei nicht die Stärkung der Rolle des Staates in der Wirtschaftspolitik, sondern im Gegenteil die Reduzierung staatlicher Tätigkeit. Er will ein unabhängiges stabiles Ordnungselement für die Marktwirtschaft schaffen und den Zusammenhang zwischen Sparen und Investition stärken, die Geldschöpfung der Banken reduzieren. Eucken ist also, auch dies wurde gezeigt, im Sinne Andereggs Vertreter einer gesellschaftsvertraglichen Geldordnung. Bei Schumpeter finden sich dagegen durch seine Betonung der Kreditschöpfung der Banken und der Forderung nach Regulierung, um die spekulative Tätigkeit des Bankwesens einzudämmen, starke künstliche Elemente in der Geldordnung. Geld hat hier nicht mehr nur die klassischen Funktionen – Tauschmittel, Recheneinheit und Wertaufbewahrungsmittel – sondern wird eben auch zur Steuerung der Wirtschaft und des Innovationsprozesses geschöpft.

---

[544] Vgl. Eucken, Grundzüge der Wirtschaftspolitik, S. 258.

3.7 Zwischenfazit zu Hayek, Eucken und Schumpeter

Auch für den dritten Protagonisten dieser Arbeit lässt sich die Frage dieser Arbeit positiv beantworten. Schumpeter hat wie gezeigt das kollektivistischste Gesellschaftsbild. Er plädiert zwar nicht für den Sozialismus und verteidigt eine weitgehende Laissez-faire-Politik im Kapitalismus, sagt aber dennoch den Sieg des Sozialismus voraus und beschreibt, wie er funktionieren könne. In einer sozialistischen Demokratie hält er die individuellen Freiheitsrechte durch die Sicherstellung des politischen Wettbewerbs für ausreichend garantiert – ein fundamentaler Unterschied zu Hayek und Eucken. Darüber hinaus steht er in einer Denktradition, die wenig Berührung mit der liberalen Philosophie der schottischen Aufklärung hat. Er steht vielleicht sogar Rousseau näher als Locke oder Hume. Seine geistigen Väter sind Schmoller und Weber, wobei vor allem ersterer durchaus staatliche Eingriffe in die Wirtschaft befürwortete.

Gleichzeitig zeigt er zwar eine gewisse Skepsis bezüglich der Möglichkeit des Staates, durch Geldpolitik (und Haushaltspolitik) die Konjunktur positiv zu steuern. Er erteilt dieser Idee aber keine eindeutige Absage. Und vor allem: Schumpeter hält die Kreditschöpfung der Banken für nötig, um den gesellschaftlichen Produktionsprozess innovativ zu steuern – ein eindeutig expansives Element der Geldpolitik.

4 Milton Friedman – Freiheit und das Wachstum der Geldmenge

Vor allem die politische Linke hat sich kaum einen Ökonom so sehr als Lieblingsfeind ausgesucht wie den im Jahr 2006 verstorbenen Amerikaner Milton Friedman. Unzweifelhaft war Friedman einer der einflussreichsten Liberalen des 20. Jahrhunderts. Die Concise Encyclopedia of Economics bezeichnet Friedman als den „prominentesten Anwalt freier Märkte im 20. Jahrhundert".[545]

4.1 Milton Friedman: zur Person

Friedman wurde im Jahr 1912 als Sohn jüdischer Immigranten in New York geboren.[546] Im Alter von 20 Jahren erwarb er an der Rutgers University seinen ersten akademischen Abschluss. Ein Jahr später, im Jahr 1933, schloss er sein Masterstudium an der University of Chicago ab. Im Jahr 1946 wurde er an der Columbia University in New York promoviert. 1976 wurde Friedman mit dem Ökonomie-Nobelpreis für seine Arbeiten auf dem Gebiet der Analyse des Konsums, der Geschichte und Theorie des Geldes und für seine Demonstration der Komplexität der Stabilitätspolitik ausgezeichnet. Zuvor war er Berater von Präsident Richard Nixon. Nach seiner Emeritierung an der University of Chicago im Jahr 1977 forschte Friedman bis an sein Lebensende an der Hoover Institution der Stanford University. [547]

Seinen wissenschaftlichen Durchbruch hatte Friedman im Jahr 1945 mit dem Werk „Income from Independent Professional Practice", das er zusammen mit Simon Kuznets veröffentlicht hatte.[548] Darin forderte er eine Stärkung des Wettbewerbs im medizinischen Bereich.[549] Eine Wegmarke in Friedmans akademischem Leben war die Veröffentlichung „A Theory of the Consumption Function" im Jahr 1957, in dem er die bis dahin vorherrschende These von Keynes widerlegte,

---

[545] Vgl. The Concise Enzyklobedia of Economics, zitiert nach: www.econlib.org/library/Enc/bios/Friedman.html (Stand: 28. Juli).

[546] Vgl. The Concise Enzyklobedia of Economics, zitiert nach: www.econlib.org/library/Enc/bios/Friedman.html (Stand: 28. Juli).

[547] Vgl. The Concise Enzyklobedia of Economics, zitiert nach: www.econlib.org/library/Enc/bios/Friedman.html (Stand: 28. Juli).

[548] Vgl. The Concise Enzyklobedia of Economics, zitiert nach: www.econlib.org/library/Enc/bios/Friedman.html (Stand: 28. Juli).

[549] Vgl. The Concise Enzyklobedia of Economics, zitiert nach: www.econlib.org/library/Enc/bios/Friedman.html (Stand: 28. Juli).

dass die Bürger stets einen festen Teil ihres Einkommens sparen und einen festen Teil konsumieren.[550] Friedman stellte in diesem Werk die bis heute in der Ökonomik verbreitete „Permanente Einkommenshypothese" auf, die im Wesentlichen besagt, dass die Individuen ihren Konsum über ihre gesamte Lebenszeit versuchen zu glätten, also ihrem gesamten Lebenseinkommen anpassen.

Die Concise Encyclopedia of Economics bezeichnet Friedmans Werk „Capitalism and Freedom" als wichtigstes ökonomisches Buch der 1960er Jahre.[551] Friedman plädiert darin für den klassischen Liberalismus und fordert unter anderem die Abschaffung der Wehrpflicht, flexible Wechselkurse, freien Zugang zu bisher lizensierten Berufen, eine negative Einkommensteuer sowie Bildungsgutscheine anstelle staatlicher Universitäten.[552] Außerdem stellt er in einer späteren Auflage des Buches seine berühmte Regel vor, nach der die Geldmenge mit einer konstanten Rate zwischen drei und fünf Prozent wachsen solle – die Grundthese des Monetarismus. Diese These wurde vor allem durch das 1963 zusammen mit Anna Schwartz veröffentliche Buch „Monetary History of the United States, 1867 – 1960" berühmt. Darin wird der US-Notenbank Federal Reserve (Fed) eine Mitschuld an der Großen Depression zu Beginn der 1930er Jahre gegeben. Der Vorwurf lautet, dass die Fed kein Geldmengenziel verfolgte und deshalb dem Einbruch in der Geldnachfrage nicht gegensteuerte.

Bereits im Jahr 1956 hatte Friedman in „Studies in the Quantity Theory of Money" argumentiert, dass langfristig ein höheres Wachstum der Geldmenge zwar die Preise in einer Volkswirtschaft steigen lässt, aber wenig oder keinen Effekt auf den gesamtwirtschaftlichen Output hat:[553] Kurzfristig könne allerdings ein höheres Geldangebot die Beschäftigung und das Wirtschaftswachstum steigern, während ein sinkendes Geldangebot den gegenteiligen Effekt habe.

Mit seinem Werk hat Friedman die gängige These der keynesianischen Mainstream-Ökonomie verworfen, dass es einen Trade-off gibt zwischen Inflation und Arbeitslosigkeit gibt, die sogenannte Phillipskurve. Diese Sicht kam in Deutschland durch ein berühmtes Zitat von Helmut Schmidt zum Ausdruck. Vor seiner Amtszeit als Bundeskanzler sagte Schmidt einmal:

---

550 Vgl. The Concise Enzyklobedia of Economics, zitiert nach: www.econlib.org/library/Enc/bios/Friedman.html (Stand: 28. Juli).

551 Vgl. The Concise Enzyklobedia of Economics, zitiert nach: www.econlib.org/library/Enc/bios/Friedman.html (Stand: 28. Juli).

552 Vgl. The Concise Enzyklobedia of Economics, zitiert nach: www.econlib.org/library/Enc/bios/Friedman.html (Stand: 28. Juli).

553 Vgl. The Concise Enzyklobedia of Economics, zitiert nach: www.econlib.org/library/Enc/bios/Friedman.html (Stand: 28. Juli).

„Fünf Prozent Inflation sind leichter zu ertragen als fünf Prozent Arbeitslosigkeit.“[554]

Friedman argumentierte, dass die Arbeitslosigkeit, sobald die Menschen die höhere Inflationsrate antizipierten, wieder steigen würde. Nur durch eine immer höhere Teuerungsrate könne somit die Arbeitslosigkeit niedrig gehalten werden, so Friedman.

Die Stagflation der 1970er Jahre überzeugte viele Ökonomen von dieser Sicht, es kam zur monetaristischen Gegenrevolution (nach der keynesianischen Revolution, die durch das Werk „The General Theory of Emplyoment, Interest and Money“ im Jahr 1936 ausgelöst worden war).

4.2 Friedmans Freiheitsbegriffe und seine Sicht auf die Rolle des Staates in der Wirtschaft

Das Dogma des klassischen Liberalismus einigt Hayek und Friedman. *„Milton and I agree on almost everything except monetary policy“*, so Hayek in einem Interview im Jahr 1980.[555] Die Unterschiede in Bezug auf die Geldpolitik werden im folgenden Kapitel dargestellt. Zunächst soll nun – trotz des eindeutigen Zitates Hayeks – Friedmans Freiheitsbegriff und sein Verständnis vom Staat untersucht werden.

Anders als Hayek beginnt Friedman seine Ausführungen über die Freiheit nicht mit einem klaren Bekenntnis zum negativen Freiheitsbegriff, nach dem es zur Wahrung der individuellen Freiheit ausreicht, wenn auf ein Individuum kein Zwang ausgeübt wird. Stattdessen folgt er eher einem Euckenschen Ansatz, wenn er schreibt:

„Unser Verstand sagt uns, und die Geschichte bestätigt es, dass die große Gefahr für die Freiheit in der Konzentration von Macht beschlossen liegt. Regierungen sind notwendig, um unsere Freiheit zu schützen. Sie sind das Instrument, mit dessen Hilfe wir unsere Freiheiten ausüben können; doch bei der Konzentration von Macht in der Hand der Politiker beginnt die Gefahr für die Freiheit. Auch wenn die Männer, die diese Macht ausüben, ursprünglich guten Willens sind, und selbst, wenn sie nicht von der Macht, die sie ausüben, korrumpiert werden: so ist es doch Macht, die sie anzieht und die andere Männer aus ihnen macht.“[556]

---

[554] Schmidt, H., zitiert nach: 2 Prozent = 5400, in: Der Spiegel Nummer 45, Hamburg: 1972, S. 98; Anmerkung: Schmidt war damals Doppelminister für Wirtschaft und Finanzen.
[555] Hayek, F. A., zitiert nach: Garrison, R.: Hayek and Friedman: Head to Head, S. 1.
[556] Friedman, M.: Kapitalismus und Freiheit, 7. deutsche Auflage, München: 2010, S. 24f.

Friedman thematisiert hier wie Eucken vor allem das Thema Macht. Allerdings setzt er vor allem an der politischen Macht an. Wie Eucken und auch Hayek ist Friedman kein Anarchist. Er sieht die Notwendigkeit einer Regierung als gegeben an. Allerdings müsse diese – wie in modernen Demokratien mehr oder weniger üblich – beschränkt und verteilt sein. Die Aufgabe der Regierung besteht für Friedman darin, die Freiheit der Bürger zu schützen, wenn diese von außerhalb bedroht ist oder wenn einzelne Bürger die Freiheit ihrer Mitbürger verletzen. Als Hauptfunktion des Staates sieht Friedman folgerichtig an, die Einhaltung privater Verträge zu überwachen und für Wettbewerb auf den Märkten zu sorgen.[557] Nur dadurch könne dem Privaten seine Substanz verliehen werden.[558]
Friedman schreibt:

> *„Indem wir unsere Linie auf freiwilliger Kooperation und privaten Unternehmungsgeist in wirtschaftlichen oder sonstigen Aktivitäten verlassen, können wir sichergehen, dass der private Sektor der Zügel ist, den wir dem Staatssektor anlegen, und daneben ein wirksamer Schutz der Redefreiheit, der Freiheit der Religion und der Freiheit der Gedanken.“*[559]

Klassisch liberal fällt Friedmans Begründung für die Beschränkung der Staatstätigkeit aus. Er argumentiert zunächst nicht mit ökonomischen Effizienzgründen, sondern mit der Wahrung der Freiheit.

> *„Die Bewahrung der Freiheit ist der entscheidende Grund, um die Staatsgewalt zu beschränken und zu dezentralisieren.“*[560]

Friedman fasst sein politisches Programm wie folgt zusammen:

> *„Das Fundament der liberalen Philosophie ist der Glaube an die Würde des Einzelnen, an seine Freiheit zur Verwirklichung seiner Möglichkeiten in Übereinstimmung mit seinen persönlichen Fähigkeiten mit der einzigen Einschränkung, dass er nicht die Freiheit anderer Personen beschränke, das Gleiche zu tun. [...]*
>
> *Ein Liberaler wird daher genau zwischen gleichen Rechten und gleichen Möglichkeiten auf der einen Seite sowie materieller Gleichheit und gleichen Resultaten auf der anderen Seite unterscheiden. Er wird wahrscheinlich die Tatsache begrüßen, dass die freiheitliche Gesellschaftsordnung mehr für die materielle Gleichheit tut als irgendeine der vorherigen. Er sieht dies jedoch als ein erfreuliches Nebenprodukt der freiheitlichen Gesellschaftsordnung und nicht als ihre Hauptberechtigung an. Er wird Maßnahmen zur Verstärkung von Freiheit und*

---

557 Friedman, M.: Kapitalismus und Freiheit, 7. deutsche Auflage, München: 2010, S. 24 f.
558 Friedman, M.: Kapitalismus und Freiheit, 7. deutsche Auflage, München: 2010, S. 37.
559 Friedman, Kapitalismus, S. 25.
560 Friedman, Kapitalismus, S. 26.

Gleichheit begrüßen – wie zum Beispiel die Einschränkung oder Ausschaltung von Monopolen und die Verbesserung der Struktur des freien Marktes. Er sieht private Hilfsmaßnahmen zur Unterstützung der Benachteiligten als ein Beispiel für die richtige Verwendung der Freiheit an. Er wird auch Regierungsmaßnahmen zur Verringerung der Armut als wirkungsvolle Möglichkeit für die große Mehrzahl der Allgemeinheit zur Verfolgung eines gemeinsamen Zieles erachten. Dabei wird er jedoch die Einführung von Zwangsmaßnahmen anstelle freiwilliger Maßnahmen bedauern."[561]

Als sein Leitmotiv bezeichnet Friedman den „wettbewerblich organisierten Kapitalismus"[562]. In klarem Widerspruch steht Friedman zu Schumpeter. Wie im vorangegangenen Kapitel gezeigt wurde, war für Schumpeter eine Trennung der individuellen Freiheit von der politischen Freiheit möglich. Anders bei Friedman. Ein System wirtschaftlicher Freiheit war für ihn die notwendige Bedingung für politische Freiheit.[563] Damit steht Friedman eindeutig auf der Seite Hayeks. Und wie Eucken, der von der Interdependenz der Ordnungen spricht, so kommt auch Friedman zu dem Schluss, dass zwischen Wirtschaft und Politik engste Beziehungen bestehen und nur bestimmte Kombinationen wirtschaftlicher und politischer Formen möglich sind. Ohnehin macht wirtschaftliche Freiheit für Friedman einen bedeutenden Teil der gesamten Freiheit eines Menschen aus.[564] Eine sozialistische Gesellschaft kann für Friedman nicht demokratisch sein und kann die persönliche Freiheit nicht garantieren.[565] Friedman schreibt:

„*Aus der Geschichte wird ganz evident, wie die politische Freiheit und der freie Markt zusammenhängen. Ich kenne kein Beispiel, wo es eine Gesellschaft gegeben hat, in der es ein hohes Maß an politischer Freiheit gab und wo nicht zugleich etwas existierte, das mit freien Märkten vergleichbar wäre, auf denen sich die gesamte wirtschaftliche Freiheit voll entfalten konnte.*

[...]

Die Geschichte lehrt jedoch nur, dass der Kapitalismus eine notwendige Voraussetzung für politische Freiheit ist. Eine hinreichende Bedingung ist er freilich nicht."[566]

Anders als Hayek drückt Friedman seine Skepsis in Bezug auf die Demokratie nicht explizit aus. Allerdings ist davon auszugehen, dass Friedman hier ähnlich gedacht hat. Er war der Überzeugung, dass für einen Liberalen wie ihn die Freiheit

---

561 Friedman, Kapitalismus, S. 232.
562 Friedman, Kapitalismus, S. 27.
563 Vgl. Friedman, Kapitalismus, S. 27.
564 Vgl. Friedman, Kapitalismus, S. 32.
565 Vgl. Friedman, Kapitalismus, S. 30.
566 Friedman, Kapitalismus, S. 32.

des Individuums und der Familie das höchste Ziel aller sozialen Einrichtungen sei.[567] Es sei dabei eines der Hauptanliegen des Liberalismus, die ethischen Fragen dem Individuum zu überlassen.

Um den engen Zusammenhang zwischen wirtschaftlicher und politischer Freiheit deutlich zu machen, führt Friedman folgendes Beispiel an:

„Den Bürgern Großbritanniens, die nach dem Zweiten Weltkrieg nicht ihre Ferien in den Vereinigten Staaten verbringen durften, da eine Devisenbewirtschaftung bestand, wurde ebenso ein essenzielles Stück Freiheit vorenthalten wie den Bürgern der Vereinigten Staaten, die wegen ihrer politischen Ansichten keine Ferien in Russland verbringen durften. Dabei war das eine offenbar eine wirtschaftliche Beschränkung der Freiheit und das andere eine politische. Dennoch besteht kein wesentlicher Unterschied zwischen beiden.“[568]

Für Friedman sichert der Markt die wirtschaftliche Freiheit, was aber alleine schon über den ökonomischen Bereich hinausführe ins Politische. Dabei bedeute politische Freiheit, dass es keinen Zwang eines Menschen gegenüber einem anderen geben dürfe.[569]

Wie bereits erwähnt, sieht Friedman durchaus auch in privater Macht ein Problem. So ist er der Ansicht, dass Monopole die effektive Freiheit dadurch verhindern können, dass sie dem Einzelnen beim jeweiligen Tauschvorgang keine Alternativen zugestehen. Auch die Problematik externer Effekte bzw. sozialer Kosten thematisiert er.[570] Er macht dabei aber einen wesentlichen Unterschied aus:

„Wirtschaftliche Macht kann immer wieder zerstreut werden. Es gibt kein Gesetz oder Übereinkommen, nach dem der Aufbau neuer Zentren wirtschaftlicher Stärke nur möglich sei auf Kosten des Abbaus bereits bestehender wirtschaftlicher Zentren. Politische Macht, auf der anderen Seite, ist jedoch nur sehr schwer wieder zu dezentralisieren.

[...]

Es scheint überhaupt nur ein ganz bestimmtes fixes Quantum an politischer Macht zu geben, das verteilt werden kann. Wenn dann noch wirtschaftliche Macht zu der politischen tritt, ist natürlich eine Konzentration unvermeidlich. Auf der anderen Seite kann die wirtschaftliche Macht die politische Macht zügeln und sogar ihr Widerpart sein, wenn sie nur in anderen Händen als die politische Macht liegt.“[571]

567 Vgl. Friedman, Kapitalismus, S. 35.
568 Friedman, Kapitalismus, S. 31.
569 Vgl. Friedman, Kapitalismus, S. 38.
570 Vgl. Friedman, M.: Kapitalismus und Freiheit, 7. deutsche Auflage, München: 2010, S. 37.
571 Friedman, Kapitalismus, S. 39.

Aus diesem Zitat wird bereits deutlich, dass Friedman eine Zwischenposition zwischen Hayek und Eucken einnimmt. Er ist wesentlicher skeptischer als Hayek in Bezug auf Monopole, sieht sie durchaus kritisch, aber anders als Eucken betont er viel stärker die Gefahren, die aus staatlicher Macht erwachsen können.

Eine klare Absage erteilt Friedman sozialistischen Ideen. Die ungleiche Vermögensverteilung in marktwirtschaftlichen Gesellschaften sieht er als bedeutend an, um die politischen Freiheiten zu wahren, etwa um den Wettbewerb im politischen System aufrecht zu erhalten. Friedman schreibt:

> *„In einer kapitalistischen Gesellschaft ist es also nur erforderlich, ein paar reiche Leute zu überzeugen: Schon hat man die Mittel, um eine Idee zu lancieren – ganz egal, wie merkwürdig sie auch sein mag. […] Auch ist es nicht einmal notwendig, die Leute, die über Geld verfügen, davon zu überzeugen, dass die Ideen, die man propagiert, auch Hand und Fuß haben. Es genügt völlig, diese Leute davon zu überzeugen, dass die Propagierung einer Idee an sich erfolgreich sein wird: dass also das Magazin oder Buch oder sonst eine Publikation etwas abwerfen wird. Denn der Verleger, der unter Wettbewerbsdruck steht, kann es sich nicht leisten, etwas zu veröffentlichen, womit nur er allein einverstanden ist. Der einzige Prüfstein für die Güte der Ideen, die er vertreibt, ist der Markt.*
>
> *[…] In einer sozialistischen Gesellschaft gibt es solche Möglichkeiten nicht. Hier regiert nur einer: der allmächtige Staat.“* [572]

Wie Hayek, so bezieht sich auch Friedman auf die Tradition des Liberalismus im 19. Jahrhundert:

> *„Eifersüchtig auf die Freiheit wachend und daher ängstlich gegenüber zentralisierten Gewalten, sei es in staatlicher oder in privater Hand, favorisierte der Liberale des 19. Jahrhunderts die politische Dezentralisation.“*[573]

In dieser Aussage zeigt sich ein leichter Widerspruch zu Hayek und eine Annäherung an Eucken. Friedman sieht nicht nur staatliche, sondern auch private Machtballung als Problem an.

Kategorisch lehnt Friedman die im vorausgegangenen Kapitel dargestellte Sicht Schumpeters ab, dass verschiedene Kombinationen wirtschaftlicher und politischer Ordnungen möglich sind. Er steht damit ganz eindeutig auf Euckens Seite. Friedman vertritt die These, *„dass eine sozialistische Gesellschaft nicht zugleich demokratisch sein kann – jedenfalls nicht in dem Sinne, dass sie persönliche Freiheit garantiert“*[574]. Auch Friedman ist überzeugt, dass wirtschaftliche Freiheit unver-

[572] Friedman, Kapitalismus, S. 41.
[573] Friedman, Kapitalismus, S. 28 f.
[574] Friedman, Kapitalismus, S. 30.

zichtbar ist, um politische Freiheit zu erreichen.[575] Ähnlich wie Hayek zeigt er sich von der Demokratie als Staatsform an sich wenig überzeugt:

> *„Das Majoritätsprinzip ist in erster Linie ein Hilfsmittel und kein Grundprinzip."*[576]

Friedman erkennt also die Notwendigkeit einer demokratischen Regierungsform an. Er ist kein Anarchist. Die Notwendigkeit einer Regierung ergebe sich aus der Tatsache, dass es eine absolute Freiheit nicht gebe.[577] Friedman zitiert einen früheren Richter des Obersten US-Gerichtshofes:

> *„Die Bewegungsfreiheit meiner Faust muss durch die Nähe deines Kinns beschränkt sein."*[578]

Friedman nennt ein praktisches Beispiel, weshalb bestimmte Güter nicht über den Markt bereitgestellt werden können, sondern deren Bereitstellung Ergebnis eines politischen Prozesses sein müssen. Er thematisiert dabei ein typisches Beispiel für ein öffentliches Gut, die Landesverteidigung. In den Sozialwissenschaften werden öffentliche Güter durch zwei Faktoren identifiziert: Es gibt keine Konkurrenz der Nutzer und keine Ausschlussmöglichkeit für individuelle Nutzer. Am Beispiel der Landesverteidigung lässt sich das anschaulich belegen: Es ist nicht möglich, einzelne Staatsbürger vom Schutz durch das Militär auszuschließen, wenn zum Beispiel eine ausländische Macht einen Bombenangriff auf eine Stadt fliegt. Die Flak versucht feindliche Flugzeuge entweder im Interesse aller zu vertreiben, oder sie wird nicht eingesetzt und schützt damit niemanden. Aber einen Einzelnen auszuschließen, wenn sie eingesetzt wird, ist nicht möglich. Auch besteht keine Konkurrenz der Nutzer der Flak. Wenn es gelingt, den Feind zu besiegen, dann profitieren alle, unabhängig davon, wie sehr sie sich am Kampf oder an der Finanzierung der Streitkräfte beteiligt haben. Es spielt auch keine Rolle, wie viele Bewohner die angegriffene Stadt hat.

Ökonomisch gesehen handelt es sich bei öffentlichen Gütern also um Güter mit sehr hohen positiven externen Effekten. Auch ist es nicht möglich, die unterschiedlichen Präferenzen der Bürger in Bezug auf den Umfang der Landesverteidigung zu berücksichtigen. Bei privaten Gütern kann jeder Bürger selbst entscheiden, wie viel er konsumieren möchte und wie viel er bereit ist, dafür an eigenen Ressourcen aufzuwenden. Bei öffentlichen kann jeder Einzelne so viel konsumieren, wie derjenige mit der höchsten Zahlungsbereitschaft zahlt. Friedman spricht dabei im

---

575 Vgl. Friedman, Kapitalismus, S. 30.
576 Friedman, Kapitalismus, S. 48.
577 Vgl. Friedman, Kapitalismus, S. 49.
578 Friedman, Kapitalismus, S. 48.

Fall der Landesverteidigung von einem „unteilbaren Bereich"[579]. Die Probleme auf diesem Feld könnten nur durch die zur Hilfenahme politischer Mittel gelöst werden, so Friedman.

An dieser Analyse über unteilbare Güter zeigt sich ein großes Problem der Wirtschafts- und Sozialwissenschaft, nämlich die Definition von Eigentumsrechten. Friedman weist darauf hin, dass der Begriff des Eigentumsrechts sich im Laufe vieler Jahrhunderte entwickelt habe und so zu einem wesentlichen Bestandteil des westlichen Denkens geworden sei, der häufig als selbstverständlich hingenommen werde.[580] Dabei werde allerdings übersehen, dass der Begriff des Eigentums und der Rechte, die von ihm abgeleitet werden, keineswegs selbstverständliche Thesen seien, sondern vielmehr soziale Gebilde seien, die sich auf kompliziertem Wege entwickelt hätten. Friedman folgt hier also einem ähnlich evolutorischen Ansatz über die Entstehung der westlichen vom Privateigentum geprägten Sozialordnung wie Hayek.

Wie bereits angedeutet wurde, liegt Friedman bei der Frage, wie mit wirtschaftlichen Monopolen umzugehen sei, zwischen Hayek und Eucken. Das soll nochmals folgendes Zitat Friedmans verdeutlichen:

> *„Ein Austausch kann nur dann als wirklich freiwillig bezeichnet werden, wenn es annähernd gleichwertige Alternativen gibt und eine echte Freiheit des Austauschs nicht durch Monopole unmöglich gemacht wird. In der Praxis entstehen Monopole häufig – wenn nicht sogar immer – durch Regierungssubventionen oder durch kollektive Absprachen der einzelnen Unternehmer. Die Schwierigkeit besteht also darin, die staatliche Begünstigung von Monopolen zu verhindern oder eine wirksame Gesetzgebung, wie sie die Anti-Trust-Gesetze darstellen, zu unterstützen. Ein Monopol kann auch entstehen, weil es aus technischen Gründen effizient ist, einen einzelnen Produzenten oder ein einzelnes Unternehmen zu haben. Ich wage zu behaupten, dass diese Fälle seltener sind, als man gemeinhin annimmt, aber zweifellos gibt es sie."*[581]

Was Friedman als technische Monopole bezeichnet, taucht in der modernen wirtschaftswissenschaftlichen Literatur eher unter dem Begriff natürliches Monopol auf. Beide Begriffe meinen aber dasselbe. Wie nun soll aus Friedmans Sicht mit Monopolen umgegangen werden? Er schreibt:

> *„Henry Simons, der die öffentliche Kontrolle von Monopolen in den Vereinigten Staaten untersuchte, kam zu derart erschreckenden Erkenntnissen, dass er jetzt die Meinung vertritt, ein Staatsmonopol sei das kleinere Übel. Walter Eucken,*

579 Vgl. Friedman, Kapitalismus, S. 47.
580 Vgl. Friedman, Kapitalismus, S. 50.
581 Friedman, Kapitalismus, S. 52.

der als deutscher Liberaler das Staatsmonopol der Eisenbahn in Deutschland untersuchte, kam seinerseits zu so erschreckenden Ergebnissen, dass er die öffentliche Kontrolle für das kleinere Übel hält. Nachdem ich aus beiden Beispielen gelernt habe, komme ich wider Willen zu dem Schluss, dass ein maßvolles Privatmonopol wohl das kleinste Übel ist."[582]

Friedman legt sich hier nicht fest. Er konstatiert, dass es Fälle geben kann, in denen ein natürliches Monopol ein „de-facto-Staatsmonopol" rechtfertigen kann, etwa, wenn die Güter, die das Monopol anbietet, unentbehrlich sind und gleichzeitig die Monopolstellung sehr stark ist. Er relativiert dabei die theoretische Idee des vollständigen Wettbewerbs:

„*Selbstverständlich ist Wettbewerb ein idealer Fixpunkt, so wie eine Euklidische Gerade oder ein Euklidischer Punkt.*"[583]

Monopole hält er in der Realität für „relativ bedeutungslos". Er schreibt:

„*Die Begriffe, wie sie in der Wirtschaftstheorie angewandt werden, sind ideale Fixpunkte, die mehr zur Analyse bestimmter Probleme als zur Beschreibung bestehender Situationen geeignet sind.*"[584]

Wie nun ist diese Sicht einzuordnen? Friedman liegt zwischen Hayek und Eucken. Während es bei Eucken Programm ist, gegen Monopole vorzugehen, ist Friedman skeptisch bezüglich staatlicher Kontrollen von Monopolen, sieht aber trotzdem mehr Handlungsbedarf als Hayek, wenngleich er durchaus Argumente der Österreichischen Schule Vorrang gibt vor denen der Neoklassik, nämlich dass die meisten Monopole vorübergehender Natur seien und im Zeitablauf verschwinden:

„*Ich neige daher zu der Ansicht, dass ein privates und unkontrolliertes Monopol, wo immer es möglich ist, das kleinste Übel ist. Dynamische Veränderungen werden es höchstwahrscheinlich auflockern, und es gibt zumindest eine realistische Möglichkeit, dass deren Auswirkungen spürbar werden könnten.*"[585]

Anders als Hayek plädiert Friedman hier interessanterweise weniger prinzipientreu, sondern pragmatisch:

„*Unsere Prinzipien bieten keine festgelegte und bindende Richtlinie dafür, inwieweit es zweckmäßig ist, in Zusammenarbeit mit der Regierung Probleme als Gemeinschaftsaufgabe in Angriff zu nehmen, die man im freiwilligen Einsatz*

582 Friedman, Kapitalismus, S. 52f.
583 Friedman, Kapitalismus, S. 150.
584 Friedman, Kapitalismus, S. 151.
585 Friedman, Kapitalismus, S. 159.

ohne den Staat nur schwer oder gar nicht lösen könnte. In jedem einzelnen Fall einer geplanten Intervention müssen wir eine Bilanz aufstellen, in der wir die Vor- und Nachteile gegenüberstellen."[586]

Friedman ist also skeptischer in Bezug auf staatliche Eingriffe in den Markt, lehnt diese aber nicht generell ab. Stärker ist seine Ablehnung dagegen, wenn der Staat aus paternalistischen Gründen in den Marktprozess eingreift. Friedman schreibt:

„*Freiheit ist nur für verantwortungsbewusste Menschen ein überzeugendes Ziel.*"[587]

Auch hier zeigt sich wieder Friedmans grundliegendes Anliegen: Es geht ihm nicht zuallererst um Effizienz, sondern um individuelle Freiheiten. Er verfolgt damit einen normativen Ansatz. Sein Argument gegen Staatseingriffe ist also nicht, dass dies den Präferenzen der Mehrheit widerspricht, was ja in der Realität angesichts der hohen Staatsquoten in den Industrieländern offensichtlich nicht der Fall ist. Ökonomisch gesprochen kritisiert er, dass durch die Staatstätigkeit die Präferenzen der Bürger manipuliert werden, so dass sie seinen normativen Vorstellungen nicht mehr genügen.

Bei aller Skepsis wendet er sich dabei aber nicht generell gegen Eingriffe. Ein Paternalismus gerichtet auf jene, die nicht für verantwortungsvoll zu halten seien, sei unvermeidbar.[588] Als Beispiel nennt Friedman geistig behinderte Menschen. Zwar ist auch Friedman in liberaler Tradition der Ansicht, dass es die beste Lösung wäre, wenn solche Menschen mit der freiwilligen Hilfe ihrer Mitmenschen rechnen könnten. Er glaube aber, dass nicht auszuschließen sei, dass ein solcher karitativer Einsatz nicht ausreichen könnte, allein schon wegen des Free-Rider-Problems: Wer sich nicht an der karitativen Arbeit beteiligt, erhält einen Nutzen aus dem sozialen Einsatz anderer, es handelt sich also um ein dem geschilderten Problem der Landesverteidigung verwandtes Problem. Friedman schreibt über den Umgang mit Behinderten:

„*Weder wollen wir ihnen die Freiheit gewähren, noch wollen wir sie töten. [...] Aus diesem Grund werden wir damit einverstanden sein, die Obhut und Pflege dieser Menschen dem Staat zu überlassen.*"[589]

Paternalismus gerichtet auf jene, die nicht verantwortungsvoll handeln könnten, sei unvermeidbar, so Friedman. Zusammenfassend schreibt er über die Rolle des Staates in einer freien Gesellschaft:

---

586 Friedman, Kapitalismus, S. 56.
587 Friedman, Kapitalismus, S. 57.
588 Vgl. Friedman, Kapitalismus, S. 57.
589 Friedman, Kapitalismus, S. 57.

„Eine Regierung, die für Ruhe und Ordnung sorgt, die die Eigentumsrechte definiert, die ein Instrument vorsieht, mit dem wir die Eigentumsrechte und andere Gesetze im Spiel der Wirtschaftskräfte ändern können, eine Regierung, die Kontroversen über die Auslegung der Gesetze entscheidet, die Einhaltung von Verträgen erzwingt, den Wettbewerb fördert, ein monetäres System schafft, sich für die Bekämpfung technischer Monopole und die Beseitigung ihrer Folgewirkungen einsetzt, wenn dies angebracht scheint, und die die private Wohlfahrt und die Familie bei der Fürsorge der Unzurechnungsfähigen, seien es Geisteskranke oder Kinder, unterstützt – eine solche Regierung hat zweifellos eine Reihe wichtiger Funktionen zu erfüllen. Der konsequente Liberale ist kein Anarchist.“[590]

Diesem positiven Moment des Staates setzt Friedman aber auch Grenzen, vor allem wenn es darum geht, welchen Anteil an der Wirtschaftsleistung eines Landes die Staatsausgaben haben sollten. Die Erfahrung der knapp 20 Jahre zwischen dem Ende des Zweiten Weltkriegs und dem Erscheinen von „Kapitalismus und Freiheit“ widerlegt nach seiner Ansicht die These, dass die Staatsausgaben stabilisierend auf den Konjunkturverlauf wirken. Vielmehr sei der US-Bundeshaushalt die Quelle für starke wirtschaftliche Störungen gewesen.[591] Wenn überhaupt eine antizyklische Finanzpolitik betrieben werden soll, dann empfiehlt Friedman eher die Einnahmeseite zu verwenden als die Ausgabenseite, also bei Rezessionen die Steuern zu senken, statt die Ausgaben zu erhöhen. Doch grundsätzlich wendet er sich auch gegen diese Art von Globalsteuerung:

„In der Finanz- wie in der Geldpolitik – alle politischen Erwägungen einmal zur Seite gestellt – wissen wir einfach nicht genug, um gewollte, absichtliche, wohl überlegte Veränderungen in der Besteuerung oder den Ausgaben als wirksame Stabilisierungsmechanismen benutzen zu können. Wenn wir es dennoch versuchen, können wir fast sicher sein, die Dinge noch schlimmer zu machen.“[592]

Diese Idee der Unwissenheit über die Komplexität einer Volkswirtschaft erinnert an Hayeks Vorwurf der „Anmaßung von Wissen“. Friedman fordert, Abstand zu nehmen von einer Finanzpolitik, die auf die Steuerung der Konjunktur gerichtet ist, lehnt staatliche Ausgaben aber nicht grundsätzlich ab, sondern plädiert dafür, die Staatsausgaben allein an den Aufgaben auszurichten, die die Allgemeinheit lieber dem Staat überträgt als sie individuell zu tragen. Dabei dürfe es keine Rücksicht auf die kurzfristig schwankende wirtschaftliche Stabilität geben und die Steuerquote müsste sich danach richten, was der Staat leisten solle.[593]

---

590 Friedman, Kapitalismus, S. 59.
591 Vgl. Friedman, Kapitalismus, S. 100.
592 Friedman, Kapitalismus, S. 101 f.
593 Vgl. Friedman, Kapitalismus, S. 102.

4.3 Friedmans gesellschafts- und wirtschaftspolitische Vorstellungen im Vergleich zu Hayek, Eucken und Schumpeter

Im vorangegangenen Kapitel wurde bereits auf die wesentlichen Unterschiede und Gemeinsamkeiten Friedmans mit den zuvor behandelten Protagonisten hingewiesen. Sie sollen nun noch einmal deutlich gemacht werden.

Zu Beginn steht der Freiheitsbegriff. Anders als bei Schumpeter ist für Friedman eine Trennung von politischer und wirtschaftlicher Freiheit nicht möglich. Vielmehr sieht er in wirtschaftlicher Freiheit eine Vorbedingung für politische Freiheit. Er verneint die Möglichkeit, dass eine sozialistische Gesellschaft demokratisch sein kann. Damit ist Friedmans Menschen- und Gesellschaftsbild eindeutig individualistischer als das Schumpeters. Politische Freiheiten wie die Redefreiheit genügen Friedman nicht. Er ist eindeutig auf der Seite von Hayek und Eucken.

Wie Eucken, so sieht auch Friedman eine Interdependenz der Ordnungen. Wie im ersten und zweiten Hauptkapitel dargestellt wurde, kann Eucken etwas kollektivistischer eingestuft werden als Hayek, wenngleich beide deutlich stärker vom Individuum aus denken als Schumpeter. Bei der Betrachtung des Freiheitsbegriffs zeigt sich, dass Friedman zwischen Eucken und Hayek steht. Er beginnt anders als Hayek seine Ausführungen nicht mit dem negativen Freiheitsbegriff, bei dem es zur Wahrung der individuellen Freiheit ausreicht, wenn auf ein Individuum kein Zwang von außen ausgeübt wird, sondern folgt eher dem Euckenschen Ansatz und thematisiert das Problem der Macht. Sicher, auch Friedman sieht wie Hayek letztlich die Ballung von politischer Macht bei der Regierung als die Hauptbedrohung der individuellen Freiheit an. Aber anders als Hayek und eher wie Eucken sieht er eben auch wirtschaftliche Macht als Gefahr für die Freiheit an.

Er geht bei der Frage, wie dieser Macht zu begegnen sei aber nicht so weit wie Eucken. Das zeigt sich vor allem an der Frage des Umgangs mit Monopolen. Während dies bei Eucken eines der entscheidenden Anliegen ist, bleibt Friedman unter expliziter Nennung Euckens skeptisch, will letztlich nur in wenigen Ausnahmefällen staatliche Eingriffe in den Markt zulassen, selbst wenn es zu technischen Monopolen kommt.

Wie Eucken, so beschäftigt sich auch Friedman nicht nur mit der Monopolfrage, sondern auch mit externen Effekten. Auch das rückt ihn in Euckens Nähe. Allerdings traut er dem Staat oder staatlichen Behörden hier weniger zu als Eucken, steht also wieder zwischen Hayek und Eucken.

Ein wesentlicher Unterschied besteht auch in der Frage des Steuersystems. Zwar hat auch Hayek einen progressiven Verlauf der Einkommensteuer nicht generell abgelehnt. Aus Hayeks Sicht wäre eine progressiv verlaufende Einkommensteuer dann gerechtfertigt, wenn sie dazu dient, die gesamte Steuerbelastung aller Einkommen proportional gleich zu gestalten.[594] Hayeks Zugeständnis: Da untere Einkommensschichten häufig im Vergleich zu hohen Einkommensbeziehern durch ihre stärkere Konsumquote überproportional viel Mehrwertsteuer bezahlen, hätten sie bei einem rein proportionalen Verlauf der Einkommensteuer eine höhere relative Steuerlast zu tragen als hohe Einkommen. Ein leichter Verlauf der Progression in der Einkommensteuer könnte das ausgleichen.

Unterm Strich plädierte also auch Hayek für eine proportional gleiche Steuerbelastung aller Einkommen. Nur das war aus seiner Sicht gerecht, denn nur dann würde das Prinzip, dass für alle Menschen die gleichen Grundsätze angewandt würden, erfüllt.[595]

Auch Friedman vertrat im Wesentlichen Hayeks Position. Auch er war der Ansicht, dass eine progressive Einkommensteuer ein Zwangsmechanismus ist, der mit freiheitlichen Prinzipien nicht vereinbar ist und dem Postulat der persönlichen Freiheit widerspricht.[596] Er gestand lediglich eine indirekte Progression zu, und zwar über die steuerliche Freistellung eines Mindesteinkommens. Außerdem plädierte er für die Einführung einer negativen Einkommensteuer als einziges Mittel zur Bekämpfung der Armut.[597] Dieser Vorschlag weicht sicher nicht grundsätzlich von Hayek ab, der ebenfalls zugestand, dass eine minimale Versorgung der Ärmsten nötig ist, zumindest mit Nahrung und Obdach.[598]

Es mag Unterschiede in Fragen der Steuerpolitik zwischen Hayek und Friedman geben, aber sie sind marginal. Einen wesentlichen Unterschied gibt es zu Eucken. Er plädierte explizit für eine progressive Einkommensteuer, die das Ziel haben solle, die Verteilungsergebnisse der Wettbewerbsordnung zu korrigieren, und die nur dadurch begrenzt sein solle, dass die Höhe des Spitzensteuersatzes nicht negativ auf die Investitionstätigkeit wirkt.[599]

Zusammengefasst ergibt sich also, dass Friedman sowohl auf Basis seiner Gesellschaftssicht als auch seiner konkreten wirtschaftspolitischen Vorstellungen jenseits der Geldpolitik eine Mittelposition zwischen Eucken und Hayek einnimmt, in einigen Punkten aber deutlich näher an Hayek steht. Damit muss nun auf die Frage eingegangen werden, ob sich eine solche Einordnung auch in Bezug auf die geldpolitischen Vorstellungen Friedmans vornehmen lässt.

---

[594] Vgl. Hayek, Verfassung, S. 416.
[595] Vgl. Hayek, Verfassung, S. 425.
[596] Vgl. Friedman, Kapitalismus, S. 207.
[597] Vgl. Friedman, Kapitalismus, S. 228.
[598] Vgl. Hayek, Verfassung, S. 407.
[599] Vgl. Eucken, Wirtschaftspolitik, S. 301.

4.4 Friedmans geldpolitische Vorstellungen

Friedman hat seine geldpolitischen Vorstellungen im Wesentlichen in einem Satz zusammengefasst:

> *„[...] long-continued Inflation is always and everywhere a monetary phenomenon that arises from a more rapid expansion in the quantity of money than in total output.“*[600]

Es ist deshalb kein Wunder, dass Friedman als einer der wichtigsten Vertreter der quantitätstheoretischen Gleichung gilt. Wie für Hayek und Eucken waren auch für Friedman stets die Regierungen Auslöser von Inflation:

> *„In der Geschichte finden sich hinreichend Beispiele dafür, dass das durchschnittliche Preisniveau von der gesamten Geldmenge einer Volkswirtschaft und nicht von der Gewinnsucht der Unternehmer und Arbeiter bestimmt wird. Regierungen rufen die Tarifpartner zur Zurückhaltung auf, weil sie sich außerstande sehen, mit ihren eigenen Angelegenheiten – darunter auch die Steuerung der umlaufenden Geldmenge – fertig zu werden, ebenso wie mit dem typisch menschlichen Bestreben, Geld zu verdienen und auszugeben.“*[601]

Friedman war der wichtigste Vertreter des Monetarismus. Er hat damit weitgehend das Verständnis der modernen Wirtschaftswissenschaft über den Zusammenhang von Geldpolitik und Inflation mitgeprägt. Grüner weist darauf hin, dass sich bis heute weitgehend die monetaristische Sicht auch gegen eine Reihe anderer Erklärungsversuche durchgesetzt habe, dass Inflation als ein monetäres Phänomen zu begreifen sei. Wenn dem so ist, folgt aber, dass allein die monetäre Autorität, also in erster Linie die Notenbank oder die Regierung, durch ihr Verhalten und ihre strategische Interaktion mit anderen Akteuren die Inflationshöhe bestimmen.[602] Die Überzeugung, dass es stets die Regierungen und die von ihr abhängigen Währungsbehörden sind, die die Inflation treiben, teilt Friedman mit Hayek und mit Eucken. Trotzdem gibt es gehörige Unterschiede, wie Hayek selbst in einem Interview, das heute im Internet auf Youtube zu sehen ist, deutlich gemacht hat. Darin macht Hayek einen Unterschied aus zwischen der geldpolitischen Theorie und der Methode, wie Geldpolitik betrieben werden solle. Hayek:

---

600 Friedman, M.: Essays on Inflation and Indexation, in: American Enterprise Institute for Public Research, Washington: 1974, zitiert nach: Anderegg, R.: Grundzüge der Geldtheorie und Geldpolitik, München: 2007, S. 214.

601 Friedman, Kapitalismus, S. 166.

602 Vgl. Grüner, H.: Wirtschaftspolitik. Allokationstheoretische Grundlagen und politisch-ökonomische Analyse, Berlin: 2001, S. 141.

„In one respect Milton Friedman is still a Keynesian. Not on monetary theory but on methodology.“[603]

Hayeks Vorwurf: Friedman ist Makroökonom. Das habe den Effekt, dass er, Hayek, mit Friedman zwar in der grundsätzlichen Wirtschaftspolitik vollkommen einer Meinung sei, aber eben nicht in Fragen der Geldpolitik. Hayek über Friedman:

„He is convinced and he believes that he has historically demonstrated that there is a simple relationship between the total quantity of money and the price level. For me, my main difficulty is, that nobody knows what the total quantity of money is. Money has so many different meanings.“[604]

Es sei eines der größten Unglücke der Volkswirtschaftslehre, dass die Leute an die Quantitätstheorie des Geldes glaubten, wie es die meisten Ökonomen heute tun. Das monetaristische Ideengebäude, die einfache Quantitätsgleichung: all das passt nicht in Hayeks Denken über die spontane Ordnung. Friedman denkt in volkswirtschaftlichen Aggregaten. Hierin zeigt sich bereits ein fundamentaler Unterschied zu Hayek. Dieser Unterschied spiegelt sich auch in den Vorstellungen über die optimale Geldordnung wider.

Zunächst sollen nun die entsprechenden Vorstellungen Friedmans skizziert werden. In seinem Werk „Kapitalismus und Freiheit“ widmet Friedman das dritte Kapitel unter der Überschrift „Die Kontrolle über das Geld“ der Frage der Währungsordnung. Darin bezeichnet er die Idee, dass die Regierung in die Wirtschaft eingreifen müsse, um Vollbeschäftigung und Wirtschaftswachstum zu sichern als „absolut irreführend“.[605] Friedman schreibt:

„Tatsache ist: Die große Depression – wie die meisten Perioden starker Arbeitslosigkeit – wurde mehr durch ein falsches Vorgehen der Regierung als durch eine der freien Marktwirtschaft innewohnende Labilität hervorgerufen. Eine von der Regierung eingerichtete Institution – das Federal Reserve System – war mit der Verantwortung für die Geldpolitik betraut worden. In den Jahren 1930 und 1931 führte das Reserve-System diesen Auftrag so ungeschickt aus, dass aus einer geringen Rezession eine größere Katastrophe wurde.“[606]

603 Hayek, zitiert nach: Balling, S.: Stabilität vor Wachstum, in: Schwarz, G. und Wohlgemuth, M. (Hg): Das Ringen um die Freiheit. „Die Verfassung der Freiheit“ nach 50 Jahren, Zürich: 2011, S. 180.

604 Hayek, zitiert nach: Balling: Stabilität vor Wachstum, S. 180.

605 Vgl. Friedman, Kapitalismus und Freiheit, S. 61.

606 Friedman, Kapitalismus und Freiheit, S. 61.

Seine Studien haben Friedman zu dem Schluss geführt, dass mindestens ein Drittel des Preisanstiegs in den USA während und unmittelbar nach dem Ersten Weltkrieg der Einführung des Federal Reserve Systems (Fed) zuzuschreiben sei.[607] Friedman schreibt:

> *„Dieser Preisanstieg wäre nicht eingetreten, hätte man das frühere Banksystem beibehalten. Die Härte jeder der größeren Rezessionen – 1920/21, 1929/33 und 1937/38 – muss unmittelbar den Anordnungen und Unterlassungen der Autoritäten des Reserve Systems zugeschrieben werden. Unter früheren geld- und bankpolitischen Einrichtungen wäre es nicht so schlimm geworden.“*[608]

Nicht nur die Inflation während und nach dem Ersten Weltkrieg war Ergebnis einer falschen Politik der Fed, so Friedman. Auch die Politik am Ende der 1920er Jahre war demnach verheerend. Friedman zufolge hätte die Fed nie zulassen dürfen, dass die Geldmenge von August 1929 bis Oktober 1930 um drei Prozent abnahm. Das sei eine stärkere Verminderung gewesen als während aller vorangegangenen Depressionen. Noch schlimmer seien die Fehler der Fed in den Folgemonaten gewesen. Im November 1930 kollabierten in den USA eine Reihe von Banken, weil die Kunden ihre Einlagen zurückforderten. Es kam zu Bank-runs.[609]

Kommt es zu Bank-runs, sinkt gemäß der ökonomischen Theorie die Geldmenge. Das war auch während der jüngsten Krise nach dem Kollaps amerikanischer Banken zu beobachten, wie die Abbildung zeigt.

---

607 Vgl. Friedman, Kapitalismus und Freiheit, S. 68.
608 Friedman, Kapitalismus und Freiheit, S. 68 f.
609 Vgl. Friedman, Kapitalismus und Freiheit, S. 70–72.

Abbildung:
Entwicklung von Geldmengenaggregat M3 und Bargeldumlauf in der Eurozone
Monatliche Veränderung gegenüber Vorjahr in Prozent

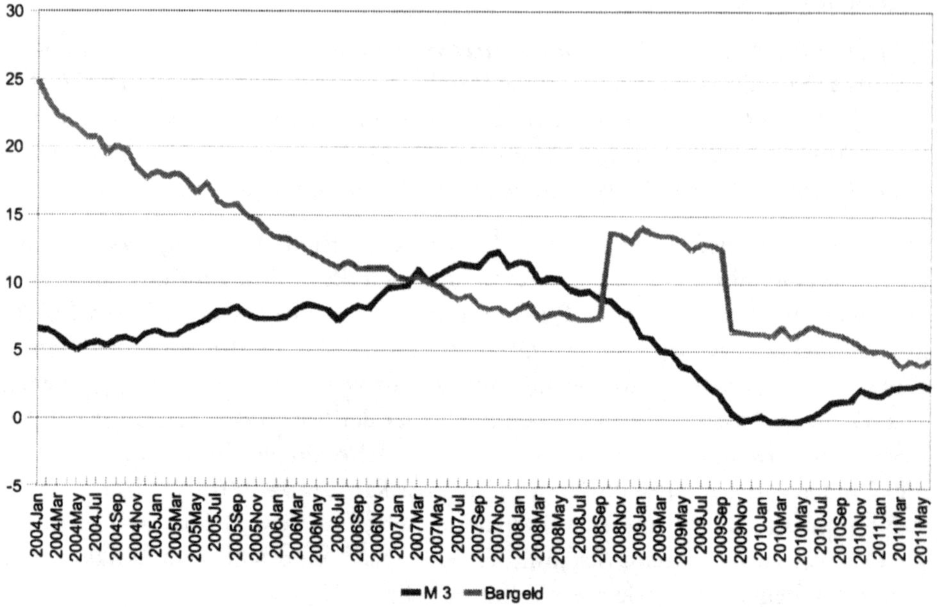

Quelle: Europäische Zentralbank

Als im sich Frühjahr 2008 die Finanzkrise abzeichnete, reduzierte sich in der Eurozone das Wachstum des Geldmengenaggregats M 3. Es sackte immer weiter ab, bis das Wachstum Ende 2009 völlig zum Erliegen kam. Zur Erinnerung: Im Frühjahr 2008 kam die US-Investmentbank Bear Stearns in massive Liquiditätsschwierigkeiten, als es erste Anzeichen für ein Ende des US-Subprime-Booms gab. Eine Pleite konnte nur abgewendet werden, indem der Konkurrent JP Morgan das Institut übernahm. Den Höhepunkt erreichte die Finanzkrise wenig später im Herbst 2008 mit der Insolvenz von Lehman Brothers. Die unmittelbare Folge war ein erhöhter Bargeldumlauf. Der Grund: Die Menschen horten aus Sicherheitsgründen in solchen Situationen Bargeld. Der entsprechende Abzug von Einlagen bei den Banken wiederum lässt die Kreditvergabe schrumpfen und die Geldmenge sinken. Genau dieser von Friedman für die Weltwirtschaftskrise beschriebene Effekte zeigte sich auch in der jüngsten Finanzkrise. Anders als zu Beginn der 1930er Jahre steuerten die Zentralbanken diesmal aber gegen.

Ein Schrumpfen der Geldmenge ruft eine Deflation hervor, und das wiederum sorgt für einen Wachstumseinbruch, den die Weltwirtschaft auch diesmal wieder erlebte, der allerdings durch den Eingriff der Regierungen und Zentralbanken –

Bankenrettungen, Konjunkturpakete und Bereitstellung von unbegrenzter Liquidität zu rekordniedrigen Zinsen – vorerst verhindert wurde. Sicher, die Krise ist noch nicht vorbei und ob die Rezepte wirken, wird sich zeigen.

Friedman hätte zumindest die Politik der Europäischen Zentralbank, aber auch die der Fed wohl begrüßt, zumindest was die unmittelbare Krisenintervention angeht. Nelson weist darauf hin, dass alle fünf Instrumente, die die Fed im Kampf gegen die jüngste Finanzkrise nutzt – niedrige Leitzinsen und großzügige Bereitstellung von Liquidität (Discount Window) für die Banken, Käufe von US-Staatsanleihen, Verbreiterung der Einlagensicherung, Rekapitalisierung der Geschäftsbanken, Zinszahlung auf Mindestreserveeinlagen – konsistent mit Friedmans Rahmen für die Geldpolitik seien.[610]

Anders Friedmans Urteil über die Politik der Fed vor 80 Jahren. Damals versagte die Fed nach Friedmans Ansicht völlig.[611] Das Fed-System habe wenig oder gar nichts für die Versorgung des Bankensystems mit Liquidität getan. Friedman betont, dass dieses Versagen des Fed-Systems ein Versagen des Wollens und nicht des Könnens war. Die Fed hätte die Banken seiner Ansicht nach durchaus mit Bargeld versorgen können und so das Finanzdebakel verhindern können.[612] Insbesondere verurteilt er die Erhöhung des Diskontsatzes in der zweiten Hälfte des Jahres 1931. Das habe zu einer weiteren Reihe von Bank-Bankrotten geführt. Die Lage verbesserte sich demnach erst, als die Fed 1932 damit begann, für 1 Milliarde Dollar Regierungsanleihen zu kaufen, was die Geldmenge vermehrte. Friedman:

> *„Wäre man 1931 zu dieser Maßnahme geschritten, hätte sie höchstwahrscheinlich ausgereicht, das soeben beschriebene Debakel zu verhindern. 1932 war es jedoch zu spät [...].*“[613]

Friedman war sich sicher: Hätte die Fed durch geldpolitische Maßnahmen verhindert, dass die Geldmenge zwischen 1929 und 1933 um ein Drittel sank, wäre die folgende Rezession der US-Wirtschaft kürzer und leichter gewesen.[614]

Friedman verortet die Verantwortung für stabiles Geld anders als der späte Hayek klar beim Staat. Er ist damit näher an Eucken als an Hayek. Friedman ist überzeugt, dass es zur Aufgabe des Staates gehört, für einen legalen und ökonomischen Rahmen zu sorgen, der jeden einzelnen Menschen in die Lage versetzt,

---

610 Vgl. Nelson, E.: Friedman's Monetary Economics in Practice, in: Finance and Economics Discussion Series Divisions of Research & Statistics and Monetary Affairs Federal Reserve Board, Washington, D.C.: 2011, S. 1 f.

611 Vgl. Friedman, Kapitalismus, S. 72.

612 Vgl. Friedman, Kapitalismus, S. 72.

613 Friedman, Kapitalismus, S. 73.

614 Vgl. Friedman, Kapitalismus, S. 73.

wirtschaftliches Wachstum zu generieren.[615] Er billigt der Geldpolitik durchaus die Fähigkeit zu, durch gezielte Politik Rezession und Deflation zu verhindern.

Allerdings sieht er im staatlichen Geldmonopol wie Eucken das Problem der Machtballung. Der Staat könnte dadurch, dass er die Macht über das Geldwesen als Monopolist besitzt, die Eigentumsrechte der Bürger beschneiden. Friedman:

> *„Ein Liberaler fürchtet grundsätzlich jede Machtkonzentration. Er möchte jedem einzelnen Menschen ein Höchstmaß an Freiheit sichern, solange es nicht die Freiheit anderer Menschen beeinträchtigt. Seiner Ansicht nach muss zu diesem Zweck die Macht aufgeteilt werden. Er wird argwöhnisch, wenn der Regierung Funktionen zugeteilt werden, die der Markt ausführen könnte. Denn das setzt Zwang an die Stelle von Kooperation und bedroht dadurch, dass die Regierung eine größere Rolle erhält, die Freiheit auch auf anderen Gebieten.*
> *[…]*
> *Seit undenklichen Zeiten haben die Herrschenden, im Besitz der Kontrolle über das Geldwesen, der Bevölkerung schwere Steuerlasten auferlegt, meist ohne Zustimmung der Legislative, falls es überhaupt eine gab.*
> *[…]*
> *Das Problem liegt darin, institutionelle Vorkehrungen zu treffen, die die Regierung befähigen, für das Geldwesen die Verantwortung zu tragen, die jedoch gleichzeitig die der Regierung damit zugewachsene Macht in Grenzen halten und verhindern, dass sie genutzt wird, um die freie Gesellschaft zu schwächen, anstatt sie zu stärken.“*[616]

Friedman verweist darauf, dass, um diesem Problem Herr zu werden, historisch gesehen meist auf eine Warenwährung zurückgegriffen wurde. Wie so etwas funktionieren kann, wurde bereits in Kapitel 2.7 dieser Arbeit dargestellt. Doch Friedman verweist auf den großen Nachteil einer Warenwährung: Die Gesellschaft als Ganzes muss erhebliche Ressourcen vorhalten und vor allem müssen diese erhöht werden, um den Geldbestand zu mehren.[617] Eine Warenreservewährung ist für Friedman eher ein Idealzustand:

> *„Könnte man die automatische Warenwährung anwenden, wäre das eine ausgezeichnete Lösung für das Dilemma der Liberalen: ein stabiler monetärer Rahmen, worin es keine verantwortungslose Ausübung geldpolitischer Macht geben kann. Wenn zum Beispiel eine grundsolide Goldwährung, bei der 100 Prozent des Geldes in einem Land buchstäblich aus Gold bestünden, von der ganzen*

[615] Vgl. Friedman, Kapitalismus und Freiheit, S. 62.
[616] Friedman, Kapitalismus und Freiheit, S. 62f.
[617] Vgl. Friedman, Kapitalismus, S. 64.

Bevölkerung gestützt würde, die wiederum von der Mythologie des Goldstandards durchdrungen wäre und in dem Glauben lebte, es wäre unmoralisch und unrecht von der Regierung, hier einzugreifen: So wäre das die absolut beste Garantie dafür, dass die Regierung die Währung nicht manipuliert oder eine unverantwortliche Geldpolitik betreibt. Bei einer solchen Währung wäre die monetäre Macht der Regierung äußerst gering. Indessen: Wie schon erwähnt, hat sich ein solches automatisches System in der Geschichte niemals als anwendbar erwiesen. Stets gab es die Tendenz in Richtung eines gemischten Systems, das kreditäre Elemente wie Banknoten und Depositen oder Staatspapiere als Ergänzung enthielt. Und wenn erst einmal kreditäre Elemente eingeführt sind, hat es sich als sehr schwierig erwiesen, eine Regierungskontrolle darüber zu vermeiden, selbst wenn diese Papiere anfänglich von Privatpersonen herausgegeben worden waren.“[618]

Plickert verweist auf einen Vortrag Friedmans im Jahr 1961 in Turin. Darin unterscheide Friedman zwischen einem „echten“ und einem „unechtem“ Goldstandard. Bei ersterem handele es sich dabei um ein System, bei dem ausschließlich Gold als Zahlungsmittel fungiere. Dies sei aus Friedmans Sicht mit liberalen Grundsätzen völlig in Übereinstimmung. Dagegen sei im „unechten“ Goldstandard weiterhin eine staatliche Zentralbank vorhanden, das umlaufende und von der Notenbank ausgegebene Papiergeld lediglich durch Goldreserven der Notenbank gedeckt. Dieses letztere System stehe aus Friedmans Sicht im Widerspruch zu liberalen Grundsätzen, da auch hier weiter eine staatliche Behörde die Kontrolle über das Geld habe und so die Geldmenge und damit den Geldwert nach politischen Maßgaben manipulieren könne.[619]

Friedman argumentiert hier fast deckungsgleich wie Hayek in der „Verfassung der Freiheit“. Nochmal Hayeks Argument zur Erinnerung:

„[...] insbesondere wenn die Menschen nicht angefangen hätten, in so weitem Maße Kreditmittel als Geld oder Geldersatz zu verwenden, hätten wir uns vielleicht auf einen sich selbst regulierenden Mechanismus verlassen können.“[620]

Die Kreditschöpfung wird also bei Friedman – wie bei Hayek im Jahr 1960 – zum Grund, weshalb der Staat die Kontrolle über das Geldwesen behalten sollte. Eine Warenreservewährung kann aber den Drang des Staates, die Geldmenge auszuweiten, nach Friedmans Ansicht nicht bremsen:

618 Friedman, Kapitalismus und Freiheit, S. 64.

619 Vgl. Plickert, P.: Wandlungen des Neoliberalismus. Eine Studie zu Entwicklung und Ausstrahlung der „Mont Pelerin Society“, Stuttgart: 2008, S. 219.

620 Hayek, Verfassung, S. 438.

„Sind erst einmal kreditäre Elemente eingeführt, ist für die Regierung die Versuchung fast unwiderstehlich, selbst Kreditgeld herauszugeben. So haben in der Praxis Warenwährungen stets die Neigung gehabt, zu gemischten Währungen zu werden, die ihrerseits eine starke Intervention des Staates nach sich gezogen haben.

[...]

Eine automatische Warenwährung ist weder eine anwendbare noch wünschenswerte Lösung für das Problem, monetäre Einrichtungen für eine freie Gesellschaft zu schaffen. Sie wäre auch nicht wünschenswert, denn sie würde hohe Kosten bei den Ressourcen verursachen, die man für die Produktion der Geld-Sachwerte benötigt. Eine Warenwährung ist auch nicht anwendbar, denn ihr Mythos und der Glaube, dass sie wirken würde, existieren nicht mehr.“[621]

Wie gezeigt wurde, sieht Friedman die Aufgabe der staatlichen Geldpolitik im Kampf sowohl gegen Inflation als auch gegen Deflation. Allerdings zweifelt er nicht zuletzt aufgrund seiner Studien über die Weltwirtschaftskrise der 1930er Jahre an der Fähigkeit des Staates, dieser Aufgabe nachzukommen:

„Weit davon entfernt, ein Zeichen für die dem System des freien Unternehmertums innewohnende Instabilität zu sein, ist die große Depression in den Vereinigten Staaten vielmehr Beweis dafür, wie viel Schaden durch die Fehler weniger Männer angerichtet werden kann, wenn sie die ganze Macht über das Geldsystem eines Landes ausüben.

[...]

Jedes System, das so viel Macht und so viele Entscheidungen in die Hände weniger Männer legt, dass Fehler – entschuldbar oder nicht – solche weit reichenden Folgen haben können, ist ein schlechtes System. Für den, der an die Freiheit glaubt, ist es ein schlechtes System, gerade weil es einigen wenigen Männern solche Macht gibt ohne wirksame Kontrollmöglichkeit durch die Gesamtheit der Politik: Das ist das politische Schlüsselargument gegen eine ‚unabhängige Zentralbank'.

[...]

Um frei mit Clemenceau zu sprechen: Geld ist eine zu ernste Angelegenheit, als dass man es den Herren von der Zentralbank anvertrauen könnte.“[622]

Das ist durchaus eine überraschende Wendung: Während Hayek in der Verfassung der Freiheit und auch Eucken unabhängigen Währungsbehörden die Verantwortung für die Geldpolitik übergeben wollen, erteilt Friedman dieser Idee eine Absage. Er argumentiert dabei vor allem ökonomisch und begründet seine

621 Friedman, Kapitalismus und Freiheit, S. 65.
622 Friedman, Kapitalismus und Freiheit, S. 74.

Sicht in erster Linie mit der Fehlleistung der Fed zu Beginn der 1930er Jahre. Aber er nennt ein weiteres wichtiges Argument, das heute vor allem von linker Seite gegen die Unabhängigkeit etwa der Bundesbank oder der EZB gebracht wird, nämlich die mangelnde Kontrollmöglichkeit der Zentralbank durch die gewählten Volksvertreter. Demokratietheoretisch ist dies in der Tat heikel, stellt sich doch die Frage, weshalb gerade das Feld der Geldpolitik nicht unter der Kontrolle des Parlaments liegen sollte sondern unter der nicht gewählter Bürokraten. Dass diese Frage in der Tat ernst zu nehmen ist, zeigt sich auch im Jahre 2011. Die Käufe von Staatsanleihen im Zuge der Schuldenkrise durch die EZB gelten vielen Experten als (indirekte) Finanzierung von Staatsanleihen durch die Notenpresse. Ein solcher Eintritt in eine europäische Transferunion fand indes ohne Beteiligung des Parlaments statt. Gerade vor diesem Hintergrund scheint Friedmans Vorschlag interessant. Er fordert – ganz im Hayekschen Sinn – die Herrschaft der Gesetze anstatt der Menschen auch in der Geldpolitik:

> *„Der einzige Weg, der verheißungsvoll erscheint, ist eine Regelung durch Gesetze anstatt durch Menschen. Man muss Regeln für die Führung der Geldpolitik gesetzlich festhalten, die Öffentlichkeit in die Lage setzen, durch ihren politischen Sachverstand die Geldpolitik zu kontrollieren und Regeln, die gleichzeitig verhindern, dass die Geldpolitik den täglichen Launen politischer Autoritäten unterworfen ist."*[623]

Die Frage ist dabei natürlich, wie eine solche Regel aussehen sollte. In den meisten ökonomischen Modellen wird dabei heute eine Zielrate für die Inflation festgelegt. Auch als Friedman „Kapitalismus und Freiheit" schrieb, wies er darauf hin, dass die meisten Liberalen eine solche Preisniveau-Regelung befürworten.[624] Er selbst hielt eine solche Regel für falsch. Denn:

> *„Es ist eine Regelung, die die monetären Autoritäten gar nicht durch eigenes Vorgehen erreichen können, da sie nicht eine klar umrissene und direkte Macht in diese Richtung besitzen. Daraus entstünde nur die Notwendigkeit, die Verantwortung aufzuteilen, was den Verantwortlichen zu viele Abdriftmöglichkeiten lassen würde. Fraglos besteht eine enge Verbindung zwischen geldpolitischen Aktionen und dem Preisniveau. Die Verbindung ist aber nicht so eng, so unveränderlich oder so direkt, dass die Erhaltung eines stabilen Preisniveaus ein geeigneter Führer für die tägliche Arbeit der Behörde wäre."*[625]

---

[623] Friedman, Kapitalismus und Freiheit, S. 75.
[624] Vgl. Friedman, Kapitalismus und Freiheit, S. 77.
[625] Friedman, Kapitalismus und Freiheit, S. 77.

Beim Stand der Erkenntnisse wäre er folglich für den Augenblick für eine gesetzliche Regel, die die Finanzbehörde anweist, eine festgesetzte Wachstumsrate für die vorhandene Geldmenge zu erzielen, so Friedman. Die Frage ist nur, was eigentlich die Geldmenge ist. Friedman nannte als Definition die Summe des umlaufenden Bargelds außerhalb des Bankensektors und aller Einlagen bei den Banken. Das Wachstum dieser so definierten Geldmenge solle zwischen drei und fünf Prozent liegen, wobei eine präzis festgesetzte Zuwachsrate weit weniger wichtig sei, als überhaupt eine klare Definition für die Geldmenge und dass man daraus eine feste Zuwachsrate ableitet, so Friedman.[626] Er schreibt weiter:

> *„Eine solche Regelung erscheint mir heute der einzig anwendbare Plan, die Geldpolitik zu einer Säule der freien Gesellschaft zu machen und nicht zu einer Bedrohung ihrer Grundfesten.“*[627]

Hayek war ein scharfer Gegner dieser Sicht:

> *„I am acutally convinced that no government is capable politically or intellectually of providing exactly the amounts of money which is needed for smooth economic development.“*[628]

Ihm war es offenbar viel zu wenig, einfach nur eine relativ willkürliche Definition ins Leben zu rufen, was die Geldmenge sei und wie sie zu wachsen habe. Für Hayek war es eines der größten Unglücke der Volkswirtschaftslehre, dass die Leute an die Quantitätstheorie des Geldes glaubten, wie es – das wurde erwähnt – die meisten Ökonomen heute tun.

Auch Braunberger sieht das so. Zwar konstatiert er, dass Friedmans Liberalismus nicht in Zweifel zu ziehen sei. Er stellt aber auch fest, dass Friedman in zumindest einer Hinschicht nicht Mises und Hayek folgte, nämlich in der Geldpolitik. Friedman sei ein überzeugter Anhänger des staatlichen Geldmonopols geblieben, habe privates Geld ebenso abgelehnt wie eine Warenreservewährung.[629] Braunberger weist auf ein Interview Friedmans im Jahr 2000 hin, in dem Friedman mit seinem Ökonomenkollegen David Laidler (heute Professor Emeritus an der University of Western Ontario) über die japanische Geldpolitik diskutiert.[630] Damals steckte die japanische Wirtschaft in einer tiefen Krise und die Zentralbank des Landes

---

[626] Vgl. Friedman, Kapitalismus und Freiheit, S. 78.
[627] Friedman, Kapitalismus und Freiheit, S. 78.
[628] Hayek, zitiert nach: Balling, Stabilität vor Wachstum, S. 180 f.
[629] Vgl. Braunberger, G.: War Milton Friedman ein Liberaler?, in: Frankfurter Allgemeine Sontagszeitung Nr. 5 vom 6. 2. 2011, S. 30.
[630] Vgl. Braunberger, G.: War Milton Friedman ein Liberaler?, in: Frankfurter Allgemeine Sontagszeitung Nr. 5 vom 6. 2. 2011, S. 30.

hatte die Leitzinsen bereits auf nahe Null gesenkt. Trotzdem hielt die Krise an. Friedman sagte damals Braunberger zufolge in besagtem Interview:

„Es ist sehr einfach. Die Bank von Japan kann langfristige Staatsanleihen kaufen, und sie können so lange Staatsanleihen kaufen und damit die Geldbasis erhöhen, bis die höhere Geldbasis zu einer Belebung der Wirtschaft führt. Die Bank von Japan hatte bis kürzlich eine Nullzinspolitik. Diese Nullzinspolitik war der Beleg für eine extrem restriktive Geldpolitik, die zur Deflation führte."[631]

Schon früh plädierte Friedman für ein System, bei dem die Zentralbank direkt über die Käufe von Staatsanleihen die Geldmenge im Kampf gegen Inflation steuert. So schrieb er im Jahr 1951:

„At the present time and under existing conditions, monetary policy should be directed exclusively toward the prevention of inflation and must take the form primarily of open-market operations in government securities, conducted at the discretion of the Open Market Committee of the Federal Reserve System. These should be conducted solely to prevent inflation, and no consideration at all should be paid to their effect on the rate of interest of government securities.
[...]
The belief that discretionary open-market operations are the best monetary instrument available for the current emergency does not imply its indorsement as a permanent instrument of stabilization policy. [...] As a matter of long-run reform, I would like to see the Federal Reserve System in its present form abolished and replaced by a 100 per cent reserve deposit banking system in which there was no monetary authority possessing discretionary powers over the quantity of money. I am convinced by the evidence Harris alludes to that the establishment of the Federal Reserve system was a mistake and that the system has failed to promote the objectives for which it was established.
[...]
Pending long-run reform of our monetary and banking structure, monetary control should be exercised through open-market purchases or sales of government securities directed solely to the prevention of inflation. Such open-market operations should be persevered in regardless of their effect on the rate of interest on government or other securities. Such a policy could have prevented the inflation that we have experienced since the outbreak of the Korean war; it can prevent any further inflation."[632]

---

[631] Friedman, M., zitiert nach Braunberger, G.: War Milton Friedman ein Liberaler?, in: Frankfurter Allgemeine Sontagszeitung Nr. 5 vom 6.2.2011, S. 30.

[632] Friedman, M.: Comments on Monetary Policy, in: Friedman, M. (Hg): Essays in Positive Economics, Chicago/London: 1953, S. 263–273, S. 265 f. und 273.

Wichtig: Friedman sah anders als Schumpeter nicht die Kreditschöpfung als nötig an. Im Gegenteil: Nach seiner Vorstellung hätte es durchaus ein 100-Porzent-Reservesystem geben sollen, bei dem die Zentralbank die Geldmenge durch Offenmarktgeschäfte steuert, also durch die Käufe und Verkäufe vor allem von Staatsanleihen am Sekundärmarkt.

Damit lässt sich als erstes Zwischenfazit festhalten: Friedman plädierte anders als Hayek nie für ein privates Geldwesen. Er plädierte damit in der Geldpolitik eindeutig für einen kollektivistischeren Ansatz als Hayek, vertraute weniger auf ein individualistisches geldpolitisches Konzept der spontanen Ordnung und billigte dem Staat eine starke Rolle zu.

Anderegg weist darauf hin, dass Friedman im Jahr 1953 vorgeschlagen hat, das Geld- und Kreditwesen zu reformieren, um die Geldmenge besser kontrollieren zu können und die private Geldschöpfung und -vernichtung verhindern zu können.[633] Kernpunkte dieses Vorschlags waren nach Anderegg eine Mindestreserve von 100 Prozent auf die Bankeinlagen und in Anlehnung an den Chicago-Plan (vgl. Kapitel 2.7) eine Trennung des Bankeinlagen- und des Kreditgeschäfts.[634]

Es ist aber fraglich, ob diese Sicht für Friedmans geldpolitische Vorstellung wirklich entscheidend war. Nelson weist darauf hin, dass Friedman davon ausging, dass die Zentralbank durchaus in der Lage sei, die Geldmenge selbst im Fall einer Störung des Kreditmarktes zielgerichtet zu steuern.[635] Zwar habe Friedman durchaus gesehen, dass in einem Teilreservesystem, in dem also die Banken weniger oder gar keine Mindestreserven bei der Zentralbank vorhalten müssen, die Kontrolle über die Geldmenge durchaus erschwert sei. Aber das mache den Einfluss der Notenbank auf die Geldmenge nicht unmöglich.[636]

Im Jahr 1983 bezeichnete Friedman die Politik der japanischen Zentralbank seit dem Jahr 1973 als monetaristisches Ideal, obwohl die Geldordnung auf einem Teilreservesystem fußte und die Notenbank mit einem Diskontsatz arbeitete, also nicht direkt versuchte die Geldmenge zu steuern.[637] Entsprechend war Friedmans Befürwortung des Chicago-Plans nicht das kennzeichnende Charakteristikum seiner Geldpolitik. Nelson verweist darauf, dass Friedman seine Regel für ein konstantes Wachstum der Geldmenge häufig verteidigt hat, auch ohne gleichzeitig den 100-Prozent-Reservesatz zu nennen, denn dieser war für seine

---

633 Vgl. Anderegg, S. 294.

634 Vgl. Anderegg, S. 294.

635 Vgl. Nelson, E.: Friedman's Monetary Economics in Practice, in: Finance and Economics Discussion Series Divisions of Research & Statistics and Monetary Affairs Federal Reserve Board, Washington, D.C.: 2011, S. 7.

636 Vgl. Nelson, S. 7.

637 Vgl. Nelson, S. 9.

Positionen nicht ausschlaggebend. Vielmehr präsentierte Friedman im Lauf seines Lebens Sätze von 100 Prozent als ebenso gut wie Sätze von Null Prozent. Nelson konzediert, dass Friedman wohl einem 100-Prozent-Reservesatz grundsätzlich befürwortet hätte, aber auch bereit war, ein anderes System zu akzeptieren.[638]

4.5 Friedmans geldpolitische Forderungen im Vergleich zu Hayek, Eucken und Schumpeter

Wie bereits dargestellt wurde, war Friedman Anhänger eines staatlichen Geldwesens. Er verfolgte damit in Fragen der Geldpolitik einen kollektivistischeren Ansatz als Hayek. Anders als Schumpeter war Friedman aber kein Anhänger der Kreditschöpfung. Zur Erinnerung: Schumpeter betrachtete die Kreditschöpfung *„als das monetäre Ergänzungsstück zur Einführung einer Innovation"*[639]. Schumpeter vergleicht die sozialistische mit der kapitalistischen Ordnung. In beiden müsse es eine Neuallokation der Produktionsmittel geben, um den Innovationsmechanismus in Gang zu setzen.[640] Schumpeter schreibt:

> *„Die Ausgabe neuer hierfür geschaffener Zahlungsmittel entspricht, da unsere Unternehmer keine eigenen Mittel haben und – bisher – keine Ersparnisse vorhanden sind, in der kapitalistischen Gesellschaft den vom Zentralbüro des sozialistischen Staates gegebenen Befehl."*[641]

Wiederholt werden soll auch ein weiteres Zitat Schumpeters über die Politik John Laws, das bereits im vorangegangenen Hauptkapitel erschienen ist. Schumpeter schreibt:

> *„Der quantitätstheoretische Gesichtspunkt ist völlig sekundär. Verkehrt an John Law war nicht, daß er Zahlungsmittel in vacuo schuf, sondern daß er sie für Zwecke verwandte, die scheiterten."*[642]

Dies steht in diametralem Widerspruch zu Friedman, der ja gerade den quantitätstheoretischen Aspekt betonte. Während Friedman keinesfalls wollte, dass sich der Staat, also die Regierung oder eine Währungsbehörde, in die Kreditvergabe der Banken einmischen, sondern lediglich dafür plädierte, dass die Geldmenge mit der Wirtschaft konstant mitwächst, damit das Preisniveau stabil bleibt, sah

---

638 Vgl. Nelson, S. 9 f.
639 Schumpeter, J.: Konjunkurzyklen, Göttingen: 2008, S. 119.
640 Vgl. Schumpeter (Konjunkurzyklen), S. 119.
641 Schumpeter, J.: Konjunkurzyklen, Göttingen: 2008, S. 119.
642 Schumpeter (Konjunkurzyklen), S. 122.

Schumpeter in der diskretionären Geldausweitung an sich offenbar kein Problem, eher eine Notwendigkeit. Er gestand zu, dass Geldschöpfung durch die Währungsbehörde, aber auch die privaten Banken, sinnvoll sein könnte, wenn die Gelder richtig eingesetzt würden. Schon dieser Gedanke zeigt, dass Friedman eindeutig für eine kontraktivere Geldpolitik stand als Schumpeter und damit im Vergleich zu diesem einen deutlich individualistischeren Ansatz verfolgt hat. Die Umorganisation der Wirtschaftsstruktur durch Kreditschöpfung, die von wenigen Banken betrieben wird oder gar durch eine zentrale Behörde gesteuert wird, steht eindeutig im Widerspruch zu Friedmans liberalem und individualistischem Menschen- und Gesellschaftsbild.

Sicher, anders als Friedman ist Schumpeter skeptisch, ob die Zentralbank in Phasen der wirtschaftlichen Rezession oder Depression wirksam gegensteuern könne. Auf den ersten Blick traut er hier dem Staat weniger zu als Friedman. Für Schumpeter besteht *„im Verlauf der Depression kein großer Wirkungsbereich für die Initiative der Zentralbank.“*[643] Anders in Zeiten wirtschaftlicher Erholung: Hier hätten die Zentralbanken vor allem im 19. Jahrhundert mehr tun können, um bremsend zu wirken.[644] Allerdings habe dies die öffentliche Meinung, wie Schumpeter schreibt, verhindert.[645]

Mit seiner Sicht auf die Rolle der Zentralbank im Aufschwung, wenn Inflation entstehen kann, ist Schumpeter relativ nah bei Friedman. Doch ein wesentlicher Teil der Arbeit Friedmans war der Depression der 1930er Jahre gewidmet, und hier gab er der Fed eine wesentliche Mitschuld an der Tiefe der Rezession. Man könnte also annehmen, dass Friedman der staatlichen Geldpolitik mehr zutraut als Schumpeter. Allerdings muss dabei beachtet werden, dass auch Friedman nicht der Ansicht war, dass die Geldpolitik ein Allheilmittel ist. Er hat nicht behauptet, dass es ohne die aus seiner Sicht falsche Geldpolitik der Fed keine Rezession gegeben hätte. Und hier sind dann bei genauerem Hinsehen Schumpeter und Friedman auch nicht weit von einander entfernt. Schumpeter gesteht schließlich auch zu, dass die Zentralbanken durch ihre Maßnahmen zu einer zeitlichen Verkürzung von wirtschaftlichen Einbrüchen beitragen können und dies in der Vergangenheit auch getan haben.[646]

Man könnte bei der Frage, welche Rolle die Geldpolitik bei der Konjunktursteuerung einnehmen soll, zu dem Schluss kommen, dass Friedman hier leicht expansiver agieren will als Schumpeter. Doch man kann es auch anders sehen. Schließlich plädierte Friedman für eine feste Regelbindung. Es ging ihm nicht

---

643 Schumpeter (Konjunkurzyklen), S. 677.
644 Schumpeter (Konjunkurzyklen), S. 678.
645 Schumpeter (Konjunkurzyklen), S. 678.
646 Schumpeter (Konjunkurzyklen), S. 680.

darum, dass die Zentralbank antizyklisch agiert. Sie sollte für ein konstantes Wachstum der Geldmenge sorgen, das ist alles. Schumpeter immerhin gesteht der Zentralbank einen diskretionären Eingriffsspielraum zu, wenn er auf die Vergangenheit verweist.

Auch mit seinen Vorschlägen für die Regulierung des Bankensektors rückt Schumpeter auf Friedmans linke Seite, etwa wenn er schreibt:

> *„Innerhalb eines abgeschlossenen Bereichs ist das Verhältnis der Zentralbanken zu dem von uns so genannten leichtsinnigen Bankgeschäft, zu spekulativen Auswüchsen, betrügerischer oder verantwortungsloser Geschäftstätigkeit – besonders finanzieller Art – einer der beiden wichtigen Punkte und die Behandlung von Krisen und Paniken der andere.*
>
> *Eine wirklich wirkungsvolle Bekämpfung des erstgenannten würde eine Aufsichtsgewalt erfordern, die den Zentralbanken bis heute noch nicht zu Gebote stand. Diese Unfähigkeit des Kapitalismus, sich selbst zu beaufsichtigen, ist ebenso auffällig wie sein Unvermögen, sich selbst zu schützen – er braucht immer einen Polizisten und einen Protektor nicht-bürgerlicher Färbung, der ihn reguliert, schützt und ausbeutet. […] gerade dieses Unvermögen erzeugt Krisen zum Unterschied von bloßen Depressionen.“*[647]

Die Geldschöpfung, die Friedman im Idealfall mittels eines hundertprozentigen Mindestreservesatzes allein der Zentralbank unterstellen will, bleibt bei Schumpeter bei den Banken.

Zusammenfassend gelten folgende Unterschiede zwischen den geldpolitischen Vorstellungen Schumpeters und Friedmans:

- Schumpeter sieht die Schöpfung von Kreditmitteln als nötig an, um den Innovationsprozess voranzutreiben, während Friedman diesen ablehnt und durch ein 100-Prozent-Mindestreserve-System verhindern will.
- Schumpeter sieht die Geschäftsbanken und die Zentralbank als nötige zentrale Planer im kapitalistischen Prozess an, während Friedman in Bezug auf solche mächtigen Institutionen auch in der Geldpolitik skeptisch ist und zur Vorsicht rät.
- Schumpeter ist skeptisch, ob Zentralbanken deflationäre Phasen bekämpfen können, während Friedman ihnen das zutraut.
- Entscheidend ist aber bei beiden Protagonisten: Die Zentralbank sollte eher im Boom bremsend wirken.
- Friedman wendet sich gegen diskretionäre Eingriffe der Zentralbank in den Markt, fordert sogar die Abschaffung der Zentralbank, während Schumpeter hier durchaus diskretionären Spielraum sieht.

---

[647] Schumpeter (Konjunkurzyklen), S. 679.

Da Schumpeter Geld- und Kreditschöpfung durch die privaten Banken als nötig erachtet und der Zentralbank diskretionären Entscheidungsspielraum zubilligt, während Friedman beides ablehnt und sogar die Abschaffung der Notenbank fordert, lässt sich festhalten, dass Schumpeter in Fragen der Geldpolitik dem staatlichen Monopol einen größeren Entscheidungsspielraum zubilligt als Friedman dies tut. Schumpeter verfolgt also in der Geldpolitik einen kollektivistischeren Ansatz, der staatlichen Behörden eine größere Rolle zubilligt.

Der Vergleich der geldpolitischen Vorstellungen Friedmans und Hayeks ist relativ leicht, geht man von Hayeks Vorstellung des Währungswettbewerbs aus. Während also Hayek das Geldsystem privatwirtschaftlich organisieren wollte, plädierte Friedman eindeutig – dies wurde dargestellt – dafür, das Geldsystem staatlich zu organisieren. Friedman gewährt dem Staat in dieser Frage also eine große Rolle und setzt weniger auf das Individuum. Er lehnt nicht wie Hayek die makroökonomischen Wirkungen der Geldpolitik völlig ab und sieht sogar explizit die Aufgabe der Zentralbank darin, Deflation zu bekämpfen.

Bei den geldpolitischen Vorstellungen Friedmans und Euckens gibt es eine Reihe von Parallelen, schon weil beide den Chicago-Plan befürworten. Beide traten für den 100-Prozent-Reservesatz ein. Aber für Eucken war dies ein Muss, für Friedman ein sinnvolles, aber kein zwingendes Mittel. So gesehen war Friedman zwar auch dafür, die Geldschöpfung der Banken zu begrenzen oder am besten zu beenden. Er war sich aber nicht sicher, ob das durch staatliche Vorschriften wirklich zu erreichen sei. Ganz generell traute er dem Staat wenig zu und forderte deshalb die Abschaffung der Zentralbank. Statt dessen sollte eine strikte Regel vom Parlament festgelegt werden. Damit lässt sich nach Schumpeter auch Eucken in der Geldpolitik im Vergleich zu Friedman als staatsorientierter einordnen, wenngleich zugegeben werden muss, dass dieser Punkt durchaus auch anders interpretiert werden kann, einfach weil Friedman die Geldmenge eben anders als Eucken kontinuierlich ausweiten wollte. Doch die anderen, vor allem die Fragen der Geldordnung, sollen in dieser Arbeit überwiegen.

Friedman ist also wie Eucken im Sinne Andereggs Vertreter einer gesellschaftsvertraglichen Geldordnung. Bei Schumpeter finden sich dagegen durch seine Betonung der Kreditschöpfung der Banken und der Forderung nach Regulierung, um die spekulative Tätigkeit des Bankwesens einzudämmen, starke künstliche Elemente in der Geldordnung. Geld hat hier nicht mehr die klassischen Funktionen – Tauschmittel, Recheneinheit und Wertaufbewahrungsmittel – sondern wird eben auch zur Steuerung der Wirtschaft und des Innovationsprozesses geschöpft.

Nachdem damit auch für Friedman die Ausgangsfrage dieser Arbeit bejaht werden kann, soll nun noch das Gedankengebäude von John Maynard Keynes untersucht werden.

5 John Maynard Keynes

Keynes, Anhänger eines diskretionären staatlichen Interventionismus, darf in keiner Analyse der Geldpolitik fehlen, nicht nur weil er seit Ausbruch der globalen Finanz- und Wirtschaftskrise eine Renaissance erlebt. Vielmehr zeigt sich in seinen Arbeiten ein fundamentaler Unterschied etwa zur Österreichischen Schule der Nationalökonomie: Seine Fokussierung auf die Makroebene.[648] Dazu kommt eine andere Interpretation des Zinses: Während die Österreicher den Zins als Prämie für Konsumverzicht in der Gegenwart begreifen, fließt der Zins in den keynesianischen Modellen in die Nachfrage nach Geld ein, ist also unter anderem als Prämie für den Verzicht auf die kurzfristige Zahlungsfähigkeit zu verstehen. Freilich hat der Keynesianismus genau dies mit dem Friedmanschen Monetarismus und Teilen der Neoklassik gemeinsam. Um Hayeks Werk und die Sonderstellung der Österreicher zu verstehen, ist eine Gegenüberstellung dieser beiden Sichtweisen nötig.

5.1 John Maynard Keynes: Zur Person

John Maynard Keynes wurde am 5. Juni 1883 in England geboren; von 1897 bis 1902 besuchte er das Eton College und von 1902 bis 1905 studierte er Mathematik in Cambridge.[649] Scherf schreibt über Keynes:

> „*Über keinen der großen Nationalökonomen außer über Karl Marx ist so viel geschrieben worden wie über John Maynard Keynes und die Folgen seiner Theorien – in Großbritannien ist er fast eine legendäre Gestalt.*“[650]

Nach seinem Examen in Mathematik setzte Keynes seine Studien fort, unter anderem bei den Ökonomen Marshall und Pigou. 1908 schließlich wurde er Lecturer in economics an der Cambridge University. 1919 nahm Keynes als Vertreter des britischen Schatzkanzlers an den Friedensverhandlungen in Versailles teil. Er plädierte dafür, Deutschland keine zu harten Reparationszahlungen aufzubürden, konnte sich aber damit nicht durchsetzen. Er verließ Paris und das Schatzamt. Nur wenige Wochen später erschien sein Werk „The Economic Consequences of the Peace“, das ihm umgehend zu Weltruhm führte. Fortan wirkte Keynes

---

648 Vgl. de Soto (2007), S. 103.

649 Vgl. Scherf, H.: John Maynard Keynes, in: Starbatty, J. (Hg): Klassiker ökonomischen Denkens. Von Platon bis John Maynard Keynes, Hamburg: 2008, S. 273–291, S. 275.

650 Scherf, S. 273.

als Ökonom, saß in den „Boards" von Versicherungsgesellschaften und Investmentfonds, und beriet darüber hinaus Politiker und die Finanzwelt. Des weiteren war er ein geachteter und scharfer Publizist. Es erschien eine Reihe von kleineren Büchern. In den 1930er Jahren schließlich publizierte er seine für die Ökonomik bedeutendsten Werke, den „Treatise on Money" (1930) und die „General Theory of Employment, Interest and Money" (1936). 1942 wurde Keynes zum Lord geadelt. Am 21. April 1946 fand in Westminster Abbey sein Begräbnis statt.[651] Scherf schreibt:

> *„Die nationale und internationale Reaktion ist eindeutig: Der bedeutendste Ökonom des 20. Jahrhunderts ist gestorben."*[652]

5.2 Keynes Weltanschauung

5.2.1 Kritik am „Orthodoxen Liberalismus"

Scherf weist darauf hin, dass der Philosoph G. E. Moore tragenden Einfluss auf Keynes hatte.[653] Moore gilt als einer der Väter der Analytischen Philosophie; im Jahr 1903 hat er sein Werk „Principia Ethica" veröffentlicht.[654] Darin stellt er dem Begriff des Naturrechts, der die Philosophie etwa David Humes oder John Lockes prägte, den Begriff des „Naturalistischen Fehlschlusses" entgegen.[655] Moore will dabei nicht die Aussagen über die Moral, die von den Vertretern des Naturrechts gemacht wurden, widerlegen, sondern lediglich darauf hinweisen, dass Moral eben nicht unabhängig durch das Naturrecht gegeben ist, sondern sich durch eine Reihe anderer Eigenschaften ergibt.[656] In der Stanford Encyclopedia of Philosophy heißt es über Moores Ethik:

> *„Moore presents a straightforward consequentialist account of the relationship between the right and the good: the right action is that which will produce the best outcome."*[657]

---

651 Vgl. für den gesamten Absatz: Scherf, S. 276f.
652 Scherf, S. 277.
653 Vgl. Scherf, S. 278.
654 Vgl. Stanford Encyclopedia of Philosophy: George Edward Moore, http://plato.stanford.edu/entries/moore/#3.
655 Vgl. Stanford Encyclopedia of Philosophy: George Edward Moore, http://plato.stanford.edu/entries/moore/#3.
656 Vgl. Stanford Encyclopedia of Philosophy: George Edward Moore, http://plato.stanford.edu/entries/moore/#3.
657 Stanford Encyclopedia of Philosophy: George Edward Moore, http://plato.stanford.edu/entries/moore/#3.

Da es aber in der Praxis schwer zu beurteilen ist, was das beste Ergebnis ist, schlägt Moore vor, den etablierten Regeln zu folgen, weshalb Moore durchaus Verbindungen zum Konservativismus hat – genau hierfür wurde er wiederum unter anderem von Keynes kritisiert.[658] Doch einig ist sich Keynes mit Moore offensichtlich im Urteil über die naturrechtliche Philosophie, die das Denken von Locke und Rousseau prägte. Erinnert sei an Rousseaus berühmte Aussage:

„Der erste, welcher ein Stück Land umzäumte, sich in den Sinn kommen ließ zu sagen: dies ist mein, und einfältige Leute antraf, die es ihm glaubten, der war der wahre Stifter der bürgerlichen Gesellschaft. Wieviel Laster, wieviel Krieg, wieviel Mord, Elend und Greuel hätte einer nicht verhüten können, der die Pfähle ausgerissen, den Graben verschüttet und seinen Mitmenschen zugerufen hätte: ‚Glaubt diesem Betrüger nicht; ihr seid verloren, wenn ihr vergeßt, daß die Früchte euch allen, der Boden aber niemandem gehört'. Allein, allem Ansehen nach muß es damals schon so weit gekommen gewesen sein, daß es nicht mehr auf dem alten Fuße hat bleiben können."[659]

Nach Rousseaus Sicht ist die bürgerliche Gesellschaft – das Privateigentum – also aus einem natürlichen Zustand – einer Ordnung ohne Privateigentum an Boden – wider dem Naturrecht entstanden, im Grunde mit einem Betrug. Mithilfe des Gesellschaftsvertrages kann die bürgerliche Gesellschaft dann aber dennoch auf eine legitime Grundlage gestellt werden.[660] Für Locke gibt es schon im Naturzustand das Recht auf Eigentum, allerdings ist dieses Recht schwer durchzusetzen. Diese Unsicherheit in Bezug auf das Eigentum lässt sich erst mithilfe des Gesellschaftsvertrages beseitigen. Dabei leitet Locke das Recht auf Eigentum durch den Schöpfungsakt und den Akt der Arbeit des Menschen ab. Er schreibt:

„Gott, der die Welt den Menschen gemeinsam gegeben hat, hat ihnen auch Vernunft verliehen, sie zum größtmöglichen Vorteil und zur Annehmlichkeit ihres Lebens zu nutzen. Die Erde und alles, was auf ihr ist, ist den Menschen zum Unterhalt und zum Genuß des Daseins gegeben. Alle Früchte, die sie auf natürliche Weise hervorbringt, und alle Tiere, die sie ernährt, gehören den Menschen gemeinsam, weil sie wildwachsend von der Natur hervorgebracht werden; und niemand hat über irgend etwas, so wie es sich in einem natürlichen Zustand befindet, ursprünglich ein privates Herrschaftsrecht, welches das der übrigen Menschen ausschlösse. […]

[658] Vgl. Stanford Encyclopedia of Philosophy: George Edward Moore, http://plato.stanford.edu/entries/moore/#3.
[659] Rousseau, J.: Abhandlung über den Ursprung und die Grundlagen der Ungleichheit unter den Menschen, in: Ritter, H. (Hg): Jean-Jacques Rousseau, Schriften, Band I, S. 165–302, Frankfurt: 1988, S. 230.
[660] Vgl. Zöller, S. 98 f.

Wenn die Erde und alle niederen Lebewesen wohl allen Menschen gemeinsam eignen, so hat doch jeder Mensch ein Eigentum an seiner eigenen Person. Über seine Person hat niemand ein Recht als nur er allein. Die Arbeit seines Körpers und das Werk seiner Hände, so können wir sagen, sind im eigentlichen Sinne sein. Was immer also jenem Zustand entrückt, den die Natur vorgesehen hat, hat er mit seiner Arbeit gemischt und hat ihm etwas hinzugefügt, was sein eigen ist – es folglich zu seinem Eigentum gemacht."[661]

Scherf betont, dass Keynes ökonomisches Denken auf die Lösung praktischer Probleme gerichtet war und er kein komplettes theoretisches Gedankengebäude errichtet hat.[662] Damit zeigt sich durchaus eine Parallele zur analytischen Philosophie: Es geht eben nicht darum, politisches Handeln nach bestimmten Grundsätzen auszurichten, mit dem Ziel, eine freiheitliche Gesellschaftsordnung zu sichern, sondern darum, eine Politik zu betreiben, die zum besten Ergebnis führt. Und wenn dieses Ergebnis Vollbeschäftigung heißt, sind Maßnahmen zugelassen, die mit dem klassischen Freiheitsbegriff kollidieren.

Kalmbach und Kromphardt betonen, dass Keynes in seinem 1926 veröffentlichten Pamphlet „Das Ende des Laissez-Faire. Ideen zur Verbindung von Privat- und Gemeinwirtschaft" eine generelle Kritik am „orthodoxen Liberalismus" vornahm.[663] Tatsächlich lehnt Keynes die Ideen Lockes und Rousseaus grundsätzlich ab, wie folgendes Zitat aus „Das Ende des Laissez-Faire" zeigt:

„Wir wollen nunmehr gründlich mit den metaphysischen und allgemeinen Prinzipien aufräumen, auf die man von Zeit zu Zeit das Laissez-faire immer wieder aufbaut. Es ist nicht wahr, daß jedes Individuum eine vorgeschriebene ‚natürliche Freiheit' seiner wirtschaftlichen Tätigkeit besitzt. Es gibt keinen ‚Vertrag', der denen, die schon besitzen oder die noch erwerben, ewige Rechte überträgt. Die Welt wird von oben her nicht so regiert, daß private und allgemeine Interessen immer zusammenfallen. Sie wird von unten her nicht so verwaltet, daß diese beiden Interessen in praxi zusammenfallen. Aus den Prinzipien der Nationalökonomie folgt nicht, daß der aufgeklärte Egoismus immer zum allgemeinen Besten wirkt. Es ist auch nicht wahr, daß der Egoismus im allgemeinen immer aufgeklärt ist; meistenteils sind die Individuen, die einzeln ihre egoistischen Interessen verfolgen, zu unwissend oder zu schwach, um auch nur diese zu erreichen. Die Erfahrung lehrt nicht, daß Individuen, die sich zu einer gesellschaftlichen Gruppe zusammenschließen, immer weniger klarsichtig, sind, als wenn sie einzeln handeln."[664]

---

[661] Locke, J.: Über die Regierung, S. 21 f.
[662] Vgl. Scherf, S. 280.
[663] Vgl. Kalmbach und Krompharde t, S. 8.
[664] Keynes, Ende des Laissez-Faire, S. 42.

Keynes will ganz offenkundig von einem Recht auf Leben und Eigentum, das sich aus dem Schöpfungsakt eines Gottes ergibt, nichts wissen. Den daraus resultierenden negativen bzw. klassischen Freiheitsbegriff lehnt er damit implizit ab. Wie genau er selbst Freiheit versteht, wird dabei nicht deutlich. Anders als etwa Hayek lobt Keynes die Verknüpfung des schottischen Liberalismus mit den rationalistischen Lehren etwa von Rousseau. Keynes schreibt in „Das Ende des Laissez-Faire“:

„Der Beginn des 19. Jahrhunderts vollbrachte diese wundersame Einigung. Sie brachte den konservativen Individualismus von Locke, Hume, Johnson und Burke in Einklang mit dem Sozialismus und der demokratischen Gleichheitslehre von Rousseau, Paley, Bentham und Godwin.“[665]

Bei der Fortentwicklung dieser aus Keynes Sicht so lobenswerten Synthese spielt aus Keynes Sicht die Wirtschaftswissenschaft eine bedeutende Rolle. Er schreibt:

„Die Idee einer göttlichen und prästabilierten Harmonie zwischen privatem Vorteil und allgemeinem Wohl erscheint schon bei Paley, aber erst die Ökonomen haben ihr eine feste wissenschaftliche Grundlage gegeben.“[666]

Allerdings scheinen aus seiner Sicht die Ökonomen den Weg nicht ausreichend konsequent fortgesetzt zu haben. So schreibt Keynes:

„Ich führe daher die merkwürdige Einheitlichkeit der politischen Alltagsphilosophie des neunzehnten Jahrhunderts auf den Erfolg zurück, mit dem sie die verschiedenen einander bekämpfenden Lehren in Übereinstimmung brachte und alles Gute in einem Ziel vereinte. Hume und Paley, Burke und Rosseau, Godwin und Malthus, Cobbett und Huskisson, Bentham und Coleridge, Darwin und der Bischof von Oxford – sie alle, so entdeckte man plötzlich, predigten im Grunde genommen dasselbe: Individualismus und laissez-faire. Dies war die Kirche Englands und jene ihre Apostel; und die ganze Sippschaft der Ökonomisten war einzig und allein dazu da, um zu beweisen, daß die kleinste Abweichung vom Wege der Frömmigkeit finanziellen Ruin zur Folge haben müsse.

Diese Gründe und diese ganze Atmosphäre erklären hinlänglich, warum wir bewußt oder unbewußt – und die meisten von uns sind sich in unserer degenerierten Zeit aller dieser Dinge kaum bewußt – eine so starke Neigung zum laissez-faire empfinden, und warum jede staatliche Einmischung in die Regelung der Währungsfragen oder der Kapitalanlagen in vielen stolzen Männerbrüsten auf so leidenschaftliches Mißtrauen stößt. Wir haben diese Autoren nicht gelesen – wahrscheinlich würden wir ihre Beweisführung albern finden, wenn uns

[665] Keynes, Ende des Laissez-Faire, S. 20.
[666] Keynes, Ende des Laissez-Faire, S. 21.

ihre Bücher zufällig in die Hände fielen. Und trotzdem glaube ich nicht, daß wir heute so dächten, wie wir es tatsächlich tun, wenn Hobbes, Locke, Hume, Rosseau, Paley, Adam Smith, Bentham und Miß Martineau nie gedacht und geschrieben hätten. Man muß die Geschichte der Meinungen studieren, ehe man den eigenen Geist befreien kann. Ich weiß nicht, was mehr konservativ macht – wenn man nichts kennt außer der Gegenwart oder nichts außer der Vergangenheit."[667]

Es zeigt sich an diesem Zitat, dass Keynes zwar ein Kenner der Ideengeschichte war, aber dabei zu völlig anderen Schlüssen kam als etwa Hayek. Keynes wollte die alten Ideen ein Stück weit über Bord werfen, während Hayek für eine Rückkehr zu den Prinzipien der „Old Whigs" – wobei die Betonung auf „Old" liegen solle, wie er selbst in der „Verfassung der Freiheit" schrieb – plädierte. Ganz offensichtlich ist der Unterschied zwischen Hayek und Keynes bezogen auf die Weltanschauung deutlich größer als zwischen Hayek und Schumpeter. Bei Letzteren liegt die Differenz eher in der praktischen Frage der Funktionsweise einer marktwirtschaftlich organisierten Volkswirtschaft. Dabei ist trotzdem festzuhalten, dass Keynes kein Marxist war. Nochmals Keynes:

„*Aber das Prinzip des laissez-faire hat noch andere Verbündete außer den nationalökonomischen Lehrbüchern. Man muß zugegeben, daß die Schwäche der gegnerischen Theorien – des Protektionismus einerseits und des marxistischen Sozialismus andererseits – das Prinzip des laissez-faire bei gründlichen Denkern und dem verständigen Publikum noch befestigt hat. Diese Theorien sind beide nicht bloß oder hauptsächlich durch ihre Überschneidung der allgemeinen Voraussetzung des laissez-faire charakterisiert, sondern durch die logischen Trugschlüsse, die ihnen zugrunde liegen. Beide sind ein Beispiel der Gedankenarmut, der Unfähigkeit einen Vorgang zu analysieren und bis in seine letzten Konsequenzen zu verfolgen. Die Argumente gegen diese Theorien werden durch das Prinzip des laissez-faire verstärkt, aber sie haben es gar nicht besonders nötig. Von den beiden ist der Schutzzoll wenigstens einleuchtend, so daß seine Popularität nicht weiter wunder nimmt. Aber der marxistische Sozialismus wird immer eine crux in der Geschichte der Lehrmeinungen bleiben – wie es möglich sein konnte, daß eine so unlogische und langweilige Lehre einen so mächtigen und dauernden Einfluß auf den Geist der Menschen und durch ihn auf den Gang der Geschichte auszuüben vermochte.*"[668]

[667] Keynes, Ende des Laissez-Faire, S. 24 f.
[668] Keynes, Ende des Laissez-Faire, S. 37 f.

Auch wenn Keynes sich hier vom Sozialismus marxistischer Prägung distanziert, so können dennoch Zweifel an seiner marktwirtschaftlichen Überzeugung geäußert werden. Auch Schumpeter stellte bereits heraus, dass Keynes vergleichsweise nahe an Marx stand. In „Kapitalismus, Sozialismus und Demokratie" schrieb Schumpeter:

> *„Der Abstand zwischen Marx und Keynes ist bestimmt kleiner als der früher zwischen Marx und Marshall oder Wicksell: Sowohl die marxistische Lehre wie auch ihr nicht-marxistisches Gegenstück lassen sich gut umschreiben durch den sich selbst erklärenden Ausdruck, den wir verwenden wollen, ‚Die Theorie der schwindenden Investitionschance'."*[669]

Keynes fordert, nicht nach abstrakten Theorien zu entscheiden, was der Staat und was das Individuum tun solle. Hierin dürfte sich wiederum der Einfluss der Analytischen Philosophie zeigen. Keynes bezeichnet die von Bentham geschaffene Nomenklatur von „Agenda" und „Non-Agenda" als nützlich, weist aber die Annahme Benthams zurück, dass jede Einmischung des Staates völlig zwecklos oder schädlich sei.[670] Keynes schreibt:

> *„Es ist vielleicht die wichtigste Aufgabe der heutigen Nationalökonomen, von neuem zwischen Agenda und Non-Agenda des Staates zu unterscheiden; parallel damit geht die Aufgabe der Politik, im Rahmen der Demokratie Staatsformen zu finden, welche der Übernahme der Agenda gewachsen sind."*[671]

Welche Aufgabe der Staat nach Keynes Ansicht verrichten soll, wird im folgenden Abschnitt behandelt.

5.2.2 Staats- und Marktwirtschaft bei Keynes

Obwohl Keynes wichtige ökonomische Schriften selbst sich in gewissem Ausmaß der Mathematik bedienen, warnte er früh davor, dies zu übertreiben.[672] Keynes maß schon früh dem Staat eine wichtige Rolle in der Wirtschaft zu, besonders mithilfe der Geldpolitik. Scherf verweist darauf, dass schon in dem im Jahr 1913 erschienen Werk „Indian Currency and Finance" Keynes Ansicht deutlich wird: Die Geldpolitik kann durch passende Regulierung das wirtschaftliche Wohl der Bürger erhöhen, allerdings durch falsche Maßnahmen auch Elend produzieren.[673]

---

669 Schumpeter (Kapitalismus), S. 183.
670 Vgl. Keynes, Ende des Laissez-Faire, S. 42 f.
671 Keynes, Ende des Laissez-Faire, S. 43.
672 Vgl. Scherf, S. 280.
673 Vgl. Scherf, S. 280 f.

Ähnliches gilt für die Finanzpolitik. Keynes geht sogar soweit, eine Vergesellschaftung der Investitionen als notwendiges Mittel im Kampf für hohe Beschäftigung zu erachten, spricht sich allerdings nicht grundsätzlich gegen den Markt aus.[674] Scherf verweist darauf, dass Keynes zur Sicherung der politischen Freiheit sehr wohl auf eine dezentrale Marktallokation baut.[675] Doch entscheidend ist ein anderer Hinweis: Von Anfang an ging es Keynes in der Ausarbeitung seines ökonomischen Programms um die Frage, wie die Wirtschaftspolitik auf das Wohlergehen der betroffenen Menschen wirkt.[676] Keynes ging es dabei vor allem um die materielle Frage. Das ist ein fundamentaler Unterschied zu Hayek, Eucken und Friedman. Wie gezeigt wurde, stand bei diesen Protagonisten stets der Kampf für die individuelle Freiheit im Vordergrund. Selbst wenn Eucken von diesen drei Liberalen den Freiheitsbegriff etwas breiter fasst als ihn rein klassisch auf die Abwesenheit von unmittelbarem Zwang durch andere zu beschränken, behandelt auch er in erster Linie die Frage der Freiheit, und nicht die des materiellen Wohlergehens. Explizit lehnt er sogar Keynes Vorstellungen einer Vollbeschäftigungspolitik ab. Schon diese Analyse zeigt, dass Keynes in seinen grundsätzlichen gesellschaftlichen Vorstellungen ganz eindeutig einen wesentlich kollektivistischeren Ansatz verfolgt als Hayek, Friedman und Eucken. Sein Menschenbild ist bei weitem nicht von so individualistischen Vorstellungen geprägt. Bedeutend wird die Frage sein, ob dies auch für sein Verhältnis zu Schumpeter gilt.

Bevor diese Frage behandelt wird, sollen zunächst Keynes politische Vorstellungen weiter dargestellt werden.

Keynes Arbeiten hatten enormen politischen Einfluss. Scherf verweist in diesem Zusammenhang darauf, dass sich die britische Regierung im Jahr 1944 auf eine Vollbeschäftigungspolitik analog zur „General Theory" verpflichtete. Die USA beschlossen 1946 den Full Employment Act, die Charta der Vereinten Nationen verpflichtet ihre Mitgliedsstaaten auf eine solche Politik. In Deutschland wurde im Jahr 1967 das Stabilitäts- und Wachstumsgesetz als Umsetzung der Keynesschen Theorie verstanden.[677]

Deutlich wird das politische Denken Keynes im 1926 veröffentlichten Pamphlet „Das Ende des Laissez-Faire". Im Vorwort der im Jahr 2011 erschienen deutschen Neuauflage dieses Büchleins behandeln Peter Kalmbach und Jürgen Kromphardt die Frage, ob Keynes Sicht in diesem Werk, das 1926 erschien, sich im Lauf seines Lebens geändert hat. Als Antwort schreiben sie:

674 Vgl. Scherf, S. 286.
675 Vgl. Scherf, S. 286.
676 Vgl. Scherf, S. 288 f.
677 Vgl. Scherf, S. 289.

„Man kann natürlich nur darüber spekulieren, ob der Keynes der ‚General Theory' andere Akzente gesetzt hätte. Es kann jedoch davon ausgegangen werden, dass er weniger als im Fall der ‚Treatise on Money' die Notwendigkeit gesehen hätte, sich von seinem früheren Werk zu distanzieren."[678]

Kalmbach und Kromphardt betonen, dass Keynes in „Das Ende des Laissez-Faire" vor allem einen Widerspruch zur Ablehnung staatlicher Eingriffe ins Wirtschaftsgeschehen ausdrückte.[679] Sie schreiben:

„Dabei ist Keynes keineswegs ein eindeutiger Freund zentralistischer Lösungen. Insbesondere ist er nicht der Auffassung, dass das Allokationsproblem durch eine zentralisierte staatliche Bürokratie besser als durch private Initiative gelöst werden könne. In den Schlussbetrachtungen der ‚General Theory' betont er nachdrücklich die Vorteile der Dezentralisierung und des Spiels des Eigennutzes."[680]

Kalmbach und Kromphardt weisen darauf hin, dass Keynes für halbautonome Körperschaften unter der Kontrolle des Parlaments plädierte, wobei diese Körperschaften aber weitgehend autonom handeln sollten. Dies ähnelt den Vorstellungen Schumpeters. Allerdings gibt es hier bereits einen wesentlichen Unterschied: Während Keynes normativ eine solche Entwicklung forderte, beschrieb Schumpeter lediglich deskriptiv, wie sich seiner Ansicht nach die Dinge entwickeln würden, ohne selbst große Begeisterung für die Aussicht auf eine sozialistische oder halbsozialistische Gesellschaftsordnung zu zeigen. Keynes forderte konkret eine staatliche Institution zur Kontrolle von Währung und Kredit, eine Publizitätspflicht für relevante Geschäftsinformationen von Unternehmen, eine öffentliche Einflussnahme auf die Höhe der Spar- und Investitionstätigkeit sowie den Anteil der Auslandsinvestitionen, und schließlich sollte seiner Ansicht nach der Staat aktiv Einfluss auf die Entwicklung der Bevölkerungszahl nehmen.[681]

Bereits in Euckens Werk „Grundzüge der Wirtschaftspolitik" werden diese Vorstellungen Keynes kritisch gesehen. Eucken zitiert auch aus dem „Ende des Laissez-Faire". Keynes schreibt dort:

„Ich glaube, daß die ideale Größe für die Organisations- und Kontrolleinheit irgendwo zwischen dem Individuum und dem modernen Staat liegt. Daher glaube ich, daß der Fortschritt in der Richtung der Entwicklung und der Anerkennung halb-autonomer Körperschaften im Rahmen des Staates liegt; Körperschaften, die in ihrem Wirkungskreis nur nach dem Kriterium des Allgemeinwohls handeln,

678 Kalmbach, P. und Kromphardet, J.: Vorwort zur Neuauflage, in: Keynes, J.: Das Ende des Laissez-Faire. Ideen zur Verbindung von Privat- und Gemeinwirtschaft, 2. Auflage, Berlin: 2011, S. 6.
679 Vgl. Kalmbach und Kromphardet, S. 8.
680 Kalmbach und Kromphardet, S. 9.
681 Vgl. Kalmbach und Kromphardet, S. 10.

so wie sie es auffassen, und aus deren Erwägungen Motive privaten Vorteils völlig ausscheiden – wobei man ihnen allerdings in mancher Hinsicht, solange der menschliche Altruismus nicht gewachsen ist, für ihre Gruppe, Klasse oder Fakultät gewisse Vorteile belassen muß –; Körperschaften, die unter normalen Umständen innerhalb bestimmter Grenzen großteils autonom sind, aber letzten Endes der Souveränität der Demokratie, die sich im Parlament verkörpert, unterstehen."[682]

Weiter schreibt Keynes:

„Ich schlage also gewissermaßen eine Rückkehr zu den mittelalterlichen Formen selbständiger Autonomien vor. Aber Körperschaften sind, wenigstens in England, eine Regierungsform, die niemals aufgehört hat, wichtig zu sein, und die mit unseren übrigen Einrichtungen gut zusammenstimmt. Es ließen sich eine Menge bereits vorhandener Beispiele für gesonderte Autonomien anführen, die sich der von mir vorgeschlagenen Form annähern oder sie bereits erreicht haben – die Universitäten, die Bank von England, der Londoner Hafen, vielleicht sogar die Eisenbahngesellschaften. In Deutschland gibt es gewiß analoge Beispiele.

Noch interessanter aber ist die Entwicklung der Aktiengesellschaften, wenn sie ein gewisses Alter und eine gewisse Größe erreicht haben, bei der sie sich mehr dem Status einer öffentlichen Korporation annähern als dem eines individuellen Privatunternehmens. Eine der wenigst bemerkten und interessantesten Entwicklungen der letzten Jahrzehnte ist die Tendenz der Großunternehmungen, sich selbst zu sozialisieren. In der Entwicklung eines Großunternehmens kommt ein Moment – besonders bei großen Eisenbahnunternehmungen oder einem großen gemeinnützlichen Unternehmen, aber auch bei Großbanken und Versicherungsgesellschaften –, in dem der Kapitalbesitzer, das heißt die Aktionäre, fast gänzlich von der Verwaltung losgelöst sind, mit dem Erfolg, daß das unmittelbare persönliche Interesse der Verwaltung an großen Profiten eine sekundäre Bedeutung bekommt. Sobald dieser Punkt erreicht ist, legt die Verwaltung größeren Wert auf die allgemeine Stabilität und das Ansehen der Institution als auf die höchstmöglichen Gewinne für die Aktionäre.

[...]

Vielleicht das extremste Beispiel dieser Tendenz bietet eine theoretisch rein in Privatbesitz befindliche Institution, nämlich die Bank von England. Man könnte beinahe sagen, daß der Gouverneur der Bank von England bei seinen geschäftlichen Entscheidungen an keine Menschengruppe im ganzen Königreich weniger denkt als an seine Aktionäre."[683]

---

682 Keynes, John M.: Das Ende des Laissez-Faire, 1926, S. 31 ff., zitiert nach: Eucken, Wirtschaftspolitik, S. 244.

683 Keynes, Ende des Laissez-Faire, S. 44 f.

Keynes argumentieret hier ähnlich wie Schumpeter: Die Großunternehmung führt den Kapitalismus allmählich ad absurdum. Allerdings zäumt Keynes das Pferd von der anderen Seite auf. Während Schumpeter zunächst die Erfolge des Kapitalismus durch die Großunternehmung lobt, nämlich dass einer breiten Masse der Bevölkerung eine immer größere Zahl und Qualität von Konsumgütern bereitgestellt werden kann, setzt Keynes an der Eigentümerseite an, die zusehends an Einfluss verliert. Sicher, auch Schumpeter thematisiert die Bürokratisierung der Verwaltung von Großunternehmungen. Er geht dabei aber weniger auf den Interessenverlust der Aktionäre ein. Dazu kommt: Während Schumpeter argumentiert, dass es gerade die Erfolge des Kapitalismus sind, die zu seinem Untergang führen, stellt Keynes vor allem die Disfunktionalitäten der marktwirtschaftlichen Ordnung heraus. Im Gegensatz zu Keynes vertritt Schumpeter trotz seiner Untergangsprognose für den Kapitalismus eine positive Sicht auf diese Ordnung.

Nebenbei bemerkt scheinen die Beobachtungen und Prognosen von Keynes allerdings verfehlt. Gerade in den zurückliegenden zwei Jahrzehnten war viel von Shareholder Value die Rede, also die Ausrichtung der Unternehmenssteuerung am Wohl der Aktionäre.

Wie Schumpeter, so diagnostiziert auch Keynes einen Rückgang des Unternehmergeistes.[684] Keynes fordert weiter, große Unternehmungen mit hohem Kapitalbedarf zur Hälfte zu vergesellschaften.[685] Ein normatives Problem sieht er darin nicht, wie folgendes Zitat zeigt:

> *„Ich tadle den doktrinären Staatssozialismus nicht deshalb, weil er die altruistischen Triebe der Menschen in den Dienst der Gesellschaft stellen will, oder weil er sich von dem laissez-faire abwendet, oder weil er dem Menschen die Freiheit nimmt, eine Million zu verdienen, oder weil er den Mut zu kühnen Experimenten aufbringt. Alle diese Dinge kann ich nur gutheißen. Ich tadle ihn, weil er die Bedeutung der aktuellen Ereignisse verkennt, weil er in Wirklichkeit nicht viel mehr ist als das verstaubte Überbleibsel eines Plans, der auf die Lösung der Probleme von vor fünfzig Jahren zugeschnitten war, und sich auf einem Mißverständnis dessen aufbaut, was jemand vor hundert Jahren gesagt hatte. Der Staatssozialismus des neunzehnten Jahrhunderts nahm seinen Ursprung in Bentham, der freien Konkurrenz usw., und ist eine in mancher Hinsicht klarere, in mancher Hinsicht verworrenere Version genau der gleichen Philosophie, die dem Individualismus des neunzehnten Jahrhunderts zugrunde liegt. Beide legten den größten Nachdruck auf die Freiheit – der eine negativ, um Beschränkungen der bestehenden Freiheit zu verhindern, der andere positiv, um natürliche oder*

---

684 Vgl. Keynes, Ende des Laissez-Faire, S. 45.
685 Vgl. Keynes, Ende des Laissez-Faire, S. 46.

erworbene Monopole zu zerstören. Beide sind verschiedene Reaktionen auf die gleiche Atmosphäre."[686]

Hier zeigen sich nochmals deutlich zwei Punkte: Zum einen lehnt Keynes den Staatssozialismus nicht wegen dessen Zielen ab, sondern weil er glaubt, dass er kein geeignetes Mittel sei, die Probleme zu lösen. Das entspricht der verbreiteten Grundhaltung: Der Sozialismus ist gut, leider funktioniert er nicht. Zum zweiten wird ein Blick auf Keynes Freiheitsbegriff frei. Zumindest scheint er nicht viel Sympathie für die Idee zu haben, dass individuelle Freiheit vor allem die Abwesenheit von Zwang bedeutet.

Die erste Forderung von Keynes für die Agenda des Staates waren die beschriebenen halbstaatlichen Unternehmen. Als zweites Kriterium seiner Agenda nennt er die Unterscheidung zwischen technisch sozialen und technisch individuellen Diensten. Der Staat solle nicht in erster Linie Aufgaben übernehmen, die bereits von privaten Akteuren getroffen werden, sondern solche, um die sich bisher niemand kümmert, die also in dieser Logik aus technischen Gründen beim Kollektiv liegen müssen. Keynes schreibt:

„*Ich glaube, daß das Heilmittel zum Teil in der wohlüberlegten Kontrolle der Währungs- und Kreditfragen durch eine zentrale Einrichtung, zum Teil in der Sammlung und weitesten Bekanntmachung geschäftlicher Statistiken liegt, einschließlich der vollen Publizität aller wissenswerten geschäftlichen Tatsachen, die, wenn nötig, gesetzlich erzwungen werden müßte. Durch diese Maßnahmen wäre die Gesellschaft in der Lage, durch entsprechende Organe die geistige Führung bei inneren Komplikationen der Privatwirtschaft zu übernehmen, doch ohne daß private Initiative und privater Unternehmungsgeist durch sie angetastet würden. Sollten sich diese Maßnahmen auch als unzureichend erweisen, so werden sie uns zum mindesten doch bessere Anhaltspunkte dafür geben, welche Schritte wir in Zukunft zu unternehmen haben.*

Mein zweiter Vorschlag betrifft die Ersparnisse und die Kapitalanlagen. Ich glaube, daß wir zu einer gemeinsamen vernünftigen Entscheidung kommen müssen über den Umfang, in dem das Sparen innerhalb einer Gemeinschaft erwünscht ist, und über den Umfang, in dem diese Ersparnisse im Ausland angelegt werden sollen; ferner darüber, ob die heutige Organisation des Anlagemarktes die Ersparnisse in der für die Nation produktivsten Art verteilt. Ich glaube, man sollte diese Dinge nicht ganz und gar dem Zufall der privaten Entscheidung und des privaten Gewinns überlassen, wie es heutzutage der Fall ist.

Mein dritter Vorschlag betrifft die Bevölkerung. Die Zeit ist heute schon gekommen, wo jedes Land nationale Überlegungen darüber anstellen muß, ob

686 Keynes, Ende des Laissez-Faire, S. 46f.

seine Bevölkerungszahl kleiner oder größer werden oder stationär bleiben soll. Hat man in dieser Frage eine Entscheidung getroffen, so muß man Maßnahmen ergreifen, sie in die Tat umsetzen. Später kommt vielleicht die Zeit, in der die Gemeinschaft der Gesundheit der angeborenen Qualität ihrer künftigen Mitglieder die gleiche Aufmerksamkeit zuwenden wird wie heute ihrer Zahl."[687]

Anders als Schumpeter, der davon abriet, in den marktwirtschaftlichen Prozess einzugreifen, stellt Keynes äußerst vage Eingriffsrechte des Kollektivs in die marktwirtschaftlichen Prozesse heraus, wenn es – äußerst vage formuliert – dort zu „inneren Komplikationen" kommt. Darüberhinaus spricht er sich offen für eine wie auch immer geartete staatliche Kontrolle der Spar- und Investitionspolitik aus und fordert außerdem eine aktive Bevölkerungspolitik. Bei all diesen Punkten stellt er stets das Wohl der Nation – also des Kollektivs – in den Vordergrund. Er verliert kein Wort darüber, in welchem Verhältnis eine solche Politik zur individuellen Freiheit des Einzelnen stehen soll. Er schreibt:

„*Diese Gedankengänge zielen auf mögliche Verbesserungen der Technik des modernen Kapitalismus durch das Mittel kollektiver Betätigung ab.*"[688]

Keynes treibt allein die Frage nach der Effizienz des marktwirtschaftlichen Systems. Wenig Interesse zeigt er für die moralische Begründung dieser Ordnung. Allein das Effizienzargument spricht aus seiner Sicht für die Marktwirtschaft und gegen den Staatssozialismus, wie folgendes Zitat zeigt:

„*Ich für mein Teil bin der Ansicht, daß ein klug geleiteter Kapitalismus die wirtschaftlichen Aufgaben wahrscheinlich besser erfüllen wird als irgendein anderes, vorläufig in Sicht befindliches System, daß man aber gegen den Kapitalismus sicher viele Einwände erheben kann.*"[689]

Noch deutlicher wird diese Sicht in Keynes Kurzaufsatz „Am I a Liberal" aus dem Jahr 1925, den er als Rede an einer Liberal Summer School in Cambridge hielt. Dieser Aufsatz soll im Folgenden kurz dargestellt werden

5.2.3 Keynes: Bin ich ein Liberaler?

Keynes begründet in „Am I a Liberal", weshalb er sich durchaus der liberalen Partei zugehörig fühlt und formuliert ein Kurzprogramm für diese Partei. Allerdings – dies sei vorweg genommen – hat dieses liberale Programm wenig mit dem

687 Keynes, Ende des Laissez-Faire, S. 48 f.
688 Keynes, Ende des Laissez-Faire, S. 50.
689 Keynes, Ende des Laissez-Faire, S. 52.

zu tun, was sich etwa Hayek unter dem Adjektiv „liberal" vorstellte. Der Beginn dieser Rede lautet folgendermaßen:

„If one is born a political animal, it is most uncomfortable not to belong to a party; cold and lonely and futile it is. If your party is strong, and its programme and its philosophy sympathetic, satisfying the gregarious, practical, and intellectual instincts all at the same time, how very agreeable that must be! – worth a large subscription and all one's spare time; – that is, if you are a political animal.

So the political animal who cannot bring himself to utter the contemtible words, 'I am no party man,' would almost rather belong to any party than to none. If he cannot find home by the principle of attraction, he must find one by the principle of repulsion and go to those whom he dislikes least, rather than stay out in the cold."[690]

Sicher können viele politisch Interessierte diese Sätze von Keynes auch heute noch nachfühlen. Auch Hayek war ja kein begeisterter Anhänger der Liberalen Parteien zu seiner Zeit. Interessant ist aber nun, nach welchen Ausschlussprinzipien Keynes zu dem Schluss kommt, dass seine Partei die Liberale Partei ist. Er schreibt, dass ihm die konservative Partei weder intellektuellen noch geistigen Trost spenden würde. Die Labour Partei sei da zwar schon attraktiver, so Keynes. Das Problem: Die Labour Partei sei die Partei einer Klasse, und diese Klasse sei nicht seine. Wenn er schon Sparteninteressen vertreten solle, dann doch bitte seine eigenen. Wenn es zu Streitigkeiten zwischen den Klassen komme, dann würde er doch seine eigene Umgebung schützen wollen.[691] Keynes schreibt:

„I can be influenced by what seems to me to be Justice and good sense; but the Class war will find me on the side of the educated bourgeoisie."[692]

Das Denken in Klassen eint Marx, Keynes und Schumpeter. Trotz dieser Gemeinsamkeit mit sozialistischen Meinungen distanziert sich Keynes vom linken Flügel der Labour Partei, den er „Partei der Katastrophe" nennt. Keynes verurteil die extremen Flügel in beiden Parteien – den linken bei Labour und den rechten bei den Konservativen. Er schreibt:

„Just as the Conservative Party will always have its Die-Hard wing, so the Labour Party will always be flanked by the Party of Catastrophe – Jacobins, Communists, Bolshevists, whatever you choose to call them."[693]

---

690 Keynes, Am I a Liberal?, in: Essays in Persuasion, S. 323.
691 Vgl. Keynes, Am I a Liberal?, in: Essays in Persuasion, S. 323 f.
692 Keynes, Am I a Liberal?, in: Essays in Persuasion, S. 324.
693 Keynes, Am I a Liberal?, in: Essays in Persuasion, S. 327.

Aufgrund dieses Ausschlussprinzips sei die liberale Partei das beste Instrument, um Fortschritt zu erzielen. Was möglicherweise fehle, sei eine starke Führung und das richtige Programm. Keynes:

> *„I see only two planks of the historic Liberal plattform still seaworthy – the Drink Question and Free Trade.“*[694]

Dabei lehnt Keynes die Idee, dass Freihandel aufgrund der komparativen Vorteile einzelner Länder gut sei, weil er die Wohlfahrt aller steigere, als „laissez-faire“-Argument ab. Er schreibt:

> *„I no longer believe in the political philosophy which the Doctrine of Free Trade adorned. I believe in Free Trade because, in the long run and in general, it is the only policy which is technically sound and intellectually tight.“*[695]

Hier zeigt sich also zunächst eine Übereinstimmung zwischen Keynes und der liberalen Partei: Freihandel ist gut. Allerdings lehnt Keynes die allgemeingültige Begründung für Freihandel ab. Seine eigene führt er dabei aber nicht weiter aus. Unterm Strich kommt er zu dem Schluss, dass die positiven Argumente dafür, ein Liberaler zu sein, derzeit sehr schwach seien. Die alten Schlachten etwa mit den Konservativen seien geschlagen. Keynes:

> *„The Church, the Aristocracy, the Landed Interests, the Rights of Property, the Glories of Empire, the Pride of Services, even Beer and Whiskey, will never again be the guiding forces of British policies.“*[696]

Die Aufgabe des Liberalismus besteht für Keynes im Prinzip darin, den linken Flügel der Konservativen mit dem rechten Flügel der Sozialdemokratie zu versöhnen. Er schreibt:

> *„On the one side, Conservatism is a well-defined entity – with a Right of Die-Hards, to give it strength and passion, and a Left of what one may call ‚the best type‘ of educated, humane, Conservative Free-Traders, to lend it moral and intellectual respectability. On the other side, Labour is also well-defined – with a Left of Catastrophists, to give it strength and passion, and a Right of what one may call 'the best type' of educated, humane, Socialistic Reformers, to lend it moral an intellectual respectability. Is there room for anything between? Should not each of us here decide whether we consider ourselves to be ‚the best type‘ of Conservative Free-Traders or the ‚the best type‘ of Socialistic Reformers, and have done it?*

694 Keynes, Am I a Liberal?, in: Essays in Persuasion, S. 325.
695 Keynes, Am I a Liberal?, in: Essays in Persuasion, S. 326.
696 Keynes, Am I a Liberal?, in: Essays in Persuasion, S. 326.

Perhaps that is how we shall end. But I think that there is room for a party which shall be disinterested as between classes, and which shall be free in building the future both from the influences of Die-Hardism and from those of Catastrophism, which will spoil the constructions of each of the others. Let me sketch out in the briefest terms what I conceive to be the Philosophy and Practice of such a party.

To beginn with, it must emancipate itself from the dead-wood of the past. In my opinion there is now no place, except in the Left Wing of the Conservative Party, for those whose hearts are set on old-fashioned individualism and laissez-faire in all their rigour – greatly though these contributed to the success of the nineteenth century. I say this, not because I think that these doctrines are wrong in the conditions which gave birth to them (I hope that I should have belonged to this party if I had been born a hundred years earlier), but because they have ceased to be applicable to modern conditions. Our programme must deal not with the historic issues of Liberalism, but with those matters – whether or not have already become party questions – which are of living interest and urgent importance to-day.“[697]

Konkret nennt Keynes fünf Überschriften, die ein liberales Parteiprogramm behandeln sollte: Die Friedensfrage, die Frage der Regierung, die Sexfrage, die Drogenfrage und die ökonomischen Fragen. Zur ersten plädiert er dafür, weitgehend pazifistisch zu sein. Er sei dafür, das Risiko der unilateralen Abrüstung einzugehen, so Keynes. Die Regierung müsse in der Zukunft viele Aufgaben übernehmen, die sie bisher vermieden habe, anzugehen.[698] Zur „Sexfrage“ schreibt er:

„*Birth Control and the use of Contraceptives, Marriage Laws, the treatment of sexual offences and abnormalities, the economic position of women, the economic position of the family, – in all these matters the existing state of Law and of orthodoxy is still mediaeval – altogether out of touch with civilised opinion and civilised practice and with what individuals, educated and uneducated alike, say to one another in private.*“[699]

Gibt sich Keynes in diesen Fragen als überaus liberal, so will er in anderen Fragen die individuelle Freiheit sehr wohl einschränken. Bei der Drogenfrage stellt er fest, dass ein Verbot von alkoholischen Getränken sowie von Buchmachern – wohl zur Eindämmung des Glücksspiels – gut wäre.[700]

---

697 Keynes, Am I a Liberal?, in: Essays in Persuasion, S. 328 ff.
698 Vgl. Keynes, Am I a Liberal?, in: Essays in Persuasion, S. 330 f.
699 Keynes, Am I a Liberal?, in: Essays in Persuasion, S. 332.
700 Vgl. Keynes, Am I a Liberal?, in: Essays in Persuasion, S. 333.

Bevor Keynes sich ausführlich der ökonomischen Frage widmet, beschreibt er den Übergang des Kapitalismus von einer Phase der Knappheit in eine Phase des Überflusses, in welcher sich der historische Liberalismus entwickelt habe, und weiter in eine Phase der Stabilisierung. Diese dritte Phase sei die Alternative zum Marxismus. Keynes:

> „*The transition from economic anarchy to a régime which deliberately aims at controlling and directing economic forces in the interests of social justice and social stability, will present enormous difficulties both technical and political. I suggest, nevertheless, that the true destiny of New Liberalism is to seek their solution.*“[701]

Dieser Neue Liberalismus – der wohl wenig mit dem zu tun hat, was mehr als ein Jahrzehnt später von Alexander Rüstow in Paris unter dem Begriff „Neoliberalismus“ als Programm entworfen wurde – soll nach den Vorstellungen von Keynes neue Instrumente für die Politik erfinden, um die wirtschaftlichen Kräfte kontrollieren zu können. Er kritisiert, dass sich die Hälfte der Weisheit der Staatsmänner auf Annahmen gründe, die früher einmal wahr gewesen seien, aber heute nicht mehr gelten. Man müsse nun unorthodox, lästig, gefährlich und ungehorsam gegen diese alten Annahmen antreten.[702] Keynes:

> „*It is not an accident that the opening stage of this political struggle, which will last long and take many different forms, should centre about monetary policy. For the most violent interferences with stability and with justice, to which the nineteenth century submitted in due to satisfaction of the philosophy of Abundance, were precisely those which were brought about by changes in the price level.*“[703]

Bevor im folgenden Kapitel genau auf diesen Punkt – nämlich die Rolle der Geldpolitik bei Keynes – eingegangen wird, soll nun zunächst nochmals geprüft werden, ob Keynes bei der konkreten Formulierung seiner geldpolitischen Vorstellungen in der „General Theory“ im Jahr 1936 das Denken, dass er gut zehn Jahr vorher formuliert hatte, noch vertrat.

---

[701] Keynes, Am I a Liberal?, in: Essays in Persuasion, S. 335.
[702] Vgl. Keynes, Am I a Liberal?, in: Essays in Persuasion, S. 336 f.
[703] Keynes, Am I a Liberal?, in: Essays in Persuasion, S. 337.

5.2.4 Keynes sozialphilosophische Ausführung in der „General Theory"

Im letzten Kapitel seiner „General Theory", den „Concluding Notes on the Social Philosophy towards which the General Theory might lead", führt er sein diesbezügliches Denken aus. Anders als Hayek, Eucken oder Friedman sieht Keynes keinen Mangel an wirtschaftlicher Freiheit. Zur Frage, was das größte ökonomische Problem seiner Zeit sei, schreibt er zu Beginn des erwähnten Kapitels:

> *„The outstanding faults of the economic society in which we live are its failures to provide for full employment and its arbitrary and inequitable distribution of wealth and incomes."*[704]

Das ist überaus bedeutsam: Keynes konzentriert seine Analyse auf die Frage der Vollbeschäftigung und der Verteilung von Einkommen und Vermögen. Die Umverteilung begründet er dabei vor allem ökonomisch. Umverteilung von Einkommen erhöhe den Konsum (die aggregierte Nachfrage), und das wieder begünstige die Bildung von Kapitalgütern und steigere so das Wachstum, was wiederum positiv für die Entstehung von Arbeitsplätzen und den Rückbau von Arbeitslosigkeit sei. Keynes hebt hervor, dass er damit auch das Argument entkräftige, dass höhere Steuern für Reiche negativ auf die Kapitalbildung wirkten, eine Argument, das Eucken gegen eine zu starke Progression bei der Einkommensteuer anführt.[705] Keynes wendet sich nicht grundsätzlich gegen eine ungleiche Einkommens- und Vermögensverteilung. Dafür gebe es durchaus soziale und psychologische Rechtfertigungen, etwa jene, dass die Kanalisierung des menschlichen Wettbewerbs auf die Gewinnung von Reichtum zum Beispiel den Trieb mindere, Macht über andere Menschen zu gewinnen. Allerdings lehnt Keynes die zu seiner Zeit bestehende Höhe der Ungleichheit als zu groß ab.[706] Im Gegensatz zu den Marxisten will Keynes nicht versuchen, den Menschen an sich zu ändern. Er schreibt:

> *„The task of transmuting human nature must not be confused with the task of managing it."*[707]

Wie bereits wiederholt erwähnt wurde, zeigen sich hier Parallelen zu Schumpeter. Das gilt auch für Keynes Feststellung, dass die Phase des „funktionslosen Investors" eine Übergangsphase sei. Der Nachteil dieses Investors kann in der Keynesschen Welt vor allem sein, dass er spart, aber nicht investiert, was wiederum schlecht für die aggregierte Nachfrage und damit negativ für das Ziel der Vollbeschäftigung ist. Das führt Keynes zu dem Schluss:

---

704 Keynes, J.: The General Theory of Employment, Interest, and Money, New York: 1997, S. 372.
705 Vgl. Keynes, General Theory, S. 372 f.
706 Vgl. Keynes, General Theory, S. 374.
707 Keynes, General Theory, S. 374.

„I conceive, therefore, that a somewhat comprehensive socialisation of investment will prove the only means of securing an approximation to full employment; though this need not exclude all manner of compromises and of devices by which public authority co-operate with private initiative.“[708]

Doch über diese Maßnahme hinaus zeigt sich Keynes in der „General Theory“ skeptisch in Bezug auf eine staatliche Steuerung der Wirtschaft. Er schreibt:

„To put the point concretely, I see no reason to suppose that the existing system seriously misemploys the factors of production which are in use. There are, of course, errors of foresight; but these would not be avoided by centralising decisions. When 9,000,000 men are employed out of 10,000,000 willing and able to work, there is no evidence that the labour of these 9,000,000 men is misdirected. The complaint against the present system is not that theses 9,000,000 men ought to be employed on different tasks, but that tasks should be available for the remaining 1,000,000 men. It is in determining the volume, not the direction, of actual employment that the existing system has broken down.“[709]

Auch wenn diese Worte wie von Keynesianern oft dargestellt die liberal-marktwirtschaftliche Ausrichtung Keynes belegen, bedeutet dies nicht, dass Keynes den Staat deshalb auf die Setzung von Zinssätzen und Ausgaben beschränken wollte. Im Gegenteil, wie folgendes Zitat zeigt, das sich auf der selben Seite wie obige Worte findet:

„The central controls necessary to ensure full employment will, of course, involve a large extension of the traditional functions of government.“[710]

Dennoch zeigt sich in der „General Theory“ eine gewisse Konzilianz bei Keynes: Während Keynes in „Das Ende des Laissez-Faire“ noch scharfzüngig gegen den Liberalismus des 19. Jahrhunderts schrieb, bezeichnet er die durch dezentrale Entscheidungen und individuelle Verantwortlichkeit gesteigerte Effizienz als größer, als von den Liberalen im 19. Jahrhundert angenommen.[711] Den Staatssozialismus lehnt er ab:

„The authoritarian state system of to-day seem to solve the problem of unemployment at the expense of efficiency and of freedom. It is certain that the world will not much longer tolerate the unemployment which, apart from brief intervals of excitement, is associated – and, in my opinion, inevitably associated – with

708 Keynes, General Theory, S. 378.
709 Keynes, General Theory, S. 379.
710 Keynes, General Theory, S. 379.
711 Vgl. Keynes, General Theory, S. 380.

present-day capitalistic individualism. But it may be possible by a right analysis of the problem to cure the disease whilst preserving efficiency and freedom."[712]

Es ist dies eine der wenigen Stellen, an denen Keynes auch das Argument der Freiheit vorträgt. Aber er bleibt dabei widersprüchlich: Einerseits wünscht er sich eine wesentlich größere Staatstätigkeit, andererseits soll der Marktmechanismus weiter wie gehabt funktionieren.

Schon Schumpeter hat Keynes vorgeworfen, in seiner „General Theory" unter dem Deckmantel einer „rein theoretischen Erörertung" lediglich eine Theorie aufgebaut zu haben, die die vom Autor ohnehin präferierte Politik einfach untermauere, wie McCraw betont. Schumpeter warf Keyens demnach vor, ein verzerrtes Bild vom Wesen des Kapitalismus zu zeichnen. Er habe die Bedeutung der Innovation heruntergespielt. McCraw weist auf den fundamentalen Unterschied in der Keynesschen Betrachtung und der Schumpeterschen hin: Keynes dachte in Aggregaten, sein Blick richtete sich fast ausschließlich auf die politische und volkswirtschaftliche Ebene, während Schumpeter vom einzelnen Unternehmer her argumentierte.[713]

5.3 Keynes Weltanschauung im Vergleich zu Hayek, Friedman, Eucken und Schumpeter

Die Fokussierung richtet Keynes dabei vor allem auf die Geldpolitik, er fordert aber auch Maßnahmen der Umverteilung zur Steigerung der aggregierten Nachfrage mittels konstanter Konsumquoten bei der Mittel- und Unterschicht. Genau hierin zeigt sich ein wesentlicher Unterschied zu Hayek, Friedman und Eucken: Keynes verwirft den negativen Freiheitsbegriff des 19. Jahrhunderts. Er will die Rolle des Staates in der Wirtschaft erweitern und die Rolle der Privatunternehmung reduzieren. Keynes träumte früh von halbstaatlichen Unternehmen. Weshalb er diesen Traum in der „General Theory" nicht mehr offensiv vertritt, darüber kann nur spekuliert werden. Jedenfalls widerruft er seine früheren Thesen nicht. Deshalb muss davon ausgegangen werden, dass er dafür nach wie vor Sympathie hatte, als er an seinem bekanntesten Werk schrieb. So oder so: Mit seinen Ansichten vertritt Keynes einen deutlich kollektivistischeren gesellschaftspolitischen Ansatz als Hayek, Friedman und Eucken. Keynes bedeutendstes politisches Ziel lautet Vollbeschäftigung. Eine Verteidigung des klassischen Freiheitsbegriffes findet sich nicht. Im Gegenteil: Keynes relativiert diesen.

[712] Keynes, General Theory, S. 381.
[713] Vgl. McCraw, S. 324–326.

Die spannende Frage für diese Arbeit lautet nun, wie sein Verhältnis zu Schumpeter ist. Einerseits bleibt festzuhalten: Einen Übergang des kapitalistischen System in den demokratischen Sozialismus, wie ihn Schumpeter prognostizierte, sieht Keynes nicht. Indes tragen seine Forderung nach halböffentlichen Unternehmen und seine Kritik am „funktionslosen Investor", die er auch in der „General Theory" vorträgt, durchaus sozialistische Züge.

Der wesentliche Unterschied dürfte sein: Keynes sieht vor allem die Misserfolge des Kapitalismus. Die Schwächen der marktwirtschaftlichen Ordnung müssen demnach durch staatliche Interventionen geheilt werden. Ganz anders Schumpeter, der gerade auf die Erfolge der Kapitalismus verweist und keinesfalls Präferenzen für den Sozialismus äußert. Schumpeter rät dazu, von Eingriffen in den Marktprozess möglichst Abstand zu nehmen. Er vertritt diesbezüglich sogar einen antikollektivistischeren Ansatz als Eucken. Es ist jedoch der Freiheitsbegriff, den Schumpeter als durch politische Freiheiten ausreichend gesichert ansieht, der ihn dann in seinen normativen Ausführungen als deutlich weniger individualistisch argumentieren lässt als es Eucken tat.

Ein weiterer wesentlicher Unterschied zwischen Schumpeter und Keynes ist, dass Schumpeter sich vom Sozialismus keineswegs ein geringeres Maß an Ungleichheit in Bezug auf Vermögen und Einkommen verspricht, was Keynes in seinem System aber durchsetzen will. Somit lassen sich folgende Punkte zusammenfassen, die Keynes als Vertreter einer kollektivistischeren Gesellschaftstheorie als Schumpeter erscheinen lassen:

- Keynes fordert ein höheres Maß an Umverteilung von Vermögen und Einkommen, Schumpeter misst dem keine große Rolle zu.
- Keynes nennt anders als Schumpeter das Ziel der Vollbeschäftigung.
- Keynes betont die Misserfolge des Kapitalismus, Schumpeter die Erfolge.

Es ist nun zu prüfen, inwieweit auch die geldpolitischen Vorstellungen Keynes expansiver ausgerichtet sind als die der anderen vier bisher behandelten Protagonisten dieser Arbeit.

5.4 Keynes geldpolitische Vorstellungen

In seinem im Jahr 1923 erschienenem Werk „Tract on Monetary Policy" baut Keynes noch auf der Gültigkeit der Quantitätstheorie auf, auch in der „Treatise on Money" spielt die Quantitätstheorie noch eine bedeutende Rolle.[714] Scherf schreibt über Keynes Sicht im „Tract on Monetary Policy":

---

[714] Vgl. Scherf, S. 281 f.

„Der Staat (die Bank of England) ist gefragt, durch diese Stabilisierungspolitik das unternehmerische Risiko zu senken, dessen unnötige Höhe er [Keynes] schon hier als mögliche Gefahr für Beschäftigung und Wohlstand ansieht.“[715]

Und über die „General Theory“ ist bei Scherf zu lesen:

„Die allgemeine Theorie von Beschäftigung, Zins und Geld ist erstaunlich simpel: Bei gegebenen Preisen bzw. Geldlöhnen ist die Höhe der Beschäftigung eine direkte Funktion der effektiven Gesamtnachfrage, die die Produktionshöhe bestimmt.“[716]

An dieser Stelle sei auf einen fundamentalen Unterschied etwa zur Österreichischen Schule verwiesen. Wie bereits gezeigt wurde, verstanden die „Österreicher“ den Zinssatz vor allem als Zeitpräferenzrate. Ganz anders Keynes: Hier bestimmt sich der Zinssatz – vor allem der kurzfristige auf dem Geldmarkt – nach der Liquiditätspräferenz der Vermögensbesitzer.[717] Ein hoher Zinssatz steht demnach dafür, dass die Vermögenden einen hohen Preis dafür verlangen, wenn sie Bargeld bei der Bank anlegen. Scherf fasst zusammen, welche wirtschaftspolitischen Folgerungen Keynes aus diesen Erkenntnissen zieht:

„Die von Keynes vorsichtig gezogenen wirtschaftspolitischen Folgerungen: eine Geldpolitik, die auf niedrige Zinsen zielt und bei drohendem ‚Unterbeschäftigungsgleichgewicht‘ (richtiger als persistente Arbeitslosigkeit aufzufassen) autonome Nachfrageerhöhungen durch den ‚Staat‘ fordert (deficit spending), die geeignet erscheinen, die effektive Gesamtnachfrage über ‚Multiplikatorprozesse‘ auf Vollbeschäftigungsniveau zu bringen – diese Folgerungen waren in der Weltwirtschaftskrise wenig umstritten, hatten aber keine ‚theoretische‘ Basis. Keynes glaubte, die theoretische Begründung geliefert zu haben […].“[718]

Schon in seiner im Jahr 1930 erschienene „Treatise on Money“ ging Keynes davon aus, dass er an einem neuen theoretischen Gesamtwerk für die Geldpolitik arbeitete. Er schrieb:

„This Treatise, in contrast to most older work on monetary theory, is intended to be a contribution to this new phase of economic science.“[719]

Keynes kritisierte den zu seiner Zeit gegenwärtigen Forschungsstand der Geldtheorie scharf. Er forderte einen bestimmten Grad an Exaktheit und Perfektion, den eine geldpolitische Theorie haben müsse. Der erste Schritt auf diesem Weg sei

715 Scherf, S. 281.
716 Scherf, S. 283 f.
717 Vgl. Scherf, S. 284.
718 Scherf, S. 285.
719 Keynes, J.: A Treatise on Money, Volume II, Neuauflage 2011, Mansfield Centre: 2011, S. 407.

die Unterscheidung zwischen der kurz- und der langfristigen Sicht.[720] Bei keinem der anderen in dieser Arbeit behandelten Ökonomen findet sich diese Unterscheidung. Keynes war ganz offenbar der einzige, der glaubte, mithilfe der Geldpolitik (und auch der Finanzpolitik) die Wirtschaft steuern zu können. Um in diese Phase neuen ökonomischen Denkens einzutreten, war nach Keynes Ansicht vor allem eine Verbesserung der Datenlage nötig. Keynes forderte „exakte quantitative Informationen“[721] Keynes schrieb:

> „*In the case of monetary science there is a special reason why statistics are of fundamental importance to suggest theories, to test them and to make them convincing. Monetary Theory, when all is said and done, is little more than a vast elaboration of the truth that ‚it all comes out in the wash‘. But to show this to us and to make it convincing, we must have a complete inventory. That the amount of money taken by the shops over the counter is equal, in the aggregate, to the amount of money spent by their customers; that the expenditure of the public is equal, in the aggregate, to the amount of their incomes minus what they have put on one side; – these simple truths and the like are those, apparently, the bearing and significance of which it is most difficult to comprehend.*“[722]

Keynes hielt wenig vom Goldstandard, weil dies eine Zentralbank inflexibel mache.[723] Er schrieb:

> „*A Central Bank which was compelled to keep 100 per cent of its assets in gold would be not much better off than one which had no reserves at all.*“[724]

Was dagegen wichtig sei, sei die gesetzliche Vorschrift für die Geschäftsbanken, einen bestimmten Reservesatz vorzuhalten. So solle die Entscheidung über die umlaufende Geldmenge bei einer zentralen Behörde gebündelt werden, die nicht profitmaximierend sondern am sozialen und gesamtwirtschaftlichen Vorteil ausgerichtet sei. Der Zentralbank solle vom Gesetzgeber lediglich vorgeschrieben werden, eine bestimmte Minimumrate an Gold vorzuhalten, quasi als Devisenreserve. Keynes sprach sich darüber hinaus dafür aus, das staatliche Geldmonopol zu perfektionieren. Goldwährungen, Goldmünzen oder Goldzertifikate sollten verboten werden. Allein die Zentralbank solle Goldvorräte haben, um im Fall von Zahlungsbilanzproblemen agieren zu können. Keynes forderte ebenso ein generelles Verbot für die Ausgabe von Privatgeld.[725]

---

720 Vgl. Keynes, A Treatise on Mone VII, S. 406.
721 Keynes, A Treatise on Mone VII, S. 407.
722 Keynes, A Treatise on Money VII, S. 408.
723 Vgl. Keynes, A Treatise on Mone VII, S. 272.
724 Keynes, A Treatise on Money VII, S. 272.
725 Vgl. Keynes, A Treatise on Money VII, S. 272 ff.

McCraw weist darauf hin, dass Keynes „Treatise on Money“ in vielem den Schriften Schumpeters zur Geldtheorie ähnelte. Schumpeter habe sogar geglaubt, dass Keynes einige seiner Ideen übernommen habe, ohne ihn als Urheber anzugeben. Dennoch habe Schumpeter Keynes zu seinem Werk geradezu überschwänglich gratuliert.[726] Schumpeter dürfte aber vor allem die Analyse des Buches positiv bewertet haben. Denn tatsächlich ist die „Treatise on Money“ vor allem eine ausführliche Analyse über das Geld als ein wirtschaftspolitisches Programm. Der normative Teil ist durchaus überschaubar.

Anders ist das in der „General Theory“. Hier verwirft Keynes sogar einige der Teile seines älteren Werkes. Im Vorwort schreibt er:

> *„When I began to write my Treatise on Money I was still moving along the traditional lines of regarding the influence of money as something so to speak separate from the general theory of supply and demand. When I finished it, I had made some progress towards pushing monetary theory back to becoming a theory of output as a whole. But my lack of emancipation from preconceived ideas showed itself in what now seems to me to be the outstanding fault of the theoretical parts of that work (namely, Books III and IV), that I failed to deal thoroughly with the effects of changes in the level of output.“*[727]

Keynes betont, dass in einer Ökonomie mit einem Geldsystem die Erwartungen über die Zukunft die Beschäftigung beeinflussen.[728] Er schreibt:

> *„Thus in the absence of money and in the absence – we must, of course, also suppose – of any other commodity with the assumed characteristics of money, the rates of interest would only reach equilibrium when there is full employment. Unemployment develops, that is to say, because people want the moon, – men be employed when the object of desire (i.e. money) is something which cannot be produced and the demand for which cannot be readily choked off. There is no remedy but to persuade the public that green cheese is practically the same thing and to have a green cheese factory (i.e. a central bank) under public control.*
>
> *It is interesting to notice that the characteristics which has been traditionally supposed to render gold especially suitable for use as the standard of value, namely, its inelasticy of supply, turns out to be precisely the characteristic which is at the bottom of the trouble.“*[729]

---

726 Vgl. McCraw, S. 186f.
727 Keynes, J.: The General Theory of Employment, Interest, and Money, New York: 1997, S. Xf.
728 Vgl. Keynes, General Theory, S. Xi.
729 Keynes, General Theory, S. 235f.

Drei Dinge sind aus diesem Zitat zu ziehen. Erstens macht Keynes einen Unterschied zwischen einer Ökonomie mit Geld und einer ohne, wobei in letzterer der Zinssatz für Kapitalgüter sinken würde, bis der Zustand der Vollbeschäftigung erreicht ist. Zweitens zieht er den Schluss, dass in einer Gesellschaft mit Geld eine Zentralbank unter öffentlicher Kontrolle nötig ist. Drittens spricht er sich gegen den Goldstandard oder Goldmünzen aus.

Keynes verwirft damit die klassische Annahme, dass bei flexiblen Löhnen keine Arbeitslosigkeit entstehen kann. Die Klassik und vor allem die Neoklassik gehen davon aus, dass bei Arbeitslosigkeit in einem funktionierenden Markt die Löhne sinken, dadurch die Nachfrage nach Arbeitskräften steigt und es so zu einem neuen Gleichgewicht kommt. Keynes dagegen betont die Bedeutung des Zinssatzes. Er verweist darauf, dass er in der „Treatise on Money" noch Wicksells Idee des natürlichen Zinssatzes, bei dem Ersparnis und Investition in Einklang kommen, geteilt habe. Dabei, so sagt Keynes, habe er übersehen, dass es verschiedene solche Zinssätze geben könne, die mit unterschiedlichen Niveaus an Beschäftigung korrespondieren. Er habe in dem im Jahr 1930 erschienen Buch noch nicht verstanden, dass das volkswirtschaftliche System in ein Gleichgewicht kommen könne, ohne dass Vollbeschäftigung herrsche. Jene natürliche Rate, bei der Vollbeschäftigung herrscht, bezeichnet Keynes als „optimalen Zins".[730]

In Keynes Modell determinieren drei unabhängige Variable den volkswirtschaftlichen Output und den Grad der Beschäftigung: drei psychologische Faktoren (Konsumneigung, Liquiditätsneigung und der künftige Ertrag aus Kapitalgütern), der Arbeitslohn (als Ergebnis der Verhandlungen zwischen Arbeitgebern und Arbeitnehmern) sowie die Geldmenge, die von der Zentralbank bestimmt wird.[731] Für diese Arbeit bedeutsam ist der dritte Punkt: Die Zentralbank bestimmt indirekt über die Kontrolle der Geldmenge (sowie des kurzfristigen Zinses) als einer von drei Faktoren den volkswirtschaftlichen Output und die Höhe der Arbeitslosigkeit. Damit lässt sich festhalten: Keynes billigt der Zentralbank und der Geldpolitik eine bedeutende Rolle in der Wirtschaftspolitik zu. Tendenziell kann durch die Erhöhung der Geldmenge – Keynes analysiert den Zusammenhang zwischen Geldmenge und Zinssatz, aber das ist für diese Arbeit nicht bedeutend – der Output gesteigert werden.

Jedoch verweist Anderegg darauf, dass die frühe keynesianische Lehre die Unwirksamkeit der Geldpolitik zur Steuerung des Wirtschaftsprozesses betonte. Vielmehr solle mit Hilfe der Fiskalpolitik versucht werden, die Nachfrage nach Gütern zu erhöhen.[732] Dies ist grundsätzlich richtig, nimmt man die General

---

[730] Vgl. Keynes, General Theory, S. 242 f.
[731] Vgl. Keynes, General Theory, S. 246 f.
[732] Vgl. Anderegg, S. 288 f.

Theory als Basis. Denn Keynes verweist auch darauf, dass sinkende Zinssätze keinen großen Effekt auf die Investitionen haben.[733]

5.5 Keynes geldpolitische Vorstellungen im Vergleich zu Hayek, Eucken, Schumpeter und Friedman

Für die Frage dieser Arbeit entscheidend ist aber, dass Keynes keinesfalls eine Senkung der Zinsen durch die Zentralbank ausschließt, um die Konjunktur anzukurbeln. Im Gegenteil: Er erachtet dies durchaus als notwendige, aber eben nicht als hinreichende Bedingung. Seiner Ansicht nach kann es durchaus ausreichen, wenn die Währungsbehörde einen expansiven Kurs einschlägt. Er ist eben nur der Meinung, dass dies in tiefen zyklischen Abschwüngen nicht ausreicht, um einen massiven Rückgang der Beschäftigung zu verhindern. Keynes geht es um die Frage der Grenzproduktivität des Kapitals, die von der unkontrollierbaren Psyche des Marktes determiniert sei.[734] Er schreibt:

> *„It is the return of confidence, to speak in ordinary language, which is so insusceptible to control in an economy of individualistic capitalism. This is the aspect of the slump which bankers and business men have been right in emphasising, and which the economists who have put their faith in a ‚purely monetary' remedy have underestimated.“*[735]

Die Analyse bis hierher zeigt einen wesentlichen Unterschied zwischen Keynes und den anderen vier Protagonisten in dieser Arbeit: Er allein billigt der Geldpolitik nicht nur eine Rolle bei der Gewährung eines stabilen Preisniveaus – also im Kampf gegen Inflation wie Deflation – zu, sondern sieht sie als ein Mittel der Vollbeschäftigungspolitik, wenngleich nicht als ein hinreichendes. Damit zeigt sich: Keynes ist eindeutig derjenige Ökonom, der die Geldpolitik in seinem Theoriegebäude am expansivsten ausrichtet, deutlich expansiver als Schumpeter, tritt also für den kollektivistischsten Ansatz der Geldordnung ein. Künstliche Elemente der Geldordnung dominieren Keynes Vorstellungen der Geldordnung.

---

733 Vgl. Keynes, General Theory, S. 250 ff.
734 Vgl. Keynes, General Theory, S. 316 ff.
735 Keynes, General Theory, S. 317.

6 Zusammenfassung und Fazit

Die vorliegende Arbeit stellt einen Zusammenhang des Denkens in Bezug auf allgemeine staatsphilosophische Vorstellungen, wirtschaftspolitische Ziele und die Aufgabe sowie den Instrumentenkasten der Geldpolitik her. Dazu wurden die Werke und Ideen von fünf prägenden Ökonomen des 20. Jahrhunderts verglichen. Anhand des Literaturvergleichs zeigt sich: Individualistische Vorstellungen über die Gesellschaft gehen mit Präferenzen für eine geringe Tätigkeit des Staates in der Wirtschaft sowie einer weitgehenden, teils sogar völligen Entkopplung der Geldpolitik von politischer Einflussnahme einher. Umgekehrt gehen Vorstellungen, die weniger einen negativen als einen positiven Freiheitsbegriff und dem wirtschaftlichen Erfolg des Kollektivs der Freiheit des Einzelnen den Vorzug geben, mit einer stärkeren Rolle des Staates im wirtschaftlichen Koordinations- und Allokationsprozess einher und fordern gleichzeitig eine aktive Rolle der Geldpolitik bei der Steuerung des wirtschaftlichen Prozesses. Daraus ist wiederum zu schließen: Die Forderung nach einer expansiv ausgerichteten Geldpolitik zur Stimulierung von Konjunktur und Wachstum beruht ideengeschichtlich nicht nur auf technischen Überlegungen zur Effizienz, sondern stammt von einer grundsätzlich kollektivistischer – teils sozialistischer – ausgerichteten Grundüberzeugung. Ein Überblick findet sich in Tabelle 1.

Die Benchmark in Bezug auf eine entstaatlichte Geldpolitik und ein am klassischen Freiheitsbegriff ausgerichtetes Menschenbild bildete in dieser Arbeit Friedrich August von Hayek. Hayeks Freiheitsbegriff ist rein negativ. Der Mensch ist also dann frei, wenn keine menschliche Gewalt von außen auf ihn einwirkt. Es geht also um die Freiheit von Zwang. Dem entgegengesetzt steht der sozialistische Freiheitsbegriff, der die „Freiheit zu etwas" ins Zentrum setzt. Demnach ist zum Beispiel ein besitzloser Mensch nicht frei, weil ihm die materiellen Voraussetzungen für selbstbestimmtes menschliches Handeln fehlen. Keiner der in dieser Arbeit behandelten Ökonomen hat explizit diesen sozialistischen Freiheitsbegriff vertreten. Spuren finden sich bei Schumpeter, der in seinem Opus magnum „Kapitalismus, Sozialismus und Demokratie" wie beschrieben die politische Freiheit in den Mittelpunkt rückt, also etwa die Redefreiheit. Den Wert wirtschaftlicher Freiheit betont er nicht, er vertritt schließlich die These, dass ein demokratischer Sozialismus möglich sei, also die weitgehende Abschaffung von Privateigentum. Der Eingriff in Eigentumsrechte ist natürlich ein eklatanter Verstoß gegen Freiheit wie Hayek sie versteht, weil sich die Abwesenheit von Zwang eben nicht nur auf die Unversehrtheit des Lebens und der Gesundheit bezieht, sondern ganz besonders auf den Schutz des Eigentums, etwa im Lockeschen Sinn:

„Wenn die Erde und alle niederen Lebewesen wohl allen Menschen gemeinsam eignen, so hat doch jeder Mensch ein Eigentum an seiner eigenen Person. Über seine Person hat niemand ein Recht als nur er allein. Die Arbeit des Körpers und das Werk seiner Hände, so können wir sagen, sind im eigentlichen Sinne sein. Was immer er also jenem Zustand entrückt, den die Natur vorgesehen und in dem sie es belassen hat, hat er mit seiner Arbeit gemischt und hat ihm etwas hinzugefügt, was sein eigen ist – es folglich zu seinem Eigentum gemacht."[736]

Ob Schumpeter tatsächlich den Verzicht auf Privateigentum ernst gemeint hat, wird teilweise in Frage gestellt. Immer wieder ist zu hören, er habe diese Passagen in seinem Werk ironisch gemeint. Es ist schwer zu sagen, ob das stimmt. Aus den von Schumpeter verfassten Zeilen ist dies jedenfalls aus Sicht des Autors nicht zu erfassen.

Eindeutiger erscheint die Lage bei Keynes. Zwar hat er ebenfalls nicht explizit den sozialistischen Freiheitsbegriff vertreten. Aber er hat unmissverständlich klar den klassischen liberalen Freiheitsbegriff abgelehnt. Zwar erteilt er in der „General Theory" einem autoritären Staat eine Absage und hebt die Vorzüge einer dezentralen Wirtschaftsplanung hervor. Aber er argumentiert dabei allein aus Effizienzgründen. Theoretisch lässt dies den Umkehrschluss zu: Erwiese sich eine zentralverwaltungswirtschaftliche kollektivistische Wirtschafts- und Sozialordnung effizienter als eine freiheitlich-demokratische, wäre dieses System aus Keynes Sicht einem liberalen dezentralen Staat vorzuziehen, selbst wenn dabei die individuellen Freiheitsrechte – also die Abwesenheit von Zwang etwa auf körperliche Unversehrtheit oder auf die Wahrung der Eigentumsrechte – nicht existieren. Das oberste Ziel der staatlichen Wirtschaftspolitik besteht aus seiner Sicht in der Schaffung von Vollbeschäftigung, nicht in der Garantie der Freiheit.

Damit lässt sich auch erklären, weshalb sich Keynes und Hayek so unversöhnlich in Fragen der Geldpolitik gegenüberstehen. Aus Hayekscher Sicht ist eine Entwertung des Geldes durch staatliche Aktion ein Eingriff in die individuelle Freiheit, weil ein Eigentumsrecht verletzt wird. Eine solche Eigentumsverletzung gilt es mit allen Mitteln zu verhindern. Das Recht auf einen Arbeitsplatz gehört aus Hayeks Sicht dabei natürlich nicht zur Freiheit des Individuums, das der Staat schützen müsse.

Für Keynes dagegen ist es durchaus akzeptabel, dass der Staat zumindest in Krisen eine Geldpolitik betreibt, die potenziell die Gefahr einer Geldentwertung mit sich bringt. Es wäre zwar falsch, Keynes zu unterstellen, er habe Inflation nicht auch als Problem gesehen. Aber sein Schwerpunkt lag eindeutig auf einem anderen Feld, eben dem der Vollbeschäftigung. Hayek und Keynes unterscheiden

[736] Locke, Über die Regierung, S. 22.

sich in ihrer Sicht auf Inflation vor allem in politökonomischen Punkten. Während Hayek mit Blick auf die lange Geschichte der Manipulierung des Geldwerts eine grundsätzliche Skepsis gegenüber dem Staat hatte und deshalb über Möglichkeiten nachdachte, dem Staat die Möglichkeit zu entziehen, überhaupt den Geldwert zu gefährden, vertraute Keynes dem Staat, dass er rechtzeitig gegensteuern könne, wenn es zu Inflation kommt. Das passt zum Gesamtbild, das in dieser Arbeit gezeichnet wurde: Vertreter einer nicht nur an der Stabilität der Währung ausgerichteten Geldpolitik trauen dem Staat insgesamt ein größeres Gewicht im wirtschaftlichen Allokations- und Steuerungsprozess zu.

Hayek, Eucken, Friedman und in einer gewissen Abstufung auch Schumpeter sannen darüber, wie die Rolle des Staates in der Geldpolitik wie in der gesamten Wirtschaftspolitik beschränkt werden sollte. Keynes dagegen stellte eine grundsätzliche Theorie darüber auf, wie die Rolle des Staates erweitert werden solle. Dabei zeigt sich auch unter den drei neoliberalen Protagonisten Hayek, Eucken und Friedman eine Abstufung. Während Hayek bedingungslos auf den Schutz der individuellen Freiheit im klassischen Sinn pochte und am Ende sogar die Privatisierung der Währungspolitik forderte um deren alleinige Ausrichtung an der Geldwertstabilität sicherzustellen, war Eucken zum Beispiel durchaus bereit, dem Staat eine gewisse Rolle in der Wirtschaftspolitik zuzubilligen, etwa beim Kampf gegen Monopole. Zugleich sah Eucken die Währungspolitik als staatliche Aufgabe an. Ganz ähnlich ist dies bei Friedman.

Die Hauptfrage dieser Arbeit kann also mit Ja beantwortet werden. Die Argumentation zum Beispiel für oder gegen eine konjunkturstützende Geldpolitik leitet sich nicht nur aus theoretischen ökonomischen Modellen ab, deren Richtigkeit etwa durch empirische Methoden überprüft werden sollte. Sie leitet sich auch aus grundsätzlichen Überzeugungen zum Beispiel über den Wert der individuellen Freiheit oder des Schutzes von Eigentumsrechten ab. In der politischen wie in der wissenschaftlich-ökonomischen Diskussion kommt dieser Aspekt allerdings häufig zu kurz.

Trotz dieses Ergebnisses dieser Arbeit soll im Folgenden noch auf Schwächen eingegangen werden. Die Arbeit hat sich nicht mit der Frage beschäftigt, ob es einen logischen Zusammenhang zwischen geldpolitischen und sonstigen politischen Vorstellungen gibt, ob es also möglich ist, ein stark individualistisches Menschenbild zu haben und gleichzeitig für eine expansive Geldpolitik zu plädieren. Thema dieser Arbeit war die Frage, ob sich in den Schriften der prägenden Ökonomen des 20. Jahrhunderts eine Korrelation zu dieser Frage zeigt. Die theoretisch-philosophische Frage, ob der dargestellte Zusammenhang ein Kausalzusammenhang ist, ist eine andere – sicherlich nicht weniger spannende – Frage.

	F. A. Hayek	M. Friedman	W. Eucken	J. A. Schumpeter	J. M. Keynes
Freiheitsbegriff	Rein negativ: Freiheit ist Abwesenheit von Zwang	Negativ: Freiheit ist Abwesenheit von Zwang, aber auch von wirtschaftlicher Macht	Negativ: Freiheit ist Abwesenheit von Zwang, aber auch von wirtschaftlicher Macht	Positiv: Politische Freiheit genügt, weil mit dem Demokratieprinzip auch ein großes Stück individueller Freiheit gesichert ist	Relativierung des Freiheitsbegriffs an sich: *„Es ist nicht wahr, daß jedes Individuum eine vorgeschriebene ‚natürliche Freiheit' seiner wirtschaftlichen Tätigkeit besitzt."*
Philosophische Grundlage des Denkens	David Hume	John Locke	John Locke	Vielfältig, prägend waren u. a. Max Weber und Gustav Schmoller; keine geistige Verbindung zu Hume oder Locke	George Edward Moore
Erkenntnislehre und Argumentationsstil	Empirismus, Individualismus, Antirationalismus, Evolution	Empirismus, Individualismus	Empirismus, Individualismus	Evolution, Elitär, Unternehmertheorie	Analytisch, Rationalistisch
Rolle des Staates in der Wirtschaft	Weitgehende Enthaltung, keine progressive Gesamtsteuerbelastung	Weitgehende Enthaltung, vorsichtige Anti-Trust-Politik, keine Progression in der Einkommensteuer	„Liberaler Interventionsstaat": Politik gegen Monopole, Staat soll Haftungsprinzip durchsetzen, begrenzt progressive Steuerbelastung zur Umverteilung, Mindestlöhne und Mindestpreise werden nicht ausgeschlossen	Weitgehende Enthaltung, damit sich der Kapitalismus entwickeln kann, keine Anti-Trust-Politik; allerdings führen die Erfolge des Kapitalismus zu seinem Untergang, es kommt zum Sozialismus, der durchaus demokratisch sein kann	Skepsis gegenüber dem Kapitalismus: teilweise Plädoyer für staatlich festgelegte Investitionshöhe und halbstaatliche Unternehmen
Dominierendes Element in der Geldordnung	Spontan	Gesellschaftsvertraglich	Gesellschaftsvertraglich / natürlich	Gesellschaftsvertraglich / künstlich	Künstlich
Geldpolitik	Privatisierung des Geldwesens; Ziel: umfassende Stabilität	Keine Zentralbank, strikte Regel, die Geldmenge kontinuierlich zwischen 3 und 5 Prozent wachsen zu lassen, positive Sicht auf 100-Prozent-Mindestreservesätze; Ziel: umfassende Stabilität	Warenreservewährung, Zentralbank mit Regelbindung; Ziel: Umfassende Stabilität	Betonung der Bedeutung der Kreditschöpfung zur Finanzierung innovativer Unternehmer; Ziel: Wirtschaftliche Entwicklung	Bedeutende Rolle neben der Fiskalpolitik im Rahmen einer Politik, die auf Vollbeschäftigung ausgerichtet ist; Ziel: Vollbeschäftigung

Tabelle 1: Zusammenfassende Übersicht über die Grunderkenntnisse dieser Arbeit[737]

Kritiker mögen anmerken, dass die untersuchten Ökonomen und Gesellschaftstheoretiker unterschiedliche Schaffensperioden hatten, in denen sie sich unterschiedlich geäußert haben. Hierauf wurde im Verlauf dieser Arbeit bereits eingegangen. Deshalb wurde stets versucht, möglichst mehrere Werke als Basis für die Analyse heranzuziehen und darüber hinaus mit Sekundärliteratur gearbeitet, in der ebenfalls versucht wurde, ein Fazit über die gesamte Schaffenszeit des jeweiligen Protagonisten zu ziehen. Das Problem dabei besteht sicher darin, dass die Autoren weitgehend darauf verzichtet haben, zwischen den untersuchten Fragen selbst einen direkten Zusammenhang herzustellen. Diesen herzustellen war ja genau die Herausforderung der vorliegenden Untersuchung. Die Spezialisierung der Wissenschaften betrifft auch und vielleicht ganz besonders die Volkswirtschaftslehre. Der Träger des Ökonomie-Nobelpreises James Buchanan etwa hebt dies bedauernd hervor:

> *„Kaum jemand verbindet heute noch die Volkswirtschaftslehre mit politischer Philosophie. Man muss die Ökonomik zurückbringen zu einem breiteren Ansatz.“*[738]

Aufgrund der Separierung der Disziplinen wird es zunehmend schwerer, Ökonomen bestimmte Grundüberzeugungen zuzuordnen. Dabei – und das zeigt diese Arbeit – spielen sie eine bedeutende, wenn nicht gar dominierende Rolle für die jeweilige ökonomische Argumentationsweise. Da die behandelten Personen in dieser Arbeit selten zeitgleich sozialphilosophische und technisch-ökonomische Werke veröffentlicht haben, müssen also die Aussagen über die gesamte Schaffensperiode hinweg verglichen werden.

Eine weitere Schwierigkeit für diese Arbeit war, dass der Grad der sozialphilosophischen und allgemein-wirtschaftspolitischen Aussagen sehr stark zwischen den untersuchten Wissenschaftlern divergierte. Nicht alle legten so viel Wert auf die normative Begründung ihrer Ansichten wie Hayek. So sagt etwa Buchanan über Friedman:

> *„Milton Friedman ist zum Teil mitverantwortlich für die Lage der Ökonomik. [...] Er hatte kein Fundament in politischer Philosophie.“*[739]

Man kann darüber streiten, ob Buchanan recht hat. Entscheidend für diese Arbeit ist, dass es kaum möglich war, geschlossene sozialphilosophische Denkgebäude einem konsistenten geldpolitischen Modell gegenüber zu stellen. Vielmehr be-

---

737 Vgl. zum Teil: Anderegg, S. 277; Zöller, S. 57.

738 Balling, S.: Im Gespräch: James Buchanan, Nobelpreisträger, „Obama ist der schlechteste Präsident“, in: Börsen-Zeitung vom 12.10.2011, S. 7.

739 Balling, S.: Im Gespräch: James Buchanan, Nobelpreisträger, „Obama ist der schlechteste Präsident“, in: Börsen-Zeitung vom 12.10.2011, S. 7.

stand gerade die Herausforderung häufig darin, (einzelne) normative Äußerungen aus mehreren Werken herauszufiltern, zu allgemeinen Wertvorstellungen zusammenzufügen und zu einem kohärenten Bild zu formen. Dies gelang aber überraschend gut. Es kam zu keinen grundsätzlichen Widersprüchen, die nicht hätten aufgeklärt werden können. Für die Beantwortung der Frage dieser Arbeit kommt es nicht darauf an, wie tief die jeweiligen Ansichten in Theorie und Ideengeschichte verankert sind, sondern ob und falls ja welche normativen Überzeugungen und geldpolitischen Standpunkte grundsätzlich vertreten werden.

Natürlich konnte diese Arbeit nicht alle Facetten der Frage vollständig klären. Dies wird nur in einem weiteren wissenschaftlichen Diskurs möglich sein. Insofern hofft der Autor, dass er Denkanstöße geben konnte, die Basis für weitere Arbeiten sein können. Der Autor freut sich auf eine weitergehende Debatte.

Anhang

Literatur- und Quellenverzeichnis:

Monographien:

Abelshauser, W.: Deutsche Wirtschaftsgeschichte seit 1945, München: 2004.

Anderegg, R.: Grundzüge der Geldtheorie und Geldpolitik, München: 2007.

Binswanger, H.: Die Glaubensgemeinschaft der Ökonomen. Essays zur Kultur der Wirtschaft, München: 1998.

Butler, E.: Austrian Economics. A Primer, veröffentlicht von: Adam Smith Research Trust 2010.

De Soto, J.: Die Österreichische Schule der Nationalökonomie – Markt und unternehmerische Kreativität, Wien: 2007.

De Soto, J.: Money, Bank Credit, and Economic Cycles, 2. englische Auflage, Alabama: 2009.

Erhard, L.: Wohlstand für Alle, 8. Auflage von 1964, nach: Ludwig-Erhard-Stiftung e.V.

Eucken, W.: Grundsätze der Wirtschaftspolitik, 7. Auflage, Tübingen: 2004.

Friedman, M.: Kapitalismus und Freiheit, 7. deutsche Auflage, München: 2010.

Grüner, H.: Wirtschaftspolitik. Allokationstheoretische Grundlagen und politisch-ökonomische Analyse, Berlin: 2001.

Hayek, F. A.: Der Weg zur Knechtschaft, Neuauflage der Neuherausgabe 1971, München: 2009.

Hayek, F. A.: Die Verfassung der Freiheit, Neuauflage, Tübingen: 2005.

Hayek, F.: Recht, Gesetzgebung und Freiheit, Bd. 1, München :1980.

Hume, D.: Ein Traktat über die menschliche Natur, Bd. 2. Über die Affekte. Über Moral, hrsg. von Brandt, R., Hamburg: 1978.

Keynes, J.: A Treatise on Money, Neuauflage 2011, Volume I und II, Mansfield Centre: 2011.

Keynes, J.: Das Ende des Laissez-Faire. Ideen zur Verbindung von Privat- und Gemeinwirtschaft, 2. Auflage, Berlin: 2011.

Keynes, J.: The General Theory of Employment, Interest, and Money, New York: 1997

Locke, J.: Über die Regierung (The Second Treatise of Government), hg. von Mayer-Tasch, P., übersetzt von Tidow, D., Stuttgart: 1992.

McCraw, T.: Joseph A. Schumpeter. Eine Biographie. Übersetzt von Gerstner und Hein, Hamburg: 2008.

Meckenstock, G.: Wirtschaftsethik, Berlin / New York: 1997.

Mises, L.: Human Action. A Treatise on Economics. Volume 2, Neuauflage, Indianapolis: 2007.

Plickert, P. (Diss.): Wandlungen des Neoliberalismus. Eine Studie zu Entwicklung und Ausstrahlung der „Mont Pelerin Society", Stuttgart: 2008.

Rousseau, J.: Abhandlung über den Ursprung und die Grundlagen der Ungleichheit unter den Menschen, in: Ritter, H. (Hg): Jean-Jacques Rousseau, Schriften, Band I, S. 165–302, Frankfurt: 1988.
Rousseau, J.: Der Gesellschaftsvertrag. „Contrat Cocial", hg. von Weinstock, H.: Stuttgart: 1958.
Schmidt, M.: Demokratietheorien. Eine Einführung, 5. Auflage, Wiesbaden: 2010.
Schulte, G.: Schnellkurs Philosophie, Köln: 2002.
Schumpeter, Joseph A.: Kapitalismus, Sozialismus und Demokratie, 8. Auflage, Tübingen: 2005.
Schumpeter, J.: Konjunkurzyklen, Göttingen: 2008.
Schumpeter, Joseph A.: Theorie der wirtschaftlichen Entwicklung, Nachdruck der 1. Auflage von 1912, Röpke, J. u. Stiller, O. (Hg), Berlin: 2006.
Smith, A.: Theorie der ethischene Gefühle, Auf der Grundlage der Übersetzung von Walther Eckstein neu herausgegeben von Horst D. Brandt, Hamburg: 2010.
Tocqueville, A.: Der alte Staat und die Revolution, hg. von Mayer, J., München: 1978.
Weber, M.: Wirtschaft und Gesellschaft. Grundrisse der verstehenden Soziologie, 5. Auflage, Tübingen: 1980.

Sammelbände:

Friedman, M. (Hg): Essays in Positive Economics, Chicago / London: 1953.
Godschmidt und Wohlgemuth (Hg): Grundtexte zur Freiburger Tradition der Ordnungsökonomik, Tübingen: 2008.
Leube, K. (Hg): Die Österreichische Schule der Nationalökonomie, Texte – Band 1 von Menger bis Mises.
Kresge, S. (Hg): Good Money, Part II, revised edition, London: 1978.
Ritter, H. (Hg): Jean-Jacques Rousseau, Schriften, Band I, Frankfurt: 1988.
Schwarz, G. und Wohlgemuth, M. (Hg.): Das Ringen um die Freiheit. Die Verfassung der Freiheit nach 50 Jahren, Zürich: 2011.
Starbatty, J. (Hg): Klassiker ökonomischen Denkens. Von Platon bis John Maynard Keynes, Hamburg: 2008.

Wissenschaftliche Aufsätze:

Böhm, F., Eucken, W. u. Großmann-Doerth, H.: Unsere Aufgabe, 1936, in: Goldschmidt u. Wohlgemuth (Hg): Grundtexte zur Freiburger Tradition der Ordnungsökonomik, Tübingen: 2008.
Friedman, M.: Comments on Monetary Policy, in: Friedman, M. (Hg): Essays in Positive Economics, Chicago / London: 1953, S. 263–273.
Garrison, R.: Hayek and Friedman: Head to Head, Auburn University, Dramatis Personae.
Goldschmidt, N u. Wohlgemuht, M.: Entstehung und Vermächtnis der Freiburger Tradition der Ordnungsökonomik, in: Goldschmidt, N. u. Wohlgemuth, M. (Hg): Grundtexte zur Freiburger Tradition der Ordnungsökonomik, Tübingen: 2008.

Hayek. F.: The Denationalizatin of Money: An Analysis of the theory and practice of concurrent currencies, in: Kresge, S. (Hg): Good Money, Part II, revised edition, London: 1978, S. 128–229.

Mayer, T.: „I'm an Austrian in economics", Deutsche Bank Research, Frankfurt: 2011.

Goldschmidt, N. u. Wohlgemuht, M.: Zur Einführung: Unsere Aufgabe, in: Goldschmidt, N. u. Wohlgemuth, M. (Hg): Grundtexte zur Freiburger Tradition der Ordnungsökonomik, Tübingen: 2008.

Kalmbach, P. und Kromphardt, J.: Vorwort zur Neuauflage, in: Keynes, J.: Das Ende des Laissez-Faire. Ideen zur Verbindung von Privat- und Gemeinwirtschaft, 2. Auflage, Berlin: 2011, S. 5–12.

Keynes, J.: Am I a Liberal?, an address to the Liberal Summer School at Cambridge: 1925.

Mayer, T.: Willkommen in der ZBG-Wirtschaft, DB Research, 21. März 2012.

Nelson, E.: Friedman's Monetary Economics in Practice, in: Finance and Economics Discussion Series Divisions of Research & Statistics and Monetary Affairs Federal Reserve Board, Washington, D.C: 2011.

Recktenwald, H.: Adam Smith, in: Starbatty, J. (Hg): Klassiker ökonomischen Denkens. Von Platon bis John Maynard Keynes, Hamburg: 2008, S. 134–155.

Sally, R.: Ordoliberalism and the Social Market: Classical Political Economy from Germany, in: New Political Economy, Oxford: 1996, S. 233–257.

Scherf, H.: John Maynard Keynes, in: Starbatty, J. (Hg): Klassiker ökonomischen Denkens. Von Platon bis John Maynard Keynes, Hamburg: 2008, S. 273–291.

Vanberg, V.: The Freiburg School: Walter Eucken and Ordoliberalism, in: Freiburg discussion papers on constitutional economics 04,11, Freiburg: 2004.

Wegner, G.: Die Fiktion des demokratischen Sozialismus, in: Schwarz, G. und Wohlgemuth, M. (Hg.): Das Ringen um die Freiheit. Die Verfassung der Freiheit nach 50 Jahren, Zürich: 2011.

Skript:

Zöller, M.: Wie entstehen Ordnungen? Arbeitsunterlagen zum Seminar: Einführung in die Geschichte der sozialen, politischen und ökonomischen Ordnungsideen, 7. Auflage: 2005.

Aus Sekundärliteratur zitierte Werke:

Friedman, M.: Essays on Inflation and Indexation, in: American Enterprise Institute for Public Research, Washington: 1974, zitiert nach: Anderegg, R.: Grundzüge der Geldtheorie und Geldpolitik, München: 2007.

Hayek, F.: Dankadresse, in: Hoppmann, E. (Hg): Vorträge und Ansparachen auf d. Festveranst. d. Freiburger Wirtschaftswiss. Fak. zum 80. Geb. von. F. A. v. Hayek, Baden-Baden: 1980, S. 38, zitiert nach: Zöller: Ordnungen 2005.

Hayek. F.: Die Währungspolitik der Vereinigten Staaten seit der Überwindung der Krise von 1920, in: Zeitschrift für Volkswirtschaft und Sozialpolitik, vols. 1–3, no. 5, S. 25–63:

1925, in: De Soto, J.: Money, Bank Credit, and Economic Cycles, 2. englische Auflage, Alabama: 2009, S. 724.

Heimann, E.: The Rediscovery of Liberalism, in Social Research (New York), Bd. VIII, Nr. 4, November 1941, zitiert nach: Hayek: Knechtschaft.

Hume, D.: Treatise, Band II, Buch III, Teil I, Abschnitt I, S. 235, zitiert nach: Hayek, F. A.: Die Verfassung der Freiheit, 4. Auflage, Tübingen: 2005.

Keynes, J.: Die wirtschaftlichen Folgen des Friedensvertrages, 1920, zitiert nach: Hayek, Verfassung, S. 304.

Menger, C.: Die Lehre vom Wert, aus: Grundsätze der Volkswirtschaftslehre, abgedruckt in: Leube, K. (Hg): Die Österreichische Schule der Nationalökonomie, Texte – Band 1 von Menger bis Mises, S. 45–82.

Menger, C.: Untersuchungen über die Methode der Socialwissenschaften und der Politischen Ökonomie insbesondere, Tübingen: 1969, zitiert nach: De Soto, 2007.

Schumpeter, J.: Geschichte der ökonomischen Analyse, Bd. I, 1965, zitiert nach: McCraw, T.: Joseph A. Schumpeter. Eine Biographie. Übersetzt von Gerstner und Hein, Hamburg: 2008.

Smith, Adam, zitiert nach: Hayek: Der Weg zur Knechstschaft, Neuauflage München: 2009.

Reden:

Erhard, L.: Rede anlässlich der Eröffnung des großen Börsensaals der Frankfurter Wertpapierbörse am 9. Februar 1957 in Frankfurt am Main, Audio-file des Hessischen Rundfunks.

Hayek, F.: Der Wettbewerb als Entdeckungsverfahren, Kieler Vorträge N.F. 56, Schriftleitung: Zottmann, A., Kiel: 1968.
http://www.hayekcenter.org/friedrichhayek/qs-20th.htm (Stand 7. Juni 2009).

Schumpeter, A.: Bonner Abschiedsrede 1932, zitiert nach: Seifert, E.: Einführung. Joseph Alois Schumpeter: Zu Person und Werk, in: Schumpeter, J.: Kapitalismus, Sozialismus und Demokratie, 8. Auflage, Tübingen: 2005.

Zeitungsartikel und Zitate aus den Medien

Der Spiegel Nummer 45, Hamburg: 1972.

Balling, S.: Im Gespräch: James Buchanan, Nobelpreisträger, „Obama ist der schlechteste Präsident“, in: Börsen-Zeitung vom 12.10.2011, S. 7.

Braunberger, G.: War Milton Friedman ein Liberaler?, in: Frankfurter Allgemeine Sontagszeitung Nr. 5 vom 6.2.2011, S. 30.

Flassbeck, Heiner, in: Der Spiegel Nr. 17 vom 17.04.09, S. 78.

Hank, R.: Die Tea Party begann im Kaffeehaus, in: FAZ.NET vom 17. 10. 2010 (http://www.faz.net/s/RubB8DFB31915A443D98590B0D538FC0BEC/Doc~EC72B1D0E4EB84F5EB5C762B260B9F670~ATpl~Ecommon~Scontent.html).

Wieland, Volker, in: Rheinischer Merkur Nr. 18 vom 30.04.2009, S. 12.

Internetquellen:

Stanford Encyclopedia of Philosophy: George Edward Moore, http://plato.stanford.edu/entries/moore/#3.
http://www.ludwig-erhard-stiftung.de/?seite=ludwig (Stand 6. Juni 2009).
http://mises.org/about/3239
vgl. http://www.schumpeter.info/biogra-1.htm (Stand: 20. März 2011).
http://www.walter-eucken-institut.de/freiburger-tradition/franz-boehm.html.

Sonstiges:

Balling, S.: Stabilität vor Wachstum, in: Schwarz, G. und Wohlgemuth, M. (Hg): Das Ringen um die Freiheit. „Die Verfassung der Freiheit" nach 50 Jahren, Zürich: 2011, S. 177–185.
Seifert, E.: Einführung. Joseph Alois Schumpeter: Zu Person und Werk, in: Schumpeter, J.: Kapitalismus, Sozialismus und Demokratie, 8. Auflage, Tübingen: 2005.
The Concise Enzyklobedia of Economics, zitiert nach: www.econlib.org/library/Enc/bios/Friedman.html (Stand: 28. Juli).
Verfassung des Freistaates Bayern. Grundgesetz für die Bundesrepublik Deutschland, nach: Bayerische Landeszentrale für politische Bildungsarbeit, Stand: 1. Oktober 1989.
Weltbank (http://data.worldbank.org/indicator/NY.GDP.MKTP.KD.ZG), Stand: 27. November 2010.

Über den Autor

Stephan Balling ist seit März 2013 Hauptstadtkorrespondent des Bibliomed-Verlages. Zuvor berichtete er 3,5 Jahre vom Finanzplatz Frankfurt für die Börsen-Zeitung über Kapitalmärkte und die Europäische Zentralbank. Seine journalistische Ausbildung erhielt der gelernte Bankkaufmann und studierte Diplom-Volkswirt nach seinem Studium an der Universität Mannheim als Volontär im Wirtschaftsressort des „Rheinischen Merkur" in den Jahren 2007 bis 2009. Anfang 2013 verlieh ihm die Universität Bayreuth für seine Dissertation im Fach Soziologie den akademischen Titel „Doktor der Philosophie".

MIX
Papier | Fördert gute Waldnutzung
FSC® C083411

Kolibri 360 GmbH
Ferdinand-Jühlke-Straße 7
99095 Erfurt, Deutschland
produktsicherheit@kolibri360.de